Constantin von Höfler

Der Aufstand der castillianischen Städte gegen Kaiser Karl V

Ein Beitrag zur Geschichte des Reformationszeitalters

EHV
HISTORY

Constantin von Höfler

Der Aufstand der castillianischen Städte gegen Kaiser Karl V

Ein Beitrag zur Geschichte des Reformationszeitalters

ISBN/EAN: 9783955642808

Auflage: 1

Erscheinungsjahr: 2013

Erscheinungsort: Bremen, Deutschland

@ EHV-History in Access Verlag GmbH, Fahrenheitstr. 1, 28359 Bremen. Alle Rechte beim
Verlag und bei den jeweiligen Lizenzgebern.

EHV
HISTORY

DER AUFSTAND

DER

CASTILLIANISCHEN STÄDTE

GEGEN KAISER KARL V

1520—1522.

$\digamma$IN βEITRAG

ZUR

GESCHICHTE DES REFORMATIONSZEITALTERS.

VON

CONSTANTIN v. HÖFLER.

PRAG 1876.

VERLAG VON F. TEMPSKY.

Druck von Heinr. Mercy in Prag.

Vorwort.

Die Abhandlungen, welche ich in den letzten Jahren veröffentlichte, stehen in dem innigsten Zusammenhange mit der Wirksamkeit zweier in der Geschichte hervorragender Männer, von welchen das Bild des Einen, des letzten deutschen Papstes, Adrian's VI, erst durch die Specialforschung an das Licht gezogen werden muss, beinahe nur in seinen Umrissen bekannt ist, das des Anderen, K. Karls V, fortwährend einer schärferen Beleuchtung bedarf. Die gegenwärtige Schrift, so selbstständig ihr Inhalt auch ist, schliesst sich an das Bestreben an, der Geschichte den ersten dieser beiden Männer in seiner wahren Gestalt einzuverleiben, den zweiten in dem Augenblicke hervorzuheben, als er die höchste Würde der Christenheit, das römische Kaiserthum erlangte, aber sein Heimathland, der Grund und Ausgangspunkt seiner Macht, durch inneren Aufruhr und die Verbindung der Revolution mit dem französischen Königthum für ihn verloren zu gehen drohte.

Die Geschichte selbst, welche ich hier nach Actenstücken und Schriftstellern erzähle, die den spanischen Geschichtschreibern bisher entgingen, hat das Eigenthümliche, dass sie, wie durch stillschweigende Uebereinkunft, von den Forschern der verschiedensten Nationen als ein internationales Noli me tangere behandelt wurde. Ueber ihre Wichtigkeit, ihre grosse Bedeutung nicht nur für die Entwickelung spanischer, sondern

a*

auch europäischer Verhältnisse, ist niemals éine Frage gewesen. Welch' masslose Veränderungen wären erfolgt, hätte
der Aufstand triumphirt, wäre K. Karl V Castilliens verlustig
gegangen?! Allein in das Einzelne, die eigentlichen Beweg-
gründe, die Charaktere der leitenden Persönlichkeiten einzudringen, das Ganze zu erfassen, schien eine zu schwere Aufgabe zu sein und so ist es denn gekommen, dass diese Schrift
eine Lücke in der internationalen ·Geschichtschreibung auszu-
füllen vermag. Meine persönlichen Verhältnisse, die ununter-
brochene Thätigkeit als akademischer Lehrer gestatteten mir
nicht, selbst auf spanischem Grunde und Boden Forschungen
anzustellen. Ein Versuch, den· ich vor Jahren machte, als
K. Max II einen jungen Gelehrten nach Spanien sandte, bei
dieser Gelegenheit die in Simancas befindlichen Briefe Adrians VI
zu erlangen, schlug zu meinem grossen Bedauern fehl. Ein
günstiges Geschick setzte mich jedoch in den Stand, ohne
Prag zu verlassen, so reiche Materialien zu benützen, dass
kaum ein langer Aufenthalt in Madrid und Simancas mir sie
in so grosser Vollständigkeit gewährt hätte. Als mir mein
verehrter Freund, der gegenwärtige Vorstand der Palatina,
Herr Hofrath E. Birk die freie Benützung des in der Wiener
Hofbibliothek befindlichen Materiales für eine Geschichte der
Comuneros (aus dem Nachlasse des hochverdienten Akade-
mikers von Wolf) gewährte (Juni 1874), hatte ich keine
Ruhe, bis nicht ein Regestenwerk und ebenso eine Kritik der
Quellen dieser merkwürdigen Zeit ausgearbeitet vor mir lagen.
Auf beiden beruht diese Ausarbeitung. Ich hoffe später sie
gleichfalls dem Drucke übergeben zu können.

Wenn ich nun das reichhaltige handschriftliche (neue)
Material mit der jüngsten spanischen Behandlung desselben
Gegenstandes — Ferrer del Rio's, Decadencia de España, geschrieben zum Lobe der Bourbons — verglich, so beschlich mich
oft die Besorgniss, von dem Massenhaften erdrückt zu werden.

Ich hielt es nun für meine Pflicht, zwar den Leser durch über-
flüssige Citate nicht zu ermüden, andererseits aber auch ihn
in den Stand zu setzen, in den Noten den Gang und Gehalt
der Forschung verfolgen zu können. Ich muss aber die eigentlichen Forscher auf die grössere Abhandlung über die Quellen
der Geschichte der Comuneros um so mehr verweisen, als
mir das neue Material eine sehr grosse Selbstständigkeit der
Auffassung und vielfach eine völlige Emancipation von jenen
(gedruckten) Quellen gestattete, welchen die spanischen Geschichtschreiber bisher unbedingt gefolgt sind. Es war freilich,
ich läugne es nicht, eine mehr als gewöhnliche Mühe, sich
im Labyrinthe dieser widersprechenden Berichte zurecht zu
finden.

Ich glaube aber durch die Resultate dieser Forschung
der Geschichte des XVI Jahrhundertes, des Reformationszeitalters, der Periode Kaiser Karls V, der eigenthümlichen
Stellung Spaniens, einen wesentlichen Dienst geleistet zu
haben. Für mich selbst hatte sie die Bedeutung einer Episode, die über mich eine unwiderstehliche Gewalt erlangte.
Ich musste sie fertig machen; ich konnte gar nicht anders.
Alle anderen noch so dringenden wissenschaftlichen Arbeiten
mussten darüber zurückstehen. Ich hege die Ueberzeugung,
dass Niemand das Buch, dessen Umfang leicht um das Drei-
fache hätte vermehrt werden können, ohne mannigfaltige
Belehrung aus der Hand legen wird. Romanische Völker-
und Staatenverhältnisse eröffnen sich fast wie ein Abgrund
vor dem Leser. Es ist eine neue Welt, die sich vor ihm
erschliesst; die germanischen Gedanken reichen zu ihrem
Verständnisse nicht aus.

Ich bitte den Leser nicht zu vergessen, dass längst der
politische Schwerpunkt sich von dem deutschen Reiche hinweg
nach den romanischen Ländern gezogen hatte, der Streit
des Königs von Spanien und des Königs von Frankreich das

XVI, das XVII Jahrhundert mit masslosen Erschütterungen erfüllte und bei dem Aufkommen protestantischer Staaten den Charakter eines Bürgerkrieges katholischer Fürsten annahm, von welchem der gemeinsame religiöse Gegner sehr bald zum Umsturze der damaligen Welt den ergiebigsten Gebrauch machte. Wie thöricht es aber ist, Karl V einen Vorwurf zu machen, dass er sich nicht der neuen religiösen Bewegung anschloss, mag jeder sehr bald erkennen. Der Verlust Spaniens, des spanischen Italiens, und die Vereinigung der Kronen von Frankreich und Aragon-Castillien unter Einem Scepter, aber nicht dem des deutschen Hauses Habsburg, wäre die nächste und unausbleibliche Folge gewesen!

Für das neue Geschlecht von Dichtern, welche, seit unsere grossen Dramatiker ausstarben, den literarischen Markt beherrschen — die Verfasser historischer Romane, hier noch ein Wink zur Beherzigung. Kaum dürfte eine Episode der neueren Geschichte zur dichterischen Behandlung sich mehr eignen als dieser, an bedeutenden Persönlichkeiten und Wechselfällen so reiche Abschnitt mit dem hochbetagten Bischof von Zamora und der Doña Maria de Pacheco, ihrer zauberhaften Negersclavin und dem Thaumaturgen von Valencia, mit Don Juan de Padilla und mit Dr. Zumel, den eifrigen Verfechtern castillianischer Freiheiten, mit Don Pedro Giron und Don Pedro Laso, mit der irren Königin und ihrer blühenden Tochter, den drei Gobernadoren, dem Kaiser und dem letzten deutschen Papste!

Prag, November 1875.

Inhalt.

DER AUFSTAND

DER

COMUNIDADES VON CASTILLIEN.

Einleitung.

Ueber die grosse, ja selbst entscheidende Bedeutung des
Aufstandes der castillianischen Communen in den ersten Re-
gierungsjahren K. Karls V herrscht bei allen Historikern, welche
sich mit der spanischen Geschichte beschäftigt haben, nur
Eine Ansicht. Er bezeichnet einen Wendepunkt in der Geschichte der castillianischen Königreiche und muss auch als
dieser aufgefasst und behandelt werden. Wenn aber in Betracht
des Einen Punktes volle Uebereinstimmung herrscht, gehen
die Anschauungen sogleich auseinander, sobald man sich der
Erforschung der Gründe, der eigentlichen Ursachen des Aufstandes, wie seiner Entwicklung zuwendet. Und ist hiebei eine
Schuld vorhanden, so tragen die Spanier selbst an ihr einen
nicht geringen Antheil. Als der Aufstand zum grossen Theile
in Folge der Unfähigkeit der Führer oder der Unbändigkeit
des Volkes niedergeworfen worden war, das monarchische
Princip siegte, die Revolution in dem blutigen Drama der Hinrichtungen des Jahres 1522 erstickt war, wollte keine Stadt
an ihr einen regen Antheil genommen haben. Jedwede wett-
eiferte in der Geschichtschreibung Spaniens eine Stelle als
allergetreueste, getreueste oder doch immer getreue einzu-
nehmen. Man behauptet, dass Alcocer nur ein angenommener
Name sei, unter welchem sich ein Zeitgenosse versteckte, der
für seine interessanten Aufzeichnungen nicht persönliche Gefahr
laufen wollte. Es ist jetzt nachgewiesen, dass in den wichtigsten Urkunden, welche Sandoval in seiner so tief eingreifenden
Geschichte K. Karls V publicirte, wichtige Stellen fehlen. Da-

gegen legte man wieder Don Juan de Padilla Briefe unter, die er in der Nacht vor seiner Hinrichtung todesmüde und verwundet geschrieben haben soll und deren Phantasiereichthum seltsam zu dem Ernste contrastirt, mit welchem in ruhiger, stiller Entschlossenheit Don Juan sich zum letzten und schmerzenreichsten Gange seines Lebens vorbereitete.

Da war es nur der Rückschlag auf die in der Reactionsperiode vorherrschende Stimmung, dass sich in unseren Tagen ein förmlicher Cultus Don Juans und seiner Gemahlin Donna Maria de Pacheco bildete. Ein moderner Heiligenschein umgibt jetzt diese beiden Persönlichkeiten und es ist in der That sehr misslich, auch nur einen Zweifel in Bezug auf die Echtheit desselben zu hegen. Ob die Anforderungen der Junta an K. Karl auch nur von nationalöconomischem Standpunkte aus treffend und richtig waren, wird nicht weiter untersucht, obwohl feststeht, dass das verlangte Verbot der Ausfuhr von Gold und Silber nicht zum Heile Spaniens gereichte. Man construirt die Epoche der katholischen Könige (Ferdinands V und Isabellens) als die des besonderen Glückes und Wohlstandes Spaniens, während gerade die vom Standpunkte der Moral so verwerfliche Eroberung Neapels durch Gonzalvo von Cordova den König von Aragon in alle Streitigkeiten Italiens hineinzog und der Zustand Aragoniens bei dem Tode K. Ferdinands nichts weniger denn als erfreulich bezeichnet werden kann. So wichtig die Eroberung Granadas war, so stehen die Erwerbung des Kaiserthums durch Karl V, die Besiegung des französischen Königs Franz I, die Eroberung von Mexico und Peru ihr nicht nach und wenn man ersterem despotische Gelüste zuschreibt, so darf man doch nicht vergessen, dass die Regierung „der katholischen Könige" ein ununterbrochener Kampf mit dem Adel war, den die Habsburger traditionell aufnahmen, nicht unter ihnen die Inquisition eingeführt wurde, und wenn sie die 3 Grossmeisterthümer von San Jago, Calatrava und Alcantara dem Adel entzogen, sie nur thaten, was die beiden letzten einheimischen Fürsten Aragons und Castilliens, Ferdinand und Isabel, selbst geübt hatten; die 3 Grossmeisterthümer waren nur ein Aequivalent für das, was die Granden der Krone an Besitzungen entzogen hatten. Je mehr man die spanische Geschichte unparteiisch studirt, desto mehr erscheint die

Geschichte der Habsburger in Spanien als die natürliche Fort-
setzung dessen, was Ferdinand und Isabel geschaffen hatten,
und der Ausdruck, sie sei nur „eine Parenthese" in der
spanischen Geschichte, ist eine Phrase, erfunden zu Gunsten
des Hauses Bourbon, dessen Bewunderer zu ihrer eigenen
Ueberraschung in unseren Tagen Republikaner geworden sind!

Kaum dass der grosse Bauernaufstand des Jahres 1514,
welcher Ungarn an den Rand des Verderbens brachte, sein
blutiges Ende gefunden, waren in Deutschland wie in Spanien
ähnliche Bewegungen entstanden, die bestimmt zu sein schienen,
beide Länder nicht blos auf das Tiefste zu erschüttern, sondern
geradezu aus den Fugen zu reissen. Noch im Jahre 1517
musste man glauben, dass das deutsche Reich einer grossen
politischen und selbst einer socialen Revolution entgegengehen
werde; eine religiöse Revolution aber bei der ungeheueren
Festigkeit, welche die Reichsverfassung dem kirchlichen Elemente verlieh, eher zu den Abenteuerlichkeiten zu rechnen
sei, als in das Gebiet der Wahrscheinlichkeit gehöre. Noch
viel weniger konnte man sich vorstellen, dass in Spanien, wo
Kirche und Staat so enge mit einander verbunden waren, dass
die Gränze zwischen beiden ganz verflüchtigt schien, der Clerus
sich an einer Bewegung betheiligen werde, die das Königthum
gefährdete und ihren revolutionären Charakter vom ersten
Augenblicke an nicht verläugnete.

In beiden Ländern stand gleichzeitig der Episcopat auf
dem Punkte Schiffbruch zu leiden. Im deutschen Reiche, weil
einige wenige Dynastien, Hohenzollern, Wittelsbach, Hessen die
Bisthümer als Mittel zur Versorgung der jüngeren Glieder
ihres Hauses zu betrachten und zu behandeln sich angewöhnt
hatten und, wo die Fürsten nicht durchdrangen, der Adel die
Reichsbisthümer als Monopol seines Standes ansah. In Spanien
fiel das erste Moment hinweg, hingegen trat das zweite, die
Bisthümer als Sache adeliger Familien anzusehen, so dass die
Vermehrung des Hausgutes als die eigentliche Aufgabe des
Bischofs erschien, als Belohnung der Verdienste der Väter
oder selbst als Gegenstand eines in jeder Beziehung uner-

laubten Kaufes, sehr offen hervor. In Deutschland war es, so lange das Reich Einem Glauben huldigte, nicht zum Inquisitionstribunale gekommen; erst dem Protestantismus war es eigen, als die landesherrliche Gewalt sich die oberste kirchliche beilegte, in diese Sphäre einzulenken, wie die Sternkammer Englands einer Copie der spanischen Inquisition sehr ähnlich sah.

Da der König von Spanien nicht blos die Bischöfe sondern auch den Grossinquisitor ernannte, besass er in kirchlichen Dingen eine Machtsphäre, welche dem Kaiser im deutschen Reiche nicht zukam. Er hatte in den Königreichen Neapel und Sicilien ungeheure geistliche Vorrechte, er war in Aragon wie in Castillien beinahe Papst. Ein natürlicher Sohn K. Ferdinands V war Erzbischof von Saragossa und Regent von Aragon*); er ambitionirte Primas von Spanien, Erzbischof von Toledo zu werden. Der Erzbischof von Granada war Präsident des königlichen Rathes von Castillien; der Bischof Motta, über dessen ausgezeichnete Befähigung nur Eine Stimme ist, war die Seele der Regierung Karls im J. 1519; der Bischof von Tortosa ward 1520 Gobernador der castillischen Reiche. Man klagte über Verweltlichung des deutschen Episcópates, der zur Halbscheid Reichsfürst, zur anderen nur Bischof war. Die Angelegenheiten Spaniens wurden wesentlich durch Bischöfe geleitet; aber sie waren königliche Bischöfe, nicht Reichsbischöfe. In Deutschland war der Kaiser von den Fürstbischöfen, Fürsterzbischöfen, geistlichen Churfürsten abhängig. In Spanien erschien es als ein Vorzug der Bischöfe, königliche Beamte zu sein und als solche an der Regierung des Landes Antheil zu nehmen; das Land selbst stand nicht blos trotz der Inquisition, sondern theilweise durch sie dem römischen Stuhle gegenüber freier da als Deutschland. Der Cardinalprimas von Toledo gestattete nicht die Ablassverkündigung P. Leo's X wie der hohenzollern'sche Nachfolger des hl. Bonifacius auf dem erzbischöflichen Stuhle zu Mainz. Auch der nachmalige P. Adrian VI vertrat als Gobernador sehr kategorisch die

---

*) Seine Tochter Anna von Aragon, Enkelin K. Ferdinands V, heirathete (1513 oder 1515) in Plasencia Don Alonso Perez de Guzman. Pedro de Medina cronica de los Duques de Medina Sidonia p. 333. Rafael Floranes Robles y Encinos Anales breves des Dr. D. Lorenzo Galindez Carvajal. (Docum. T. XVIII)

Rechte Spaniens gegen Rom. Es sind nicht blos die Comuneros, welche Beschränkung der römischen Ablassverkündigung
verlangen, den Einfluss Roms auf Spanien zu mässigen suchen,
es ist die allgemeine Richtung der Geister in Spanien, die
dieses verlangt. Von der pyrenäischen Halbinsel aus waren
sehr dringende Aufforderungen an Papst Alexander VI ergangen, Rom gründlich und ungesäumt zu reformiren. In
Deutschland dedicirte ihm Reuchlin eines seiner Werke und
trachtete Maximilian darnach, Papst zu werden. In Deutschland
wäre es auch geradezu unmöglich gewesen, dass ein Jimenes
von Cisneros Primas des Reiches geworden wäre. Seine Ge-
lehrsamkeit, seine hervorragenden Tugenden, seine ausgezeichnete staatsmännische Befähigung, seine Strenge und
Nüchternheit, seine Unbeugsamkeit, die Festigkeit seines Cha-
rakters, alles hätte nicht hingereicht. Er war kein Fürsten-
sohn, er besass nicht einmal 4 Ahnen. Er hätte es höchstens
zum Provincial der Franciskaner bringen können. Er konnte
ein Heiliger, er konnte auch Papst werden, aber kein deutscher
Bischof, Erzbischof, geschweige Churfürst von Mainz, Cöln oder
Trier. Je tiefer man nun in das Einzelne der spanischen Verhältnisse zu dringen sucht, desto weniger ergiebt sich die
Möglichkeit einer Reformation in dem Sinne des Wortes, in
welchem es in der deutschen Geschichte verstanden wird.
Nicht nur dass Spanien, mit seiner grossen inneren Getheiltheit
in den aragonischen und castillianischen Complex von Königreichen und den scharfen Unterschieden, die sich wieder in
jeder dieser beiden Hauptabtheilungen vorfinden, durchaus keinen
solchen Schauplatz für die Thätigkeit eines Einzelnen darbot,
wie das deutsche Reich trotz der Vielheit seiner Staaten und
Territorien, Spanien, das so lange sich im Gegensatze zu den
Moslim und den Juden bewegt, eigentlich in diesem doppelten
Antagonismus sein ganzes Mittelalter zugebracht, war kirchlich
zu sehr disciplinirt, als dass es die stürmischen und wechselnden
Lehrmeinungen Luthers zu ertragen vermocht hätte. Gerade
diejenigen, welche auf die Deutschen den meisten Eindruck
machten, dass 1500 Jahre lang Alles in Finsterniss geschwebt,
von Evangelium, Glauben, Dogma, Christenthum Niemand ein
sterbendes Wort verstanden, jetzt erst der Welt die Leuchte
aufgegangen sei, würden von Spanien als abgeschmackte Thor-

heiten, als Vermessenheit ohne Gleichen, als Impietät erschienen
sein, der allgemeine Unwillen hätte den zum Schweigen gebracht,
der seine Beweisführung nur durch die Dreistigkeit seiner
Behauptung zu erhärten vermocht hätte. Dazu kam, dass gerade
die grossen Arbeiten der biblia polyglotta — dieses erhabenen
Denkmales der Wirksamkeit der Cardinals Cisneros — ein
Geschlecht von Theologen herangezogen, das die Behandlung
der Bibel, wie sie sich Luther zu seinen dogmatischen Endzwecken gestattete, nicht geduldet hätte; die Strenge der Lebens-
anschauungen, welche uns in den Werken der spanischen Kunst
in weit erhöhterem Masse entgegentritt als in der italienischen,
zeitigte jene Charaktere, welche in der Bewältigung ihrer
Leidenschaften, in Demuth und Gehorsam das Heil erblickten
und nicht in Beseitigung ihrer Gelübde, im offenen Bruche
eingegangener Verpflichtungen, im Kampfe mit dem, wozu sie
sich selbst so lange bekannt, in Zerstörung dessen, was sie
Jahrzehente hindurch aufzurichten gestrebt hatten. Die Reform
der grossen und einflussreichen Orden war in Spanien erfolgt.
Auch in dieser Beziehung stand Spanien viel geregelter da,
als das benachbarte F r a n k r e i c h, von Deutschland nicht
zu reden.

Allein gerade Frankreich hatte in der jüngsten Zeit der
Welt das Schauspiel einer vollen Uebereinstimmung zwischen
Fürst und Volk gegeben, als Ludwig XII die Steuern ermässigte,
die königlichen Domänen sich als genügend erwiesen, die
Regierungsausgaben zu decken, die Rechnungskammer eine
heilsame Controle über die ganze Verwaltung ausübte, den
bisher masslosen Ausschreitungen der Soldateska gesteuert
wurde und die Pflege der Justiz in einer Weise statt fand,
„dass der Niedrigste ohne alle Gunst Gerechtigkeit gegen den
Mächtigsten fand." *) Allein die Regierung des Vaters des
Volkes (père du peuple), des Besten unter den Valois, war
wie ein schöner Traum 1515 vorübergegangen, um der des
langen Grafen von Angoulême Franz I (aus der zweiten Linie
des orleanisch-valois'schen Hauses) Platz zu machen, von
welchem mit Recht vorausgesagt wurde, er werde Alles verderben. Der grosse Sieg, den er bei Marignano über die Schweizer

---

*) G. Picot histoire des états généraux (1355—1614) T. I pag. 556.

erfocht und die hiemit erfolgte Behauptung des Uebergewichtes
in Italien wurden der Anfang von Uebelständen in der französischen Geschichte, die wie eine eiserne Kette von dem Tode
K. Ludwigs XII bis zum Ausbruche der grossen Bürgerkriege
sich hinziehen, welche unter dem Namen der Huguenottenkriege
die Regierung der 3 Enkel K. Franz I zur unglücklichsten
Periode der französischen Geschichte machen. Nur mehr die
Willkür herrschte; Alles, was K. Franz beliebte, was zu seinen
Endzwecken diente, was zur Befriedigung seines masslosen
Ehrgeizes führte, war recht und erlaubt. Der Ausdruck, welchen
die venetianischen Botschafter von dem französischen Könige
gebrauchten, er sei re delle bestie und behandle auch so seine
Unterthanen, galt vorzüglich von K. Franz, und als diesem
verwegenen, vor Nichts zurückscheuenden Fürsten, welchen das
Haus Hohenzollern dem deutschen Reiche zum Kaiser geben
wollte, P. Leo X auch noch durch das famose Concordat
die Kirche Frankreichs zur Verfügung stellte, war auch auf
diesem Gebiete Alles verloren. Dieser Vertrag wird dich und
mich in die Hölle bringen, sagte K. Franz zu dem Unterhändler, de Pradt; seine Verfügungen über die Abteien, in
welchen die königlichen Hunde gefüttert werden mussten, die
Plünderung der Kirchen, denen er zu seinen Kriegen ihren
Besitz an edlen Metallen wegnahm, die Zerstörung aller Dis-
ciplin auf katholischem Gebiete und die Verfolgung der Prote-
stanten im Innern, während er den Protestantismus in Deutschland als politisches Ferment unterstützte, sein gewaltthätiges
Auftreten in Italien, das er nur deshalb mit Anderen zu theilen
sich die Miene gab, um dann desto leichter das Ganze stück-
weise an sich zu ziehen, die unbegränzte Beutelust im Innern
wie nach Aussen, seine schmachvolle Verbindung mit den
Osmanen, die er zur Ueberfluthung von Osteuropa anreizte,
bewirkten, dass seine Regierung von 1515—1547 für einen der
grössten Unglücksfälle betrachtet werden musste, die Europa
betreffen konnten, und die Ueberzeugung sich bildete, alle Anstrengungen gegen die Osmanen seien fruchtlos, so lange
nicht „der französische Türke" niedergekämpft sei.
Fortwährend war das Bestreben der französischen Politik auf
Beherrschung des römischen Stuhles, auf die Wiedererwerbung
des Königreiches Neapel, auf die Losreissung Italiens vom

deutschen Reiche gerichtet. P. Leo X, um nur nicht blosser
Kaplan des französischen Königs zu werden, gab Alles preis
und hoffte durch ein möglichst weitgetriebenes System von
Concessionen Zeit zu gewinnen, um sich endlich an einen Be-
schützer anlehnen zu können, welcher ihn vor der französischen Umstrickung bewahre. Die Furcht vor Zerwürfnissen
wegen Neapel hatte ihn dahin gebracht, die Wahl Karls zum
Kaiser gegen Franz I nicht zu betreiben; dann änderte er
seinen Plan, musste aber bald zu seinem Schrecken bemerken,
dass, wenn K. Franz dem neuen Kaiserthume nur eine Dauer
von einem Jahre versprochen hatte, diese Prophezeihung durch
das, was in Deutschland und in Spanien fast gleichzeitig vorging, nur zu rasch in Erfüllung zu gehen schien. Wie kann
man sich, jammerte P. Leo X, an den Kaiser anschliessen,
der zu Hause nicht Herr ist?!

Da schien plötzlich das Jahr 1520 eine Gleichheit der
Strömung in Deutschland und Spanien hervorzubringen. In
beiden Ländern wurde die Kanzel der Schauplatz der heftigsten
Angriffe gegen die bestehende Ordnung, in beiden Ländern
waren es Ordensmänner, die den Aufruhr predigten, und wenn
in der Aufforderung zum Blutvergiessen Luthers Schrift an den
deutschen Adel wohl den heftigsten Predigten der Mönche von
Toledo oder Salamanca gleichkam, vielleicht sie noch übertraf,
so hatte Deutschland wieder keinen Bischof von Zamora aufzuweisen, der in den Kirchen das Volk aufhetzte und dann Medina de Rio seco beschoss, wo sich der Cardinalgobernador
hinter schwachen Mauern barg. Allein diese Episode steht in
Spanien vereinzelt da. Don Pedro Giron, Don Juan de Padilla
boten Don Antonio de Acuña wohl die Hand, wo es sich um
die Behauptung castillianischer Freiheiten handelte, niemals
aber, wenn es sich um Aufrichtung eines neuen Glaubens gehandelt hätte. Die Granden unterstützten den Aufstand der
Hidalgos, des Städteadels; ihr Benehmen hat eine entfernte
Aehnlichkeit mit den Bestrebungen des deutschen Reichsadels
im Jahre 1523, der auch gerne das Reich zum eigenen Besten
umgestürzt hätte. Der spanischen Bewegung fehlt aber zur
Gleichheit mit der deutschen der Bauernkrieg mit seinen luthe-
rischen Freiheitsaposteln, das Auftreten der Wiedertäufer mit
ihren Hoffnungen auf die Osmanenherrschaft. Hussitismus und

Wicleffismus sind für Spanien nicht vorhanden gewesen; die
spanische Welt bewegte sich in nationalen Gegensätzen einerseits, in den zu Judenthum und Islam andererseits. Gerade
jetzt, als Spanien diese beiden Feinde überwältigt hatte, erfolgte auch die politische Einheit, war die spanische Geschichte
zu einem natürlichen Abschlusse gekommen, hatte sie durch
Bekehrung der Juden, durch den Umsturz des Reiches von
Granada eine lang erstrebte Basis erlangt, die K. Karl nicht
geschaffen hatte, die er mit all ihren Folgen im Guten wie
im Schlimmen annehmen musste und die die leider schicksal-
volle Grundlage seiner politischen Wirksamkeit wurde. Wenn
die deutschen Fürsten, welche Karl zum Kaiser wählten, nicht
wussten, was ein König von Spanien sei, so konnten sie es
aus dem Schreiben ersehen, welches die Granden nach der
Einnahme von Tordesillas an ihren König richteten, nachdem
er deutscher Kaiser geworden war. In der dreifachen
Einheit des Glaubens, der Nationalität und des
gemeinsamen Königthums lag die Stärke wie die Schwäche
Spaniens, als es aus seiner particularen Stellung heraustretend,
durch Karls V Kaiserthum seine universalhistorische Rolle
übernahm.

Freilich wäre es da wünschenswerth gewesen, dass in
Spanien die kleinlichen Gegensätze ausgeglichen worden wären,
die sich wie offene Eiterbeulen von Stadt zu Stadt, von Land
zu Land zogen. Da konnte Toledo nicht zur Ruhe kommen,
weil die Ayalas und Silvas es zum Schauplatze beständiger
Kämpfe gemacht hatten, in Sevilla stritten sich die Herzoge
von Infantado und die Grafen von Arcos, in Burgos der Herzog
von Najera (Manrique) und das Haus Velasco, der Herzog
von Alba *) mit Don Antonio de Zuñiga (Bruder des Herzogs
von Bejar), in Zamora die Grafen von Albadeliste und der
Bischof, der Herzog von Medina Sidonia und Don Pedro Giron,
ältester Sohn des Grafen von Urena lagen im offenen Kampfe,
Valladolid und Simancas, Don Fernando Chacon und Segovia,

---

*) Ueber die Streitigkeiten des Herzogs von Alba. P. Martyr Ep. 642.
Anales breves c. 16. Cartas del Cardinal Don Fray Francisco Ji-
menez de Cisneros pag. 115. Der Graf von Benavente wollte sich
Valladolids bemächtigen. l. c.

Jaen und die Villa de Martos, der Graf von Benalcazar und Toledo. Das ganze Leben Castilliens schien so in kleinliche Gegensätze, in ununterbrochenen Reibungen sich aufzulösen. Dazu kamen noch die grösseren, die nur eine bedeutende Wendung der Dinge von Aussen, einen grossen Fehler der Regierung erwarteten, um mit voller Macht loszubrechen. Man hatte von Seite der Communen nicht vergessen, dass K. Juan II von den Granden in Abhängigkeit gebracht worden war, die Communen ihn daraus befreiten; dass die Granden K. Heinrich IV den Don Alonso entgegengestellt, Donna Juana la Beltraneja gegen die Königin Isabel unterstützt hatten, die Siege der Comunidades bei Olmedo und Toro 1475 die Macht der Granden gebrochen*) und die Herrschaft der katholischen Könige, auf welche jetzt als auf die goldene Zeit Spaniens hingeblickt wurde, begründet hatten. Das hatte man von Seiten der Comunidades aber um so weniger vergessen, je mehr gerade die Regentschaft des Cardinal Cisneros geeignet war, Spanien die Nothwendigkeit zu zeigen, dass die Krone sich auf die Comunidades und nicht auf die Granden stütze. Diese aber hatten zugegriffen auf Kosten der Städte, wie auf Kosten der Krone. Ihnen gehörten nicht blos Städte, Schlösser, Villen, sondern auch Brücken und Thore, Aemter und Würden. Auf der ganzen weiten Strecke von Valladolid bis San Jago besass die Krone nur mehr 3 Ortschaften. Je weniger sie besass, desto mehr war sie auf Steuern und Auflagen, auf Servicios und die Erhöhung der Alcabala angewiesen, die dann wieder den Städten zur Last fielen, ihren Unmuth gegen den Adel mehrten und sie in dem Verlangen an die Krone bestärkten, durch eine einschneidende Reform die Dinge in Castillien gründlich zu bessern. Nichts war nothwendiger, als dass die Krone selbst sich der ungetheilten Sorge einer politischen Reform unterzog. Unter diesen Verhältnissen war aber auch die Lage des Königs unendlich schwierig. Er hatte in Aragon einen Adel, der entschlossen war, dem Königthume keinen Schritt zu weichen. In Catalonien war man darin einig, den König so weit als möglich auszubeuten, die Hilflosigkeit Karls zu benützen und sich alle veralteten Privilegien bestä-

---

*) Hefele, Der Cardinal Ximenes S. 22.

tigen zu lassen, dasjenige, was man gewährte, durch die er-
zwungene Verlängerung des Aufenthaltes des königlichen Hofes
sich wieder eigen zu machen. In Valencia gährte es mehr
wie je und stand eben so sehr eine Unterdrückung des Adels
durch die Bürgerschaft als das Umgekehrte in Aussicht. In
Castillien aber waren die Dinge noch schlimmer. Stützte sich
der König auf die Granden, so hatte er die Comunidades
gegen sich. Stützte er sich nicht auf sie, so waren sie mächtig
genug, ihm die grössten Verlegenheiten zu bereiten, ohne dass
er an den Comunidades in ihrer Getheiltheit und ihren Zerwürfnissen unter einander eine sichere Stütze gefunden hätte.
Die Traditionen der Politik des Cardinalregenten (Cisneros)
mussten ihn lehren, sich von den Granden möglichst unabhängig zu machen. Konnte er sie aber zurückstossen, wenn
sie sich an ihn anschlossen? Wie er sich auch benahm, immer
und überall wuchsen nur Verlegenheiten empor. Der Clerus
zürnte, weil von ihm ein Zehent verlangt wurde, die Städte,
weil sie zahlen sollten, Castillien, weil es hintangesetzt wurde.
Die Spanier grollten den Fremden, arbeiteten ihnen aber, wo
Geld zu gewinnen war, in die Hände. Was zur Beute gemacht
werden konnte, wurde genommen, ob es aus Indien oder aus
Europa kam. Da war es ganz natürlich, dass K. Karl sich
vorzugsweise denjenigen zuwandte, die er aus Flandern mit-
brachte und welche sein ganzes Vertrauen besassen; aber
ebenso natürlich war es, dass diese in Unkenntniss der so
verwickelten spanischen Verhältnisse und der Verschiedenheit
der Rechte der einzelnen Länder selbst mit dem besten
Willen Fehler begingen, die ihnen als Ausländern doppelt hoch
angerechnet wurden, wenn es auch nur Missgriffe waren*); jeder
wirkliche Fehler aber, den Karls Umgebung beging — und
die Niederländer glaubten, sie müssten von den Resultaten
der neuen Entdeckungen den Löwenantheil haben, Spanien sei

*) Selbst in Spanien und in Mitte des Bürgerkrieges erhoben sich
Stimmen, man möge, ganz abgesehen von der Person des jugendlichen Monarchen, doch seine flandrische Umgebung nicht für Alles
verantwortlich machen, was von 1517—1520 an missliebigen Massregeln statt gefunden habe. So z. B. Antonio de Guevara, während
Petrus Martyr de Angleria gegen die Niederländer sich beinahe
wie rasend benahm.

ihr Indien — fiel auf den jugendlichen Monarchen zurück, der sie in das Land gebracht, der ihnen mehr Gehör schenkte, als den Spaniern, diese, ohne es zu wissen oder zu wollen, zurückstiess, beleidigte, sich zu Todfeinden machte, die dann nur den Augenblick abwarteten, um ihrem Könige zu zeigen, dass denn doch eigentlich sie die Herren im Lande seien.

Als Karl von Burgund Erzherzog von Oesterreich durch den Tod seines Grossvaters Ferdinand von Aragon 1516 und die Erklärung der Cortes König des zum ersten Male vereinigten Spaniens wurde, verstand er kein Wort spanisch.*) Er war von seinem Leiter und politischen Erzieher, dem Herrn von Chièvres aus dem Hause von Croy, mehr beherrscht als geführt worden. Nicht bloss dass dieser die auswärtigen Angelegenheiten der Niederlande nach seinem Gutdünken leitete, er gewann über den Knaben Karl ein unbedingtes Ansehen, das erst mit seinem Tode zu Worms den 28. März 1521 endete. Er schlief in dem Zimmer des Prinzen, der ritterlichen Spielen, der Jagd, den kostspieligen flandrischen Festen hold war und sich gewöhnte alle Angelegenheiten so anzusehen, wie sie Chièvres betrachtete und betrachtet wissen wollte. Der Hof zu Brüssel war der Tummelplatz unzufriedener Aragoneser geworden, die von da aus Pläne gegen K. Ferdinand schmiedeten. Man sprach daselbst nichts weniger als günstig von der spanischen Inquisiton**) und gefiel sich in einem Oppositionstone, der nicht geeignet war, die an und für sich nicht grosse Zuneigung Ferdinands zu seinem ältesten Enkel zu vermehren. Die ohnehin zur Zögerung angelegte Natur Karls wurde, als ihm Chièvres die Last des politischen Denkens abnahm, von jeder Thatkraft abgezogen und man kann sich in der That nicht wundern, dass, als Karl heranwuchs, mit 16 Jahren König wurde, die klügsten Leute urtheilten, seine

---

*) Er lernte es dann in Spanien, so dass er sich im Frühlinge 1518. schon ganz geläufig ausdrücken konnte. Rex jam callet hispanicam linguam, schrieb P. Martyr ep. 613 Id. Mart.

**) Vergleiche den Bericht des Bischofs von Badajoz an den Gobernador Spaniens, Bruder Francesco Ximenes von Cisneros v. 8. März 1516: Some of the Spaniards, who are in Flander speeak badly of the inquisition, telling horrible things of it and pretending that it ruins the country. Bergenroth Calendar, I., n. 246.

Regierung werde s e h r f r i e d l i c h werden, K. Franz, als dessen demüthigen Diener und Vasall sich zu unterschreiben der Prinz gewöhnt worden war, ihn über die Achsel ansah und die Meinung hegte, er, der König von Frankreich, der Eroberer Mailands, der Sieger über die Schweizer sei der geborene Herr Europa's, ihm gehöre die Kaiserkrone, die Herrschaft über Frankreich, Deutschland, Italien, über Navarra, wie über Neapel. Eine französische Wiederherstellung des Reiches Karl des Grossen war nie näher gelegen.

Der Ruf eines ungemein klugen Fürsten begleitete den letzten selbstständigen König von Aragon in das Grab und noch lange Zeit hüllte sich seine und Isabellens Regierung in eine Art von mythischem Dunkel ein als eine Aera von Glück, Wohlstand, Macht und Bedeutung für Spanien. Zwei Spanier hatten damals sich der Siegeslaufbahn der Franzosen entgegengeworfen, als K. Karl VIII sich über das Sforzesische Herzogthum Mailand den Weg nach Neapel bahnte, um die aragonesische Nebenlinie dieses Königreiches zu vertreiben und nun die abendländische wie die morgenländische Kaiserkrone dem Sieger als Lohn eines militärischen Spazierganges winkten, dem zu Ehren die Herrschaft der Mediceer in Florenz so im Vorübergehen gefallen war, P. Alexander VI (Roderigo Borgia) und K. Ferdinand V. Der Eine wie der Andere konnten sich rühmen, als die deutsche Nation zu getheilt und zu schwach war, ihr europäisches Ansehen zu behaupten, erkannt zu haben, dass ein allgemeiner Friede unter den christlichen Staaten keinen beharrlicheren Gegner besitze als Frankreich. Die Spanier, ob geistlich, ob weltlich, waren überzeugt, dass die Franzosen ein Instinct des Hasses gegen Spanien antreibe; dass in dem Besitze Italiens die Bedingung der Weltherrschaft liege, die Herrschaft der Franzosen auf der apenninischen Halbinsel gleichbedeutend sei mit der Unterdrückung der Kirche, ihrer Herabwürdigung zu französischen Endzwecken, mit dem Verluste der Freiheit Aller. Mochte der Kampf, welchen K. Karl VIII im Interesse Frankreichs begonnen, allmälig in einen Bürgerkrieg der romanischen Völker und Staaten umschlagen, bei welchem vorderhand Italien als Kriegsschauplatz die Zeche zahlen musste, als sich einmal K. Ferdinand aufgemacht, den Franzosen die schon errungene Hegemonie Europa's zu ent-

reissen, nachdem Alexanders VI kluge Taktik bereits den
siegreichen Karl zum Rückzuge aus Neapel getrieben hatte,
er ruhte nicht eher, als bis das aragonesische Neapel den Franzosen wieder abgenommen worden war und das Königreich
Navarra für König Jean d'Albret und die Königin Katharina
verloren ging, da die französischen Bundesgenossen, dort die
Gegner Frankreichs zu seinen Gunsten ihre Königreiche verloren. Der letzte rechtmässige Prätendent der Krone von
Neapel — Sicilien gehörte seit 1410 zu Aragonien — wurde
nach la Xativa gebracht, wo erst der Aufstand der Valencianer
die Riegel seines Kerkers zurückschob; der Sohn des Papstes
Alexander, Cesare Borgia Herzog von Valentinois, dessen
selbstständige Politik dem Könige Ferdinand unbequem geworden war, erhielt gleichfalls ein aragonesisches Schloss zum
unfreiwilligen Aufenthaltsorte, dort gleich dem Königssohne
über den raschen Wechsel der Herrschaften nachzudenken,
der Eroberer von Neapel, der grosse Capitan, ein Einkommen
von 40000 Dukaten, seine Tochter ward die reichste Erbin
Spaniens, er selbst aber machte die Erfahrung, dass das Königthum sich durch das Verdienst eines Unterthans nicht gerne
in Schatten stellen liess. Der König von Navarra durfte froh
sein, wenn ihm nicht auch ein aragonesisches oder valencia-
nisches Schloss angewiesen wurde. Das Königreich Navarra
wurde dann zum Complexe der castillianischen Staatengruppe
geschlagen und somit Castillien zu seiner Vertheidigung gegen
französische Angriffe aufgeboten. König Ferdinand selbst verband
sich mit K. Maximilian, um auch diesen beharrlichen Gegner
Frankreichs in den Kampf zu ziehen, wie er K. Heinrich VII
von England gleichfalls gegen Frankreich aufbot, das so von
3 Seiten von grimmigen Gegnern umlagert wurde und wie bei
dieser Gelegenheit die Häuser Aragon und Tudor sich durch
Heirath näherten, schlossen sich Habsburg und Aragon-Castillien
selbst durch Doppelheirath an einander an. Das Ergebniss
derselben stand freilich ausser der Berechnung des Alles
bemessenden Königs. Nicht sein Mannsstamm sollte aussterben,
nicht der Habsburger Erbe dessen werden, was K. Ferdinand
mühevoll gesäet. Diese Combination, die wichtigste und ent-
scheidendste für Spanien und dessen ganze Zukunft, nahm einen
Ausgang, den K. Ferdinand am wenigsten erwartete. Sein Sohn

Don Juan todt, die Linie des Erstgeborenen, des einzigen
Sohnes ausgestorben; seine älteste Tochter die Königin von
Portugal todt, ihr Sohn, der Erbe von Portugal, Aragon, Ca-
stillien todt, ihre Schwester die Königin Juana (la loca) nach
dem Verluste ihres leichtfertigen Gemahls wenn nicht verrückt,
doch regierungsunfähig. Eine ganze Generation fiel aus bei
Ferdinand wie bei Maximilian und wenn der kluge König von
Aragon sich die Frage stellte, für wen er gearbeitet, gekämpft,
Andere überlistet, rücksichtslos gehandelt, den ganzen Hass
Frankreichs auf sich geladen hatte, so war es Karl von
Gent, ein Habsburger, ein Urenkel Karls des Kühnen von
Burgund, ihm fremd und fremd seinen Völkern, deren Sprache
er nicht verstand, zu denen ihn keine Sympathien hinzogen.
Er hatte gearbeitet, ein Anderer ärntete.

 Genau genommen war aber weder nach der einen, noch
nach der anderen Seite die Sache zum Abschlusse gekommen.
Der Krieg mit Frankreich stand vor der Thüre, als K. Ferdinand starb und nur dann konnte er vermieden werden, wenn
der König von Frankreich sich verpflichtete, auf seine Ansprüche auf Neapel Verzicht zu leisten und Jean d'Albret
in seinen Bemühungen, Navarra zu erwerben, nicht zu unterstützen. Der jugendliche Fürst, welcher am Abende des
23. Januars 1516 seinem aragonesischen Grossvater — am
12. Januar 1519 seinem deutschen — nachfolgte, hatte daher
die Wahl vor sich, entweder den Versuch zu wagen, den kriegerischen König von Frankreich zu einem Frieden auf jene
beiden Bedingungen hin in friedlicher Weise zu bringen —
oder ehe er sich noch in seinem spanischen Erbe befestigt
hatte, einen Krieg mit zweifelhaftem Ausgange zu beginnen.*)
 Der Plan, den König von Aragon mit Hilfe D. Pedro's
Giron aus Castillien zu beseitigen, zu einer Insurrection
seine Zuflucht zu nehmen, fiel jetzt in sich zusammen.**) An
dem sterbenden König war es, Anordnungen in Bezug auf

---

*) Ein sehr interessantes Mémoir über die Lage der Dinge bei dem
 Tode K. Ferdinands und seine Pläne, offenbar aus dem Cabinete
 des Card. Gobernadors von Spanien herrührend, in dem Calendar
 of State-papers II. 1516. p. 245.
**) Zu den Personen, welche zwischen Brüdern, Vater und Sohn Feind-
 schaft stifteten, gehörte nach einem Schreiben K. Ferdinands vom

Spanien zu treffen. Er bestimmte seine Tochter Juana, bereits
Königin von Castillien, zur Erbin von Aragon, Sicilien und
Neapel, jedoch so, dass der Prinz (Karl) regiere; bis derselbe
komme, solle der Cardinal von Toledo in Castillien allein regieren, der Erzbischof von Saragossa in Aragonien und Raymon
von Cardona in Sicilien. Dem Prinzen sollten die 3 Grossmeisterthümer von San Jago, Calatrava und Alcantara zukommen; seiner eigenen Wittwe Germaine von Foix ein Jahres-
einkommen von 30000 fl. und eine Anweisung auf 10000 Ducaten jährlich für den Fall, dass sie nicht mehr heirathe.
Neben 30000 Dukaten, die auf neapolitanische Ländereien angewiesen wurden und einer besonderen Anweisung auf 50000
Dukaten für den Infanten Ferdinand folgte noch eine Masse
von Anweisungen. Der Herzog von Gandia sollte entschädigt,
dem Almirante von Castillien eine ihm entrissene Stadt zurückgegeben werden, ebenso der alten Königin von Neapel, seiner
Schwester, ihr Eigenthum in Neapel, den Infanten Don Enriquez, den Herzog von Segorbia, dessen Sohn und den Erzbischof von Saragossa möge der Prinz in seine Gunst ein-
schliessen. 100000 Ducaten wurden der jungen Königin von
Neapel zugesprochen, dem Prinzen aufgetragen, die Aragonesen
zu lieben, die Beamten nicht zu ändern; wenn der Prinz nach
Castillien komme, solle der Alcalde des Schlosses von Xativa
den daselbst gefangenen Herzog von Calabrien ihm vorführen
und der Prinz ihn dann versorgen.*) 5000 Ducaten wurden
für die königlichen Diener, ebenso viel für Befreiung von
Christensclaven aus den Händen der Moren und die Heirathen
von Waisen bestimmt.

Der Prinz konnte das aragonesische Erbe nicht antreten,
ohne nicht die letztwilligen Bestimmungen des Erbherrn zu
erfüllen. K. Ferdinand hatte Vieles gut zu machen und manche
Wunde, die er geschlagen, zu heilen, wenn so späte Heilung
überhaupt möglich ist. Er überliess es seinem Enkel, die

April 1514 Don Juan Manuel, welcher damals in Arrest kam. Der
König bezeichnete letzteren als den schlechtesten und gefährlichsten
Menschen in der Umgebung Karls (Ende 1515. Calend. p. 206.)
*) Desyreyng the Prince for to geve to the Duke suche fe as that he was
asynyd in tymys passyd for hys lyveyng yearly. Stile to Henry
VIII, 1. März 1526.

Mittel dazu ausfindig zu machen; der König hinterliess keinen
Schatz, unter dem hohen Adel, dessen Privilegien er fortwährend zu schmälern bemüht gewesen, keine Liebe und keine
Trauer. Nur der Marques von Denia, der nachher so oft
genannte Hüter der Königin Juana, und der strengste aller
spanischen Richter, der nachher so oft genannte Alcalde Ronquillo, begleiteten seine Leiche nach der Gruft von Granada,
wo auf dem den Moren abgerungenem Boden Isabella's irdische
Reste ihre Stätte gefunden. Erst 4 Jahre später, als die
Comuneros sich in den Besitz von Tordesillas, dem Aufenthaltsorte der Königin zu setzen suchten, erfuhr die Tochter Isabella's und Ferdinands die Nachricht von dem Tode ihres Vaters.
Bis dahin hatte man sich seines Namens bedient, um die Königin, welche an unbedingten Gehorsam gewöhnt war, zu dem-
jenigen zu bringen, was man von ihr wollte. Man kann nicht
läugnen, dass die nur theilweise und späte Erfüllung der einzelnen Bestimmungen des Testamentes K. Ferdinands, die
Nichtbezahlung dessen, was man den königlichen Dienern
schuldete, eine der hauptsächlichsten Quellen der tiefen Ver-
stimmung wurde, die sich der Spanier bei dem ersten Aufent-
halte K. Karls in Spanien bemächtigte. Sie hatte bereits an
dem Benehmen der Flamänder reichliche Nahrung gewonnen
und bedurfte nicht noch dieses Fermentes. Die Umgebung
Karls, der Herr von Chièvres an der Spitze, glaubte aber nach
dem Tode K. Ferdinands am klügsten zu handeln, wenn Karl
friedlich als König anerkannt und mit England ebenso
wie mit Frankreich ein Abkommen getroffen würde, das dem
neuen Könige gestattete, sich in den Besitz seines spanischen
Erbes zu setzen. Zu diesem Ende wurden 2 Verträge abgeschlossen. Der Eine vom 19. April 1516 mit K. Heinrich VIII
(zu Brüssel) erneute die alten Beziehungen der Niederlande
zu England und sicherte jenen die Hilfe des Königs von England für den Fall zu, dass sie in Abwesenheit Karls angegriffen würden. Man konnte den Brüsseler Vertrag als Rückschlag
des grossen französischen Sieges bei Marignano bezeichnen,
der K. Franz in den Besitz von Mailand setzte, aber die allgemeine Eifersucht gegen ihn rege gemacht hatte.

Der zweite Vertrag war der französisch-belgische, welcher
nach den Unterhandlungen während des Sommers 1516 endlich

von Chièvres am 13. August zu Noyon abgeschlossen wurde.
Es ist derselbe, welcher nachher als eine von den Ursachen
jener allgemeinen Missstimmung bezeichnet wurde, die zur
Erhebung Spaniens im J. 1520 Anlass gaben. Er sollte wie
gewöhnlich für ewige Zeiten gelten, eine ewige Freundschaft
begründet werden, indem der 16jährige Karl sich verpflichtete,
die am 19. August 1515 geborene Tochter K. Franz I, die
Princessin Louise zu heirathen, für den Fall ihres Todes
deren (noch nicht geborene) Schwester, eventuell Renée von
Valois. Dagegen leistete K. Franz Verzicht auf seine Ansprüche auf Neapel, doch hatte Karl bis zum Vollzuge der
französischen Ehe jährlich an K. Franz 100000 Sonnenthaler
zu bezahlen. Für den Fall des frühen Todes K. Karls trat der
Infant Ferdinand in die Reihe dieser Verpflichtungen ein, deren
Sinn nach spanischer Auffassung war, zu verhindern, dass Karl
bald heirathe und der Spanien fortwährend der Gefahr aus-
setzte, dass seine Dynastie auf 4 Augen beruhend, aussterbe.
Man klagte Karls Vater K. Philipp an, dass er durch Ausschweifungen seinen frühen Tod veranlasst habe; man befürchtete, die lange Verzögerung der Heirath Karls werde
diesen vor der Zeit in ähnliche Lage bringen, eine Befürchtung,
welche dann wieder eine neue Beunruhigung erzeugte, als der
Infant Ferdinand 1517 Spanien verlassen musste, Karl un-
verheirathet blieb und sich Spuren von Epilepsie zeigten.*)
Diese Unsicherheit in Betreff der Zukunft Spaniens hat dann
wesentlich beigetragen, die Politik des Herrn von Chièvres
in Spanien verhasst und die Spanier besorgt zu machen, dass
von den Niederländern ihr Schicksal, ohne sie zu fragen, ohne
sich um ihr Wohl zu kümmern, entschieden werde. Wie sollte
endlich der neapolitanische Tribut bezahlt werden, wenn trotz
der 400000 Goldphilippen, welche die niederländischen Stände
1515 dem Prinzen Karl bewilligt hatten, eine Anleihe in
England gemacht werden musste, damit nur K. Karl nach
Spanien kommen könne, wo ihn die testamentarischen Verpflichtungen K. Ferdinands erwarteten?

Ein anderer und sehr wichtiger Punkt betraf die Aus-

---

*) 1518 u. 1519. Henne, hist. de règne de Charles Quint en Belgique,
II. p. 298, n. 3.

einandersetzung in Betreff Navarras. Der Tod K. Ferdinands hatte dem Exkönige Johann d' Albret, Gemahl der Katharina von Foix, Erbin der Ansprüche dieses Hauses auf das Königreich Navarra, zu einem Einfalle in Navarra Anlass gegeben, der aber unglücklich· endete. K. Johann und seine Gemahlin Katharina (deren Rechte auf Navarra gegen die Ansprüche der Germaine von Foix *), K. Ferdinands zweiter Gemahlin, gerichtet waren) starben dann im J. 1516 nach diesem unglücklichen Einfalle in Navarra.

Zu ihren Gunsten setzte nun der Vertrag von Noyon fest, dass, wenn die Königin Katharina (damals offenbar schon Wittwe) Gesandte zu K. Karl schicken würde, um ihm ihre und ihrer Kinder **) Anrechte darzuthun, der König sie anhören und in einer Weise befriedigen solle, die sie nach Billigkeit beschwichtigen könnte. In keiner Weise solle aber der König von Frankreich hiedurch aus dem Bündnisse gedrängt sein, das er mit K. Albret abgeschlossen, ja dasselbe solle in seiner Kraft für den Fall bestehen, dass die Königin nicht nach Billigkeit (selon la raison) zufrieden gestellt werde.

Der Vertrag gab also dem französischen Könige eine Art von Schiedsrichteramt zwischen dem Könige von Spanien, der Königin von Navarra und deren Kindern, von welchem er nach Belieben Gebrauch machen konnte, durch heimliche oder offene Unterstützung der Betheiligten, mit Waffengewalt und diplomatischer Intervention. Der drohende Finger war immer aufgehoben. K. Franz besass in der Schlichtung der navarresischen Sache eine Handhabe gegen Spanien, der er sich trefflich bediente. Die Spanier aber hatten ein Recht sich zu beschweren, dass, ehe noch ihr König in den vollen Besitz seiner spanischen Kronen gekommen, ehe er ihre Huldigung empfangen, er bereits ohne sie in Betreff zweier Länder, Neapel und Navarra, Stipulationen eingegangen hatte, die Spanien

---

*) Germaine trat ihre Rechte, welche ihr durch den Tod ihres Bruders, des Herzogs von Nemours, zugekommen waren und um derenwillen K. Ludwig XII den letzten König von Navarra bekämpfte, an K. Ferdinand ab. So der Herr von Chièvres bei Brewer letters and papers III, p. I., n. 11.

**) Don Enrique de Labrit principe de Bearn. Anales breves p. 404 s.

verpflichteten, ihm Lasten auferlegten *), möglicher Weise dasselbe in Krieg stürzten, ohne dass Spanien zu dem Vertrage hinzugezogen worden wäre. Der König hatte gewissermassen die Schlüssel zu dem Thore Spaniens den Franzosen überlassen. Die Spanier sahen sich als die Verletzten, als die Beeinträchtigten an, grollten dem Vertrage von Noyon, auch als ihm am 29. October 1516 der Londoner Vertrag zwischen K. Maximilian, dem Papste, K. Heinrich VIII und K. Karl I, um der zügellosen Eroberungssucht Anderer zu begegnen, entgegengestellt wurde. Der Vertrag von Noyon blieb in Kraft, auch wenn er vielleicht von Chièvres in der Absicht abgeschlossen worden war, ihn nicht zu halten.

Es kam zu diesen Zerwürfnissen noch mehr als Eines hinzu. Musste man in Bezug auf Navarra fortwährend auf eine Einmischung von Seiten des französischen Königs gefasst sein, so war eine ähnliche Gefahr in Bezug auf Portugal vorhanden. Noch lebte in Portugal Donna Juana, Tochter K. Heinrichs IV († 1479), des letzten Königs aus dem Mannesstamme der alten Könige von Castillien und Leon, die erst nach blutigen Kämpfen mit Heinrichs Schwester, der Königin Isabella, aus Castillien vertrieben worden war. Nach einem Promemoria des spanischen geheimen Rathes vom J. 1522 hatte K. Heinrich im J. 1437 Donna Blanca von Aragonien, Schwester des nachherigen K. Ferdinand geheirathet, jedoch nach einiger Zeit verzweifelnd von Dona Blanca Nachkommenschaft zu erlangen, die Infantin Juana, Schwester des Königs Alfonso von Portugal mit päpstlicher Erlaubniss geehlicht. Die letztere sagte jedoch, dass, wenn K. Heinrich in bestimmter Frist von der genannten Frau keine Nachkommenschaft erhalten würde, er zur ersten zurückkehren müsse. Nun erlangte er von der zweiten Gemahlin keine Kinder, so lange die von der päpstlichen Bulle gestellte Frist andauerte, so wenigstens behauptet das Promemoria, wohl aber gebar Donna Juana 1462 ihrem Gemahl eine gleichnamige Tochter (Juana la excellente), welche angeblich Don Beltram de la Cueva mit Wissen und Willen des

---

*) Nach den Anales breves p. 403 wurden auf einmal 500000 Kronen aus dem Nachlasse des Card. Ximenes zur Bestreitung der Jahresrente von Navarra verwendet.

Königs Heinrich zum Vater hatte. Ihr bestimmte auch der König die Nachfolge; sie wurde auch deshalb von Freiern umworben, von Karl Herzog von Berry, von Alfons V König von Portugal begehrt; der Sohn K. Ferdinands und Isabellens, der Infant Juan († 1497) sollte sie heirathen. Sie ward aber 1465 durch den Infanten Alfons, K. Heinrichs jüngeren Bruder, für erbunfähig, ihr Vater für abgesetzt erklärt. Als Alfons 1468 starb, erlangte zwar K. Heinrich den Thron, jedoch nur unter der Bedingung wieder, dass statt der Tochter, die man la excellente, la Beltraneja nannte, seine Schwester Isabella ihm nachfolge. Nun machte aber K. Alfons die Rechte der Infantin doch geltend und erst die Niederlage, welche er von den Castillianern bei Toro 1476 erlitt, sicherte die Herrschaft der Königin Isabella, die aber auch, als Alfons von der Vermählung mit Juana zurücktrat, fortwährend von dieser sich bedroht glaubte, sie tödtlich hasste und doch wieder, um ihre Thronrechte nicht auf einen anderen zu bringen, sie, wie versichert wurde, mit dem eigenen Sohne (geb. 1475) vermählen wollte. Sie war in Coimbra in ein Kloster getreten, behauptete aber standhaft ihre Thronrechte und brachte dadurch die Königin Isabella soweit, dass diese, um ihren Nachkommen den Thron von Castillien zu sichern, dem Könige Manuel von Portugal erst ihre Tochter Isabella († 1497) und dann (1500) ihre Tochter Maria vermählte. Mit Schrecken dachte der Rath von Castillien daran, dass Donna Juana la excellente noch immer in der Gewalt des Königs von Portugal sich befinde, dass der König von Frankreich die Möglichkeit habe, sich mit dem Könige von Portugal zu verbinden und dann, indem er ihre Rechte auf Castillien vertrat, sehr ernsthafte Verlegenheiten bereiten konnte. Erst 1530 starb Juana, K. Heinrichs Tochter, die mit aller Gewalt zur Beltraneja gemacht worden war.*) Dreissig Jahre früher, als K. Karl geboren wurde, starb der Infant Michael, Sohn des Königs Manuel von Portugal und der Infantin Isabella, nachdem derselbe bereits von den Castillianern und Aragonesen als Thronfolger Ferdinands und Isabellas anerkannt worden war.**) Sein Tod im Jahre 1500 hatte erst

---

*) Das Promemoria bei Bergenroth, Calendar II. n. 379.
**) Osorius de rebus Emanuelis Lusit. regis gestis, f. 21.

dem Sohne K. Philipps und der Juana (Loca) den Weg zu
dem spanischen Throne gebahnt, bei dem spanischen Volke
aber war eine Vorliebe für eine Verbindung mit Portugal, eine
Vereinigung der ganzen iberischen Halbinsel unter einem Scepter
geblieben. Der Vertrag von Noyon war unpopulär,*) schon
deshalb, weil er die Vermählung Karls mit einer französischen Princessin festsetzte. Der Consejo, wie das Volk und
die Granden wünschten die Vermählung Karls mit einer
portugiesischen Infantin. Als die Comuneros sich Tordesillas
bemächtigt, versprachen sie der Infantin Katharina, die dem
Herzoge von Sachsen, dem Markgrafen von Brandenburg verlobt
worden war, sie nach Portugal zu vermählen. Eine Gesandtschaft der Comuneros bot dem Könige Manuel 1520 die Krone
an.**) Man hielt es zur Beruhigung Spaniens für das Beste,
wenn die Infantin Leonore, Wittwe K. Manuels seit dem
13. December 1521, die Regierung von Castillien übernähme.
Schon unter den günstigsten äusseren Umständen ist ein
Thronwechsel, welcher durch Aussterben des Mannesstammes
zweier Dynastien, zweier Ländergruppen entsteht, ein Uebel,
geschweige wenn die rechtliche Frage der Nachfolge sich so
gestaltet, ob Mutter oder Sohn succediren oder selbst Neben-
linien ein Anrecht haben.

Ein ruhiger Uebergang von einer Regierung zur anderen
war ja in Aragon wie in Castillien eine Seltenheit geworden;
nur zu oft war der Vater gegen den Sohn, der Sohn gegen
den Vater, der Bruder gegen den Bruder aufgetreten und längst
wäre das maurische Reich von Granada umgestürzt worden,
hätte nicht der dynastische Zwist sein Dasein künstlich ge-
fristet. Auch jetzt war die Successionsfrage nichts weniger
als ausser der Controverse gestellt. Das feste Auftreten des
Cardinals Jimenes hinderte die Anhänger Don Fernando's
für den Infanten Partei zu ergreifen; viel schwieriger war es,
zwischen den Ansprüchen Karls und den Rechten seiner Mutter
zu entscheiden. Es war nicht so leicht über die unglückliche
Königin das Loos zu werfen. Der Grad ihrer Zurechnungs-

---

*) Seine günstige Seite bei Henne hist. du règne de Charles Quint
en Belgique. II, 167.
**) Osorius, p. 344.

fähigkeit blieb noch lange ein Gegenstand der Controverse und dasjenige, was davon unter das Volk drang, war nicht geeignet, jeden Zweifel zu benehmen, als handle es sich hiebei nicht um eine gewaltsame Beschränkung der Freiheit der Königin. War doch des Haders an und für sich genug in den Königreichen vorhanden. Es war nicht so weit gekommen, wie in Italien, wo die ganze politische Thätigkeit des Volkes in den gegenseitigen Vernichtungskampf der Guelfen und Ghibellinen aufgegangen war; aber jede grössere Stadt war zwischen den adeligen Familien getheilt, welche wie die Silvas und Ayalas in Toledo, sich befehdeten und ihre zahlreiche Verwandtschaft und Clientel in diese ihre Eifersüchteleien und endlosen Streitigkeiten hineinzogen. Dass ganz Castillien sich für oder gegen die Velascos und Manriquez entscheide, galt als ausgemachte Thatsache. Es ist im Allgemeinen eine entsetzliche Sache, wenn das ganze Leben eines Volkes in einen sei es nationalen sei es confessionellen Antagonismus aufgeht, welcher gewöhnlich zum Vampire wird, der das Herzblut aussaugt; wenn die Männer als Helden gepriesen werden, die den inneren Streit nähren und statt ihre Talente einer höheren Sache zu widmen, sie nur zur Erweiterung der ohnehin schon bestehenden Kluft verwenden. In Spanien kam zu der kriegerischen Anlage des Volkes, das Streit liebt, die Beendigung des Kampfes mit den Moren dazu, welche, so glänzend auch dieses Ende eines siebenhundertjährigen Trauerspieles war, insoferne als ein Unglück zu betrachten war, dass, als es den Kampf mit dem auswärtigen Feinde beendigte, der Nation den gewohnten Schauplatz ihrer Thätigkeit verschloss, ohne e i n e n n e u e n zu e r ö f f n e n. Der Rauch schlug sich in den Krater zurück und nur für die Inquisition bereitete sich jetzt ein neuer und ergiebiger Wirkungskreis, weniger ein Kampfplatz als eine Schädelstätte und ein Kerker.

Die Spanier sind nicht angenehm berührt, wenn Ausländer sich mit ihrer Geschichte abgeben; allein so lange sie uns nicht jene Aufschlüsse gewähren, welche wir vom Standpunkte der allgemeinen Anforderungen der Wissenschaft zu verlangen berechtigt sind, müssen sie es sich gefallen lassen, dass wir mit unseren bescheidenen Kenntnissen der spanischen Sprache und Literatur uns doch an ihre Geschichte heran-

— 26 —

wagen. Jede Volks- oder Staaten-Geschichte ist aber vor
Allem Territorialgeschichte, so wenig sie auch bis jetzt als
solche aufgefasst wurde, Geschichte der Veränderungen, welche
der Besitzstand erlitt, und gerade diese Seite der Geschichte
ist im XV. Jahrhunderte die massgebende. Die deutsche Geschichte jener Tage ist vor Allem in den „Ankunftsbüchern" der
deutschen Fürsten enthalten, welche das successive Anschwellen
des Territorialbesitzes nachweisen, das in dem Masse statt-
findet, in welchem die Centralgewalt an Macht und Ansehen
abnimmt. In Böhmen bemächtigt sich der Adel, welcher
husitisch wird, der Kirchengüter, der katholische Adel wird
durch Verleihung der Krongüter zum Kampfe gegen die re-
publikanisch-husitische Revolution bewogen, die Krone ver-
armt, der Adel wird reich und mächtig und verfügt dann über
das Königthum; er bietet die Krone aus, bis es dem mächtigsten
unter dem einheimischen Adel gefällt, selbst nach der Krone
zu greifen. In Ungarn geht ohne Husitismus ein ähnlicher
Process vor sich, bis der König von seinen Einkünften weder
sich satt essen oder trinken kann und mit zerrissenen Stiefeln
in den Tod nach Mohacs reitet. In Frankreich tritt der entgegengesetzte Verlauf ein, da zieht das Königthum die grossen
Kronlehen ein, die Verfassung, welche im Gedränge innerer
Fehden und auswärtiger Kämpfe entstand, wird beseitigt, die
Geldbewilligungen der allgemeinen Stände wachsen, das König-
thum wird absolut wie in England, wo dem Sprecher des
Unterhauses mit Hinrichtung gedroht wird, wenn nicht bis
Sonnenuntergang die verlangte hohe Summe bewilligt ist.
Anders war es in den spanischen Reichen, wo Ferdinand und
Isabella ihre Anerkennung nur um den hohen Preis gewisser
Concessionen an den Adel erkaufen konnten und nun, so
lange sie lebten, mit aller Consequenz daran arbeiteten,
was im ersten Augenblicke verloren war, im Laufe der Zeit
wieder zu gewinnen. In dieser Krise, der verhängnissvoll-
sten der spanischen Geschichte lässt uns aber die spanische
Geschichtsforschung im Stich. Wir erfahren fortwährend,
dass sich der Adel einzelner Städte und Orte bemächtigte,
dass er sie der Krone entfremdete, einzelne Städte sich beschweren, dass die Granden ihnen das Ihrige entreissen und
behalten; allein gerade dasjenige, was vor Allem wünschens-

werth war, ein Verzeichniss dieses dem Königthum oder den übrigen Ständen entrissenen Territorialbesitzes, um die volle Ueberschau der eingetretenen Territorialveränderung zu gewinnen, fehlt uns. Man begreift, dass der Cardinal Cisneros, der consequenteste Vertreter der königlichen Macht, sich mit dem Plane abgab, alle diese beträchtlichen Territorialeinbussen des Königthums in Castillien aufzeichnen zu lassen, offenbar mit dem Plane, bei günstiger Gelegenheit eine Untersuchung über die Rechtstitel der jetzigen Besitzer vorzunehmen. Daher wohl auch, dass er sich auf eine städtische Miliz zu stützen suchte. Wenn er hiebei gerade bei den Städten auf einen Widerstand stiess, so darf man nicht vergessen, welchen Einfluss der Adel und die Granden zumal auf die Städte ausübten, welche Macht der Adel in den Städten besass, wo, wie Maldonado sagt, in jeder kleinen Stadt tausend Adelige sassen, und wenn eine Partei in ihnen für den Regenten war, die andere schon deshalb seine Maassregeln zu durchkreuzen suchte, weil eben der Widerpart dafür war. Zu diesem stillen Kampfe gesellte sich ein anderer, der mit den Moren und Juden, die das Christenthum angenommen hatten, d. h. äusserlich sich dazu bekannten, innerlich aber es eher hassten und verabscheuten als liebten und ehrten. Welcher Grad von Heuchelei aus diesen gezwungenen Uebertritten hervorging — den Vorläufern der späteren aus dem scheusslichen Princip des „cujus regio ejus sit religio" hervorgegangenen — entstehen musste, ist erst in unserem Jahrhunderte durch englische Missionäre klar geworden, welche behaupteten, bei Bischöfen jüdischer Abkunft in Spanien noch Traditionen vorgefunden zu haben, die mit dem bischöflichen Amte sehr schlecht in Einklang zu bringen waren. Damals aber, unter den frischen Nachwirkungen des Sieges von Granada, der entsetzlichen Vertreibung der Juden aus Portugal war auch die spanische Inquisition von der Gunst des Volkes getragen, wenn sie gegen „die falschen Judenchristen," die Marranos auftrat, die den neuen Glauben verläugneten.

Wie schon im Anfange erwähnt worden ist, war der prinzliche Hof zu Brüssel nicht nur überhaupt der Sitz der mit der Regierung K. Ferdinands V Unzufriedenen gewesen, sondern es hatte sich auch namentlich eine grosse Anzahl

Spanier, die von der Inquisition zu Pönitenz verurtheilt worden
waren — conversos y penitenciados — dahin begeben und
grosse Summen angeboten, wenn sie die Namen derjenigen
erfahren könnten, von denen sie heimlich dem Santo Oficio an-
gegeben worden waren.*) Es ist wohl kaum zu bezweifeln,
dass die Zwistigkeiten unter den Spaniern, welche sich wie
auf jedem Gebiete so auch auf diesem zeigten, das Cabinet
Karls zu dem gleichen Entschlusse brachten wie später bei
Gelegenheit der Einsetzung einer Regentschaft, das wichtige
Amt eines Grossinquisitors · keinem Einheimischen, sondern
einem Fremden zu übergeben, welcher allen Parteien und
Umtrieben gleich fern stand, an Karls früheren Lehrer und
nachherigen Botschafter, den Bischof von Tortosa, Cardinal
Adrian; ich möchte selbst nach einer Andeutung in dem Brief-
wechsel des Cardinal Jimenez**) nicht zweifeln, dass die Ini-
tiative hiezu von dem letzteren ausgegangen ist.

Jimenez hatte auch in Betreff der Inquisition mancherlei
Kämpfe mit den Granden bestanden, namentlich mit Don Pedro
Fernandez de Cordova, welcher alle Gefangene der Inquisition
von Cordova freigelassen hatte, der aber am 8. September
1508 von dem Cardinal selbst festgenommen worden war und
dessen Güter nun confiscirt wurden. Nur seine Verwandtschaft
mit dem Gran Capitan schützte ihn vor einem noch stren-
geren Verfahren.***) Als nun der Hof zu Brüssel der Ort
wurde, an welchen sich die von der Inquisition Verurtheilten
wandten, richtete Jimenez ein eigenes Memorial an den
König.†) Er erwähnte, mit welcher Sorgfalt die Gesetze und
Institutionen des Sacro-santo Tribunal eingerichtet worden
seien, so dass keine Reform oder Veränderung nöthig erschienen, obwohl Catalonien und der Papst selbst sich für letzteres ausgesprochen hätten. Die Conversos hätten vergeblich
dem K. Ferdinand die Summe von 600.000 Dukaten zum Kriege
mit Navarra angeboten, wenn er den Process ändere; der König
möge die Ehre seines Grossvaters und der katholischen Ma-

---

*) Gayangos cartas del Cardinal Jimenes, p. 106 n.
**) l. c. p. 115 not.
***) Cartas p. 121 n.
†) Cartas p. 261, s. d. aber vom Jahre 1516—1517.

jestäten*) in das Auge fassen und gleichfalls nichts ändern. Schliesslich wird noch als Beweis für die Geheimhaltung angeführt**), dass in diesen Tagen in Talavera de la Reyna ein neubekehrter Jude von der Inquisition als judaisirend bestraft worden sei, und dieser, als er den Namen seines Angebers erfuhr, denselben meuchlings ermordet habe.

Die Nothwendigkeit einer Reform der Inquisition war aber denn doch die Ueberzeugung aller guten Patrioten Castilliens geworden. Sie befand sich unter den 88 Petitionen, welche dem Könige von den Cortes zu Valladolid 1517 übergeben worden waren. Der König wird gebeten, dafür zu sorgen, dass in dem Oficio de la santa inquisicion Gerechtigkeit geübt werde, indem man die hl. Canonen und das gemeine Recht beobachte und die Bischöfe Richter seien dem Rechte gemäss. ***)

Als sich später die Cortes in San Jago versammelten (April 1520), erhielten die Procuratoren von Toledo Don Pedro Laso de la Vega und Alonso Suarez den Auftrag, zu verlangen, dass man in der Inquisition eine gewisse Ordnung bewahre, wie es der Dienst und die Ehre Gottes verlangen und dass Niemand (ungerecht) beschwert werde.†)

Ich kann nirgends das Verlangen nach Aufhebung der Inquisition finden††); selbst nicht im heftigsten Streite, durch

---

*) Von König Philipp, welcher 1505 verlangt hatte, dass die Inquisition ihre Processe einstelle, bis er nach Castillien komme (Havemann, Darstellungen aus der inneren Geschichte Spaniens S. 146) ist hiebei keine Rede.

**) Die Aechtheit dieser Briefe wird von den Herausgebern der Cartas bezweifelt, jedoch mit nicht hinreichenden Gründen. Wenn sie selbst sagen, sie seien von Jimenes an den Imperador gerichtet gewesen, so ist dieser Fehler auf ihrer Seite, da Karl erst 1519 Kaiser wurde.

***) Art. 39. Qua mandava proveer de manera que en el oficio de la santa inquisicion se hiciese justicia guardando los sacros canones y el derecho comun y que los obispos fuesen los jueces conforme a justicia. La Fuente historia general de España. P. XI, p. 38.

†) Que en la Inquisicion se deese cierta orden como el servicio y honra de Dios se mirase y que nadie fuese agravado. Mejia relacion de los comunidades de Castillia, p. 369.

††) Nur in der Advertencia (despachos del Almirante Ms.) ist einmal davon die Rede; in dem Schreiben, worauf sich diese beziehet, ist aber n i c h t s davon zu finden. Siehe unten.

welchen sich wohl, wie später hervorgehen wird, eine Bewegung der Marranos y conversos, der Judenchristen hindurchzieht. K. Karl handelte nur den Anschauungen seines Volkes gemäss, wenn er sich rückhaltslos für das Institut seiner Ahnen, das unverbesserliche Sacro - santo Tribunal aussprach *), dessen Beseitigung weder Geistliche noch Weltliche, weder Treuge- bliebene noch Rebellen begehrten.

Dagegen gestaltete sich aber zu einer tief einschneidenden Frage die rücksichtslose Verfügung über die von der Inquisi- tion eingezogenen und zu ihrem Gebrauch gestellten weltlichen Güter der Bestraften. Diese Frage berührte zu sehr die ma- teriellen Interessen, als dass die Inquisition nicht bald in den Kreisen, die für sie waren, so unpopulär wurde, als sie es stets bei denen gewesen war, welche sich nur zum Scheine und aus Noth bekehrt hatten. Allein die Granden hielten sie und drängten sich bei ihren Autos zur öffentlichen Theil- nahme wie zu einem feierlichen Glaubensbekenntnisse. War es da ein Wunder, wenn sich der Massen die Ansicht be-

---

*) Zu der Bewegung gegen die Inquisition gehört auch, was Don Ma- nuel aus Rom am 5. Juni 1522 schrieb, der Cardinal Jacobaccius habe einen catalanischen Mönch bei sich, der alles aufbiete, seine catalanischen Verwandten gegen die Inquisition zu vertheidigen und sowohl seinen Patron als andere Cardinäle dahin gebracht habe, ihm in der Opposition gegen die Inquisition behilflich zu sein. Ihre Absicht war, die Rota zu einem Urtheilsspruche zu bestimmen, that the goods of persons who have confessed their heresy and have been pardoned by the inquisition, have not to be confiscated by the King, but given to the heirs of the pardoned person. D. Manuel arbeitete nun dieser Absicht entgegen. Bergenroth Calendar II., p. 428. Endlich darf auch nicht als ein geringes Moment angesehen werden, dass Marranos von dem Hrn. v. Chièvres benützt wurden, um die Alcabala zu erheben, während die Städte diese bisher abführten. Der Staat gewann durch diese Massregel 12000 Dukaten mehr. Die Städte aber stellten dieses Verfahren an die Spitze ihrer Klagen (Juni 1520) und Juan de Padilla erlangte seine Popularität dadurch, dass er die Immunität des Adels von der Alcabala vertheidigte. Ueber letztere, die Steuer, welche jeden Verkäufer verpflichtete, von 10 Maravedis des Kaufpreises dem Könige je einen zu zahlen, sehe man Ranke Fürsten und Völker, 2. Aufl. S. 337. Quevedo hat in der Note 2 zu Maldonado S. 284 ein Verzeichniss der in. Castillien eingeführten Steuern mitgetheilt.

mächtigte, die Granden dächten nur an ihr eigenes Interesse und eine Besserung der Dinge könne nur durch gänzliche Beseitigung der Granden, nicht durch ihre Mitwirkung erzielt werden? Die Dinge in Spanien sahen eben anders aus als in jedem anderen Lande. Nirgends schien eine Centralisation nöthiger, nirgends zeigte sie sich schwieriger wenn nicht gar unmöglich, nirgends gab es eine grössere Anzahl gesonderter Königreiche — ganz abgesehen von den beiden Hauptgruppen — Castillien-Navarra und Aragonien-Valencia, daneben noch gesonderte Herrschaften wie Alava, Guipuscoa, Viscaya, nirgends ein grösseres Festhalten an den alten Gesetzen und Gewohnheiten und sollte die ganze Welt sich ändern, an diesen sollte sich nichts ändern, ob sie nun zu den grossen Weltveränderungen noch passten oder nicht passten. Nur darin stimmten denn doch alle zuletzt überein. Die Vicekönige der einzelnen Länder mochten sich gegenseitig hassen und den alten Familienhader sehr zur Unzeit auf die Verwaltung ihrer Länder übertragen, die Granden und Caballeros mochten mit den Städten oder den Bischöfen zanken; in einem Stücke verstanden sich alle, Aragonesen und Castillianer, Catalanen und Valencianer, die Vicekönige von Altcastillien und von Navarra, im Festhalten an den alten Gesetzen und Gewohnheiten der Länder, im Fernehalten des Einflusses der Ausländer, in einem Nativismus, welcher nicht weiter getrieben werden konnte. Nur darf man nie vergessen, dass die unerschrockensten Oppositionsmänner gegen das unberechtigte Verhalten der Krone im entscheidenden Momente die eifrigsten Vertreter der Kronrechte gegen den Aufstand, gegen die Empörung wurden, dass diese auch nichts davon wissen wollten, wenn die castillianischen Städte sich die italienischen Freistädte zu Mustern nehmen wollten und dass derjenige, welcher das Haus der Donna Maria de Pacheco, Wittwe des Juan de Padilla's in Toledo zerstören und Salz darauf streuen liess, im J. 1517—1518 das Haupt der Opposition in den Cortes von Valladolid, der Hauptvertreter der castillianischen Cortes gegen das Regiment des Herrn von Chièvres war! Spanien war nicht leicht zu regieren. Nun war nach zwei Seiten hin eine Veränderung der allgemeinen Lage der Dinge eingetreten, die man geradezu als unberechenbar bezeichnen musste. Im

Anfange des XV Jahrhunderts schien es, als sollte das deutsche Kaiserreich, welchem sich die italische Krone mehr und mehr entfremdete, an der ungarischen ein Aequivalent erhalten, als König Sigmund römischer Kaiser wurde und so zum ersten Male die einst päpstliche Krone Ungarns mit der deutschen vereinigt, der König von Ungarn, der römische König, der König Böhmens auch römischer Kaiser wurde. Doch löste sich diese Verbindung wieder und erst durch Ferdinand I gewann dieselbe an Dauer und blieb bis zum Untergange des deutschen Reiches. Jetzt aber schob sich S p a n i e n als Grundlage des Kaiserthums dazwischen und wenn bei dem Untergange der staufischen Welt ein König Castilliens in zwiespältiger Wahl König der Römer geworden war, war jetzt 1519 durch einstimmige Wahl aller Churherren der König Castilliens und Aragoniens erwählter römischer Kaiser geworden. Die politische Axe war durch die Churfürsten selbst nach dem Westen verschoben worden.

Dadurch war aber auch für Spanien eine ungeheuere Veränderung eingetreten. Man konnte mit vollem Rechte die Frage aufwerfen*), ob das Kaiserthum Karls Spanien einen reellen Gewinn bringen werde, eine Frage, welche aber auch vom deutschen Standpunkte aus gleichfalls gestellt ward, ob die Verbindung Spaniens mit Deutschland letzterem wirklichen Vortheil bringe? Das war aber denn doch unbestreitbar, dass, wenn der König von Aragon und Castillien n i c h t Kaiser wurde, so ward es der König von Frankreich und wer da glaubt, dass deutsche Freiheit und deutsche Nationalität unter dem Gegencandidaten Karls, unter einem Valois besser geborgen waren als unter einem Habsburger, mit dem ist überhaupt nicht zu rechten. In dem Augenblicke aber, als Spanien und das deutsche Reich Einen Herrscher erlangten, trat Spanien aus seiner ganzen historischen Stellung heraus. Es handelte sich nicht mehr um die Kämpfe an der Nordküste von Afrika oder um Neapel, sondern es ward in das Geschick von Mitteleuropa verflochten; es wurde die materielle Basis des Kaiserthums, das, je mehr es an Macht zunahm, desto mehr seine bisherigen Freunde in Gegner verwandelt sah. Es trat

---

*) Petr. Martyr de Angleria, opus epistolarum, ep. 654.

eine Vitalfrage so gross und gewaltig an Spanien heran, wie
seit 711 keine aufgeworfen worden war. Es war nicht mehr
möglich die Regierung auf spanische Weise zu führen; es war
eine Absurdität zu verlangen, dass der neue Kaiser nicht
spanisches Gold zu seiner Erhaltung verwende, nachdem das
feine spanische Gold wesentlich ihm die Stimmen der Churfürsten gewonnen. Es war nicht möglich im Lande zu bleiben
und Deutschland nebst Spanien von Spanien aus zu regieren.
Hatten sich einmal die Granden für das Kaiserthum entschieden,
Alles aufgeboten, ihren König an die Spitze der Welt, zum
Kaiser zu erheben, so musste fort und fort auch Alles aufgeboten werden, ihn auf dieser Höhe zu erhalten; dann musste
aber auch Alles dem gemeinsamen Zwecke dienstbar gemacht
werden und reichte der castillianische Standpunkt nicht mehr
aus, die colossale Veränderung zu begreifen. Der Kampf
zwischen Nativismus und Universalität war dann unaufhaltsam.
Es lag aber sehr nahe, dass eine Collision der königlichen
und der kaiserlichen Interessen eintrat, dass das Land als
nicht zu rechtfertigende Ausbeutung ansah, was die natürliche
Folge der veränderten Weltstellung war, und der Nativismus
unendlich wehklagte, wenn die Unhaltbarkeit seiner Ansprüche
den gesteigerten Anforderungen des neuen Kaiserthums gegenüber sich immer stärker kundgab. Je stärker diese hervortraten, desto engherziger wurden jene vertreten. Wollte aber
Spanien von Frankreich nicht überflügelt werden, und dass
dies nicht geschehe, darin waren zuletzt doch alle Spanier
einer Meinung, so gab es nur Einen Ausweg, ein spanisches
Kaiserthum.*) Wollte man aber ein spanisches Kaiserthum,
so musste eine ungeheure Veränderung in den bisherigen
Verhältnissen Spaniens eintreten, die sich dann als Eingriffe
in die Interessen des Landes, als Rechtsverletzungen kund-
geben und in den ächten Söhnen des Landes eine sehr bittere
Stimmung erzeugen mussten, welche nur entschlossener Männer

---

*) Selbst dem Herrn von Chièvres scheinen, nachdem 1,200.000 Dukaten
zur Erwerbung der Kaiserkrone ausgegeben worden waren, gewaltige Bedenken über das zweifelhafte Glück der Kaiserkrone gekommen zu sein, wenn man die Unterredung bedenkt, die er mit
dem Pfalzgrafen Friedrich hatte. Huberti Thomae Leodii annales
Palatini p. 74.

bedurfte — kurzsichtiger, aber ehrenwerther Patrioten — und die
schlimmste Sorte von Aufstand war da, der Aufstand um das
Königthum gegen den König zu schützen, der Aufstand, welcher
überall mit dem Rufe viva el rey begann — und mit der
Verbindung der Aufständischen mit den Erbfeinden, den Franzosen endete! Nun konnte man denn doch nicht läugnen,
seit der Ankunft K. Karls in Spanien waren grosse politische
Fehler gemacht worden und musste das seit 1517 eingeschla-
gene Verfahren von allen Redlichen als Grund und Ausgangspunkt der nachfolgenden Verwirrung betrachtet werden. Es
war aber auch vom ersten Momente an Alles übelgedeutet
worden; der längere Aufenthalt in Galizien war nur erfolgt,
um einer Begegnung mit Cardinal Jimenes auszuweichen *),
während doch der König in einem nichts weniger als königlichen
Aufzuge gelandet war und, nachdem das Schiff mit den Pferden
verbrannt war, nicht einmal auf eigenen Thieren vorwärts
kommen konnte. Wie ein Herabgekommener, Hilfsbedürftiger
sich zum ersten Male den stolzen spanischen Granden zu
präsentiren, das ging denn doch nicht an. Als er aber die
castillianischen Cortes nach Valladolid statt nach Toledo berief,
war die letztere Stadt, welche sich für die Perle Castilliens
hielt, schon auf das Unangenehmste berührt und legte sie
seitdem Karl Schwierigkeiten auf Schwierigkeiten in den Weg.
Als nun der Regent starb, ohne dass er mit dem jugendlichen
Könige zusammengekommen wäre, wie er so sehr wünschte
und im Interesse Karls so sehr zu wünschen war, da erfolgte
freilich der heilloseste Schritt, zu welchem man den
siebenzehnjährigen Fürsten verleiten konnte; der König kam
nicht nach Toledo, das schon über diese Zurücksetzung sich
tief verletzt fühlte, verlieh aber das reiche Erzbisthum, den
Primatialsitz Castilliens, die Würde, welche Cisneros mit dem
Glanze seiner Tugenden und staatsmännischer Befähigung erfüllt hatte, einem Ausländer, einem Flamänder, für den nichts
sprach, als dass er ein Verwandter des allmächtigen Herrn
von Chièvres aus dem Hause von Croy war, und dessen beste
Handlung unstreitig darin bestand, dass er im Jahre 1521 —
ich glaube ohne Toledo gesehen zu haben, durch frühen Tod

---

*) Höfler, K. Karls V erstes Auftreten in Spanien. S. 44.

sein erzbischöfliches Wirken beschloss, ehe er es begonnen hatte.*) Dazu kam noch manches Andere. Es erfolgte die Beschlagnahme der Verlassenschaft des Cardinals Cisneros, dem Karl die Madrider Auseinandersetzung in Bezug auf seine Mutter verdankte und der unstreitig zu Spaniens grössten Männern gehörte. Unter dem Vorwande, seine Massregel, Navarra durch Schleifung der Mauern der Städte ausser der Möglichkeit zu setzen, dass sich ein Feind daselbst halte, habe der Krone grösseren Schaden gebracht als seine reiche Hinterlassenschaft Nutzen, wurde factisch sein Testament umgestossen und das Erbe eingezogen. Nun handelte es sich um die Bezahlung, der grossen Legate K. Ferdinands, welcher freilich Anweisungen, aber kein Geld hinterlassen hatte; selbst die alten königlichen Diener erhielten ihre Bezüge nicht. Aus der Umgebung der Königin, aus Tordesillas, kamen noch viel später wahre Jammerbriefe an den Kaiser. Dazu kam die unfreiwillige Entfernung des Infanten Don Ferdinand, des nächsten Thronerben aus Spanien. Noch war in Aller Gedächtniss, wie rasch K. Philipp, Karls und Ferdinands Vater gestorben war; Karls schwere Ohnmachten, die ihn bei feierlichen Gelegenheiten befielen und nicht verheimlicht werden konnten, brachten die Besorgniss hervor, die spanischen Kronen möchten eines Tages verwaist sein, der rechtmässige Erbe in der Ferne weilen und dann wie früher das allgemeine Zugreifen beginnen. Da trat nun der Vertrag von Noyon in seiner ganzen Gehässigkeit ein und wie derselbe, weil er Karl in die Unmöglichkeit versetzte, seinem Reiche legitime Erben zu geben, nur von einem Schädiger der Krone, von einem Parteigänger Frankreichs abgeschlossen werden konnte! Nun war die Regierung in den Händen eines Flamänders, der Zugang zu Karls Person nur durch die Vermittlung Chièvres möglich, der Grosskanzler Sauvage ein Belgier, Gattinara ein Burgunder, der Grossinquisitor Cardinal von Tortosa ein Niederländer, der Primas von Spanien ein Niederländer — und wie viele Granden hatten nicht das Erzbisthum Toledo für einen der Ihrigen gewünscht, wie vielen war es nicht durch die Erhebung des Herrn von Croy verschlossen worden! — Der Cardinalerzbischof von York,

---

*) Die Verleihung geschah aber auf Andringen vornehmer Castillianer.

welcher von sich sagte: ich und der König von England,
sollte Bischof von Badajoz werden; wer immer aus Karls Umgebung sich mit einer Bitte an den König wendete, konnte
überzeugt sein, dass ihm mit vollen Händen gegeben werde,
und wenn Herr von Chièvres nach den Aussagen des Rathes
von Indien, Peter de Angleria, mit gänzlicher Uebergehung der
königlichen Princessinen 80 Pfund indischer Perlen für seine
Gemahlin bestimmte, Hunderte von Pferd- und Maulthier-
ladungen nothwendig waren, was er zusammengescharrt, aus
Spanien wegzutragen; wenn auf einmal die Dublonen (Doppeldukaten) ausgingen, weil sie Chièvres durch eine geschickte
Manipulation an sich zu bringen wusste, so konnte man die
Klagen der Spanier über die flamändische Wirthschaft nur zu
begründet finden.*)

Allein damit, mit diesen Anklagen des Herrn von Chièvres,
die wir aus Peter Martyr von Angleria bis zum Ueberdrusse
vernehmen, ist die Sache nicht abgethan.

Trotz aller seiner Fehler war Herr von Chièvres doch
eine bedeutende Persönlichkeit. Auch die Spanier, die ihn
hassten, rühmten seine Klugheit. Er besass eine ungemeine
Kenntniss der politischen Verhältnisse, war Meister in jener
zögernden Politik, wie sie die Zeit liebte, in welcher Verträge
auf Verträge abgeschlossen wurden, jeder wo möglich auf
ewige Zeiten und unter Anrufung Gottes, jeder um den voraus-
gegangenen zu beseitigen, ihm die Spitze abzubrechen, den
geschürzten Knoten wenigstens theilweise zu lösen und wo
jede Partei mit dem vollsten Bewusstsein der Unredlichkeit
der Gegenpartei handelte, sich aber dadurch nicht abhalten
liess, wie es zu Calais geschah, der neuen Vereinigung zu
Ehren eine Kirche zu bauen. Die Fürsten fühlten nicht, wie
sie sich vor ihren eigenen Unterthanen herabsetzten; wenn
nur ein augenblicklicher Vortheil erreicht war, das genügte.
Die Politik ähnelte dem schlechten ökonomischen Systeme,
das vom Schuldenmachen lebt, die alte Schuld durch eine

---

*) Man berechnete, dass der Präsident le Sauvage (Jean le Sauvage),
Kanzler, sich durch Verkauf von Aemtern und ähnliche Mittel
in kurzer Zeit 500000 Thaler erwarb. Loys Gollat bei Henne II.
S. 299 n. 3.

neue deckt und nicht bemerkt, dass der Bankerott mit jedem
dieser Schritte, wodurch man sich helfen will, näher und näher
rückt, endlich unvermeidlich wird.

Herr von Chièvres war von der Leitung eines kleinen
Staates, den habsburgisshen Niederlanden ausgegangen, welche
zwischen zwei abgeschlossenen Königreichen, Frankreich und
England wie zwischen Hammer und Amboss in der Mitte lagen
und nur mit grosser Umsicht und Klugheit vor jeder zermal-
menden Collision bewahrt werden konnten. Da galt es vor
Allem den rücksichtslosen König von Frankreich, dessen
Augenmerk jetzt Italien war, von den Niederlanden abzulenken
und ihn in die Meinung einzuwiegen, dass ihm in Bezug auf
die Durchführung seiner schrankenlosen Pläne von dem Knaben
Karl, seinem eventuellen Schwiegersohne, keine Gefahr drohe.
Die Hauptschlacht wurde erst in Spanien geliefert, als sich
der Plan K. Maximilians, den K. Heinrich VIII von England
zu seinem Nachfolger im deutschen Reiche zu erheben, wie
ein Phantom verzog, und ehe noch die Auseinandersetzung
mit den Ständen der aragonesischen Königreiche erfolgt war,
im Geheimen die Anstalten getroffen wurden, Karl die Wahl-
stimmen für die Kaiserkrone zu verschaffen, den französischen
König ganz sachte aus dem Sattel zu heben und ihn sanft
oder unsanft in den Sand zu strecken. Dazu aber war Geld,
viel Geld, sehr viel Geld nothwendig und mindestens ebenso
viel Feinheit und Klugheit, Franz nicht vor der Zeit kirre
zu machen, die sehr unnöthig gewordene Zusammenkunft Karls
mit K. Franz zu beseitigen, die Conferenz der Bevollmächtigten
in Montpellier zu veranstalten, wobei man fortwährend die
Gewaltthätigkeiten des Königs von Frankreich gegen die Gesandten befürchten musste! Wenn nun hiebei Chièvres an ein
besseres Erhebungssystem dachte, als bisher in Castillien üblich
war, den Servicio (die in Valladolid bewilligte Steuer) zu erheben; wenn er die Caballeros zu verhalten suchte, die Alcabala auch zu entrichten, was Juan de Padilla zu seiner Opposition vermochte, womit er den Grund zu seiner politischen
Thätigkeit und zu seiner staatsmännischen Popularität legte;
wenn er überhaupt die Zügel der Regierung etwas anzuziehen
suchte, wie es vor ihm schon Jimenes gethan; wenn der seiner
Habsucht wegen verhasste Grosskanzler Sauvage verlangte,

dass die Zeugenaussagen bei den Processen der Inquisition nicht heimlich geschähen, sondern die Zeugen öffentlich genannt würden, auch die Gefangenen der Inquisition nicht in den Kerkern des Santo oficio sondern in den öffentlichen Gefängnissen aufbewahrt werden sollten, so klingt es mehr als sonderbar, wenn Zeitgenossen wie spätere Geschichtschreiber über die Regierung des Herrn von Chièvres nur den Stab zu brechen wissen.

Es darf aber hier nicht mit Stillschweigen umgangen werden, dass Don Juan Maldonado, welchem wir in Bezug auf eine richtige Auffassung der Geschichte der Comunidades so viel verdanken, als einen der Hauptgründe des Aufstandes, der doch von Toledo ausging, anführt, dass Chièvres dem Fernando Davalos vor der Zeit das Amt eines Corregidor von Ierez abgenommen und Fernando, obwohl er sich nach Barcelona begeben, doch daselbst bei Chièvres nichts ausgerichtet habe.*) Und als nun damals der catalanische Adel (el orden de la nobleza) sich den Wünschen und dem Verlangen des Königs entgegenstellte, habe Chièvres es für angemessen erachtet, das Volk gegen den Adel aufzuwiegeln**), damit es gegen den Willen des letzteren die königlichen Decrete annehme und bekräftige, was denn auch buchstäblich geschehen sei.***) Das habe Fernando Davalos gesehen und daraus die Folgerung gezogen, das Volk von Toledo gegen Chièvres und den König aufzuwiegeln, er habe sich zu diesem Ende mit D. Pedro Laso verständigt, welcher dem Herrn von Chièvres gleichfalls aufsässig gewesen, da dieser ihm das Amt eines Corregidor von Toledo genommen und einem seiner Verwandten, dem Grafen von Palmas gegeben und so hätten beide den Beschluss gefasst, das Volk aufzuwiegeln, — das aber geschah, während sich die Kaiserwahl entschied und gänzlich unabhängig von dem, was nachher in San Jago und la Coruña vor sich ging. In den Beschlüssen der Cortes in diesen beiden Städten war dann der Anlass zu suchen, warum die anderen Städte sich an Toledo anschlossen und Toledo selbst einen scheinbaren Rechtsgrund erlangte, sich gegen den König aufzulehnen.

---

*) p. 77.
**) Alborotar la plebe.
***) Lo que se hizo al pie de la letra.

Man sieht aus dieser Auseinandersetzung, dass in der Zeit der Regierung des Herrn von Chièvres nicht blos Fehler gemacht worden waren. Der Knabe Karl wuchs unter mannigfaltigen schweren Erfahrungen allmälig zum Manne heran; dass aber unter diesen seine Liebe zu Spanien zugenommen habe oder umgekehrt die der Spanier zu ihm, kann nicht behauptet werden. Vor Allem, so lautete die erste Erklärung der Cortes an den jugendlichen König, müssen wir Eurer Hoheit in das Gedächtniss rufen, dass ihr als König, rey, ausgerufen und anerkannt wurdet, was nichts anderes heisst, als dass Ihr gut regieret, denn sonst ist das nicht regieren, sondern zerstreuen und dann kann man Euch nicht König nennen. Gut regieren aber ist Gerechtigkeit erweisen, d. h. jedem das Seinige zu geben, und der ist dann der wahre König. Und obwohl die Könige viele andere gute Eigenschaften haben, wie Abkunft, Macht, Ehren, Reichthum und Annehmlichkeiten, so macht doch nichts solches den König, sondern nur Recht und Gerechtigkeit zu üben, die verlangt und fordert, dass, wenn seine Unterthanen sie bedürfen, sie gewährt werde. Und so muss es Eure Hoheit machen, denn sie ist in der That Beamter (mercenario) ihrer Vasallen und deshalb geben ihre Unterthanen Ihr Theile ihrer Einkünfte und Gewinnste und dienen Ihr mit ihren Personen, so oft sie gerufen werden.

Das hätte denn doch wohl in Frankreich wie in England Niemand zu sagen den Muth gehabt; der Castillianer that sich aber auf seinen Freimuth viel zu Gute. Noch viel schlimmere Erfahrungen musste aber Karl in Aragonien machen, dessen Adel K. Ferdinand nicht zu bändigen vermocht hatte; in Catalonien nicht minder, und als er nicht nach Valencia ging, wo ihm vielleicht noch Schlimmeres blühte als unter den Catalanen, kannte der Unmuth der Bevölkerung keine Gränze. Dass in der bisherigen Weise nicht mehr Spanien zu regieren war, musste Karl als sicheres Resultat seines Aufenthaltes in den Jahren 1517—1520 vor Augen schweben; dass er aber, wenn er 1520 fortging, eine unendliche Masse von Fragen ungelöst, Spanien selbst in der grössten Gährung zurückliess, war gleichfalls sicher.

Ob aber der König-Kaiser in Spanien oder in Deutschland verweilte, war es doch natürlich, dass Spanien seinen König

erhalte. Wenn aber nun die Aragonesen und in noch viel'
höherem Grade die „Laletaner", die Catalonier, Schwierigkeiten
auf Schwierigkeiten häuften, der König namentlich in Barcelona wie festgebannt war, dort die Einkünfte Castilliens ver-
geudet wurden, wogegen dann wieder die Catalanen gar nichts,
die Castillianer aber sehr viel einzuwenden hatten, der König
endlich, als die Unterhandlungen mit den deutschen Fürsten
im Gange waren, auch aus diesem Grunde seinen Aufenthalt
in Barcelona verlängern musste, so waren dieses gegebene
Verhältnisse, aus welchen man nur dann herauskommen konnte,
wenn sich die Catalanen und Aragonesen früher zur Anerkennung Karls und zur Leistung eines Servicio entschlossen
— was sie aber nicht thaten, — oder K. Karl sich entschloss,
das deutsche Kaiserthum K. Franz zu überlassen und auf
seine und Spaniens politische Stellung zu abdiciren. Man darf
bei Beurtheilung dieser Verhältnisse und der Vorwehen des
Aufstandes der Comunidades nie vergessen, dass die eifrigen
Wortführer und Leiter desselben den grossen politischen Massregeln, welche zur Wahl Kaiser Karls V führten, ferne standen
und sich zu den Männern, die im Cabinete Karls die europäischen Angelegenheiten leiteten, verhielten, wie Kirchthurms-
politiker — um nicht zu sagen Kannegiesser — zu Staats-
männern. Man wird in Valladolid und Toledo keine Ahnung
gehabt haben, was Alles seit dem Augsburger Reichstage unter
K. Maximilian in Barcelona und von Barcelona aus geplant
und betrieben wurde, bis am 29. Juni 1519 zum Entsetzen
K. Franz I von Frankreich das Kaiserthum Karls fertig wurde.
In Tordesillas, wo die schöne Infantin Catalina bei ihrer thö-
richten Mutter wohnte, hatte man es besser gewusst, insoferne
wenigstens eine Ahnung, als eben über die Hand der Infantin verfügt
wurde, dieser die Aussicht eröffnet war, von den Ufern des
Duero hinweg nach denen der Spree wandern zu müssen. Das
gute Mädchen fügte sich aber in Alles, was der Dienst des
königlichen oder kaiserlichen Bruders verlangte. Nun war aber
der Golddurst der deutschen Fürsten unersättlich, ihre Habsucht wie ihre Trunkliebe in ganz Europa notorisch geworden.
Theilte man später im blühendsten Zeitalter der Glaubens- und
der Reichsspaltung Deutschland in die alten und neuen Trink-
länder ein, so war in der erwähnten Beziehung die vollste

Uebereinstimmung vorhanden. Wie die alten Prätorianer ver-
handelten diese fürstlichen Geschlechter ihre Stimmen und
wenn die Spanier unter Vorgang des königlichen Rathes Petrus
Martyr de Angleria fortwährend Herrn von Chièvres als einen
Abgrund bezeichneten, der Alles verschlinge, so waren es in
Deutschland die beiden hohenzollernschen Churfürsten von
Mainz und Brandenburg, der wittelsbachische Churfürst von
der Pfalz, Fürsten, Grafen, Barone, Ritter, welche von der
spanischen Bank prompte Bezahlung erwarteten und auf Kosten
der Castillianer erlangten. Dahin, nach Deutschland, dem Lande
biederer Sitte und unbestechlicher Charaktere, voll sprich-
wörtlich gewordener Treue, wo das Fürstenthum blühte wie
nirgends und die Churfürsten nur daran dachten, das Kaiserthum um alle Macht zu bringen, aber alle Verantwortung ihm
aufzuladen, dahin wandten sich die spanischen Doppeldukaten,
welche auf einmal in Spanien zu cursiren aufhörten, wie die
einfachen mit dem Bildnisse der katholischen Majestäten,
K. Philipps, der Juana la loca und K. Karls selbst. In dieser
Beziehung pflegten Churfürsten, Fürsten, Herren keinen Unterschied zu machen; sie sahen nur darauf, dass jeder einzelne
Dukate, einfach oder doppelt, vollwichtig war und so stolz die
deutschen Herren ihren Untergebenen gegenüber sich be-
nahmen, das spanische Goldstück besass eine ungemein nivelli-
rende Kraft; nur nach Aussen hin wollte man sich doch nicht
geradezu als Bestochen zeigen, namentlich da man doch auch
mit Frankreich in Concurrenz getreten war.*) Spanien erschöpfte
sich, ohne das bodenlose Fass, welches man Deutschland nannte,
füllen zu können. Wie lange dauerte es und dieselben Herren
beschäftigten sich sehr angelegentlich mit der Frage über die
Säcularisation der Kirchengüter, natürlich nicht ohne den
kühnen Griff nach „den langen Dörfern der Geistlichen," wie
sich H. Georg von Sachsen ausdrückte, ebenso mit schönen
Worten zu verbrämen, als sie jetzt nur von dem Interesse für
die Wohlfahrt des Reiches geleitet zu sein vorgaben?!

---

*) Höfler, Karls I (V) Wahl zum römischen Könige.

Erstes Capitel.

National-ökonomische Zustände Spaniens. Bewegung gegen K. Karls Abreise nach Deutschland. Aufstand in Valencia. Don Pedro Laso an der Spitze der Opposition von Toledo. Cortes von San Jago. Laso und die Seinigen verwiesen. Widerstand Toledo's und Massregeln dagegen. Der Kaiser will gegen Toledo ziehen. Die Cortes bewilligen den Servicio von la Coruña. Revolutionäre Massregeln in Toledo. Falsches Spiel des Don Juan de Padilla. Ernennung des Cardinals von Tortosa zum Gobernador mit Umgehung der Einheimischen. K. Karl verlässt im höchsten Grade unpopulär das Königreich. 20. Mai 1520. Installation des Cardinalgobernadors und des Consejo real in Valladolid. 6. Juni 1520.

Ganz abgesehen von den bereits erörterten Uebelständen Spaniens und der Nothwendigkeit eine Regierung zu besitzen, welche nicht über die auswärtigen und europäischen Angelegenheiten vergass, was Spaniens Interesse gebieterisch verlangte, gab es noch eine Masse von schlimmen Verhältnissen, von welchen zu fürchten war, sie möchten, wenn ihnen nicht jetzt noch gesteuert werde, eine überwuchernde Kraft erlangen und den socialen Aufschwung auf das Tiefste gefährden. Die Aragonesen, welche auch nach ihren Sitten und Gebräuchen wie nach ihren Rechten und ihrer Verfassung ein anderes Volk waren als die Castillianer, die Catalonier, welche ihrer Abstammung nach mit den Südfranzosen mehr zusammenhingen als mit den Castillianern, hatten sich den langen Aufenthalt des Königs Don Carlos in Saragossa, in Barcelona, in Medina del Rey in ihrer Weise behagen lassen; er kostete dem Könige von Aragon Grafen von Barcelona, wie Petrus von Angleria sagt, 1,500.000 castillianische Dukaten und dann war erst noch die grösste Unzufriedenheit vorhanden, dass der König sich

nicht auch in Valencia hatte persönlich huldigen lassen, nicht
nach Toledo gegangen war. Man sah dies als einen Act der
Verachtung des heimischen Wesens an. Gerade durch den
langen Aufenthalt im Osten war es nothwendig geworden,
an einen neuen Servicio zu denken und, als derselbe in San
Jago und la Coruña bewilligt werden sollte, gestaltete sich
daraus nicht blos die Frage, ob an diesen entlegenen Orten,
die nicht einmal das directe Recht der Vertretung in den
Cortes besassen, die Cortes zu versammeln seien, sondern auch
ob es nicht viel wirksamere Mittel gebe, das Königthum, das
in seinen Nöthen sich beständig auf die Städte stützte, finan-
ziell aufzurichten, als die Last der Regierung auf die Städte
zu wälzen?

Die Königin Isabel hatte noch schlimmere Zustände
getroffen und ihnen doch abgeholfen. Durch die Massregeln
ihres Bruders K. Heinrichs war das Geld ganz werthlos
geworden und lebte man endlich vom Tausche von Victua-
lien*). Isabel half durch strenge unparteische Justiz, durch
Herstellung der Sicherheit im Innern, durch treue Erfüllung
pecuniärer Verpflichtungen diesen Uebelstanden wieder ab,
und erlangte selbst zum Kriege mit Granada ein Anlehen
von 200 Millionen.**) Der Haupthandelsplatz, der Mittelpunkt
des spanischen Verkehrs mit dem Auslande, so dass die Anzahl
der Kaufleute und die Masse der Capitalien immer höher stiegen,
es endlich der Mittelpunkt aller Kaufleute der Welt wurde,
war aber nicht eine Stadt des eigentlichen Castilliens, sondern
Sevilla im Königreiche Andalusien, dessen Handel sich seit

---

*) Las gentes non sabian que hacer nin como vivio qen todo el reino
absolutamente vino en tiempo de se perder y per los caminos
no hallaban que comer los caminantes por la moneda que nin
buena nin mala nin por ninguno precio non la tomaban los labradores. Tanto era cada dia de las muchos falsedadas engañados,
de manera que en Castilla vivian las gentes como entre quineos
sin lei y sin moneda dando pan por vin y asi trocando unas cosas
por otras. Sieh den interessanten Tratado de las Monedas de Enrique IV von Fr. Liciniano Sabez in den Memorias der K. Akademie VI, p. 236.

**) Influenzia del gobierno de Donna Isabel. Elogio de Dª Isabel por
D. Diego Clemencin. Memorias de la Real Academia de la historia.
F. VI.

der Entdeckung von Indien ebenso ungeheuer hob, als — die Preise aller Dinge stiegen!*) Mit Recht machte aber Clemencin bemerklich, dass der Grund des Reichthums von Sevilla auf seinem Monopol in Betreff des Handels mit Indien und der Einfuhr der edlen Metalle aus denselben beruhte, und nicht in der industriellen Thätigkeit seiner Fabriksarbeiter; ja dass diese ungeheure Anhäufung von edlen Metallen die Industrie von Sevilla in Folge der hohen Preise in die Unmöglichkeit versetzte mit der ausländischen Industrie zu concurriren. Wohl aber hingen der Handel und der industrielle Reichthum Castilliens auf's Innigste mit dem Aufblühen der Industrie und des Reichthums von Sevilla zusammen und ward nicht blos für Castillien, sondern durch ganz eigenthümliche Verhältnisse, die noch nicht völlig aufgeklärt sind, Medina del Campo, südlich von Tordesillas und an einem Nebenflusse des Duero gelegen, der Stapelplatz der grössten Reichthümer und wurden seine Märkte die bedeutendsten von Europa.**)

Allein schon zu der Zeit, als die letzteren mit Reichthümern erfüllt waren, nahmen Bevölkerung und Industrie in Castillien ab. Die Entdeckung von Amerika hatte das Königreich in eine Lage versetzt, die ohne Beispiel war, welche aber einer sehr sorgfältigen Pflege bedurfte. Gerade letztere begann nach dem Tode des grossen Cardinals Jimenez zu ermangeln. Nicht bloss dass in Bezug auf die Behandlung der Indier das System der Sanftmuth und Klugheit dem rücksichtslosen Golddurst weichen musste, die sogenannten Repartimientos (die Austheilung der indianischen Bevölkerung an die eingewanderten Spanier) aufkam; gerade die Comuneros von Castillien und die Cortes waren es, welche anstatt die Ausfuhr von Gold und Silber zu erleichtern und das edle Metall als Waare zu behandeln, fortwährend in den Herrn von Chièvres und den König drangen, dieselbe zu verbieten. Später häufte man noch strenge Luxusgesetze und beschädigte man dadurch

---

*) Porque a la verdad soliendo antes el Andalusia ser el extremo y fin de toda la tierra, descubiertas las Indias es ya como medio — donde todo tiene tan excesivo precio. Sieh den wichtigen Tractat des Fr. Tomaso Mercado, suma de tratos y contratos aus der Mitte des XVI Jahrhundertes.

*) Clemencin, p. 264.

die heimische Industrie noch mehr. Clemencin macht aufmerksam, dass, wenn dem unsinnigen Verlangen vollkommen entsprochen worden wäre, die Minen aufgehört, die Preise der edlen Metalle in Spanien ausserordentlich gesunken wären, aber auch so durch die Höhe des Taglohnes in Folge der allgemeinen Erhöhung der Preise der Verfall der einheimischen Industrie unausbleiblich war, fortwährend die Klagen über die steigende Theuerung vernommen werden, aber nicht die wahre Ursache des Uebels erkannt wird, das ungeheure Ueberfluthen edler Metalle.*) Man stand eben in Castillien einer Thatsache gegenüber, für welche die Geschichte kein Beispiel, keinen Vorgang aufzuweisen hatte, an welchen man sich hätte als Richtschnur halten können.

Zu diesen Uebelständen gesellten sich noch viele andere, welche diejenigen übergehen, die eben nur den Herrn von Chièvres und die Herrschaft der Flamänder als Ursache des gegenwärtigen Verfalles betrachtet wissen wollten. Die Verminderung der Gutsbesitzer durch die unbegränzte Ausdehnung der Amortisation in Folge der Gesetze von Toro, kurz vor dem Tode der Königin Isabel, und wenn Cortes und Comuneros dahin zu wirken suchten, dass nicht fortwährend Grund und Boden Kirchen und Klöstern zugewiesen wurden, so waren sie im vollen Rechte. Eine Säcularisation, das freche Zugreifen nach fremder Habe, wie es mit der Reformation Sitte wurde, wiederstrebte dem Spanier; allein er fühlte sehr wohl heraus, dass der Laienstand auf seinem Gebiete zu Grunde gerichtet werde, wenn der Clerus fortwährend Besitzthum auf Besitzthum häufe, die Inquisition sich mit den Gütern der Angeklagten bereichere. Das Schlimmste aber war die strenge Scheidung der Classen der Bevölkerung**), wo nicht nur von

---

*) El lustre de los reinados de Carlos V y Felipe II se debio eh gran parte al comercio de la plata con otras nationes aunque clandestino; pero la tenaz oposicion del gobierno a este trafico y las continuas trabas, restricciones y reglas impuestas a los demas ramos fueron destruyendo los labores productivos y nuestra industria hubo de morir de apoplejia de plata aun cuando no hubiera bastado para su ruina la observancia de las leyes establecidas en la materia. Clemencin, p. 276.

**) La degradation civil de varias clases de habitantes, introducida por la opinion, consolidada por las leyes y exagerada por los estatutos

keiner Ueberbrückung die Rede war, sondern höchstens davon, dass ein Versuch gemacht würde, die grandes durch die pequeños (Kleinen) zu erdrücken. Und dazu noch eine Sache, gegen welche alle Gesetzgebung sich als unfähig erweisen musste, dass die Arbeit als unehrenhaft galt: el deshonor del trabajo. Zu Tausenden sassen die Adeligen in den Städten, schienen aber nur die Lilien auf dem Felde sich zum Muster genommen zu haben, die nicht säen und nicht spinnen. Sie verarmten zusehends und die Städte mit ihnen. Wenn dann im Allgemeinen noch die Beförderung Schlechter zu Ehrenstellen als ein Grundübel bezeichnet wurde, so wird dieses im jetzigen Augenblicke durch den Kauf und Verkauf von Aemtern näher bezeichnet, welcher im grossartigsten Massstabe betrieben worden war, aber wie es scheint, nicht nur in den letzten Jahren, da die nachfolgenden Bestrebungen, diesem Uebel zu steuern, bis zum Tode der Königin Isabel 1504 zurückgeleitet werden. Es wird ferner als ein grosser Nachtheil des königlichen Dienstes bezeichnet, dass gerade jetzt so viele wichtige Stellen sich in den Händen Unfähiger befanden, selbst wichtige militärische Stellen ohne alle Rücksicht mit den damit verbundenen Pflichten vergeben wurden. Ob aber, was auf dem Wege der Gesetzgebung und einer sorgfältigen und gewissenhaften Verwaltung allein zu erreichen war, auf dem Wege der Revolution und des Umsturzes der Gesetze, der Verlockung der Massen zu blutigen Scenen erreicht werden konnte, wenn der Versuch misslang, die letzten Dinge nicht noch ärger werden mussten als die ersten und dann erst der Ruin der Königreiche sich vollende, war eine andere Frage. Vor der Hand schien es, als wolle man das Heil vor Allem in der Conföderation der Städte (Junta) suchen, und unterhandelte erst das gewerbsame Segovia mit dem südwestlich gelegenen Avila über das, was im gemeinsamen Interesse zu thun sei. Avila, das mit Toledo*) in engster Beziehung stand, verständigte hievon Toledo und von da aus wurde der Plan gefasst, dass alle Städte, welche in den Cortes Sitz und Stimme hatten, sich zur Abwehr

---

de l'impieza que no podia menos de producir los resultados mas funestos a la tranquillidad interior, a la union de los animos y finalmente a la poblacion del reyno. Clemencin l. c.
*) La cabeza de la Castilla.

des gemeinsamen Uebels verbinden sollten, auch wurde noch
an Jaen und Cuenca geschrieben und endlich der Regidor
Gaytan und der Jurado Diego Hernandez Ortiz beauftragt mit
den Procuratoren der anderen Städte dem Könige Vorstellungen
zu machen. Der Plan, durch eine Gesammtdeputation einen
Hochdruck auszuüben, misslang jedoch. Der Kaiser war bei
Zeiten von den Corregidoren von Jaen und Toledo über die
Absicht der Städte verständigt worden und liess nun an dieselben schreiben, er werde bald nach Castillien zurückkehren,
wo sie dann ihr Anliegen vorbringen könnten. Gregorio Gaytan
und Hernandez Ortiz hatten jedoch die gewünschte Audienz
bei K. Karl, welcher sie an den Grosskanzler verwies und
dem sie nun die traurige Lage des Reiches auseinandersetzten:
wie schlecht die Gränzen gegen die Moren verwahrt seien,
wie den Soldaten der Sold fehle, das Reich ohne Gerechtigkeit
sei. Der Grosskanzler hörte sie wiederholt an und versprach
die Aufstellung von 50 Galeeren in den Hafenplätzen zum
Schutze der Küste. Da aber der Kaiser entschlossen war,
Spanien zu verlassen und sich die Kaiserkrone in Rom zu
holen, so wurde ihnen auch bereits angekündigt, dass Karl
für 2 Jahre Spanien verlassen werde. Eine neue Regentschaft
stand somit in nächster Aussicht.*)

Allein schon damals überholte der Aufstand jede noch
so kluge Berechnung. Karl hatte auch nach dem Königreiche
Valencia zu gehen, das nach der Eroberung durch den König
Don Jayme an den aragonesischen Adel gefallen war, der
sich seine besonderen Rechte dem Könige gegenüber zu wahren
wusste, und wo die betriebsame Bürgerschaft der Hauptstadt
mit dem Adel auf dem gespanntesten Fusse stand. Es bedurfte
in der That nur eines kleinen Funkens und der seit langem
angehäufte Brennstoff loderte zur hellen Flamme empor und
zwar ganz abgesehen von dem, was in anderen Theilen Spaniens
vorgegangen war oder sich vorbereitete. Man glaubte, da
Karls Abreise drängte, seine baldige Ankunft in Deutschland
nicht blos wünschenswerth sondern dringend nothwendig war,
am besten zu thun, wenn der König-Kaiser den Cardinal von

---

*) Hierüber geben die ungedruckten Memorias de las comunidades von
Hern. Hortiz (Ortiz) selbst die interessantesten Aufschlüsse.

Tortosa beauftragte, nach Valencia zu gehen, den Cortes das Evangelium zu zeigen, auf welches K. Karl den Eid geleistet die Rechte Valencias zu wahren, und nun von den Cortes zu verlangen, sie sollten Karl als ihren König anerkennen, ihm huldigen und seine weiteren Begehren vernehmen. Hätte man damals in Erwägung ziehen können, dass Karl erst am 20. Mai 1520 von Spanien absegeln würde, so würde es zweifelsohne doch für klüger erachtet worden sein, dass der König selbst nach Valencia ging, statt nun erleben zu müssen, dass der Auftrag, dessen sich Cardinal Hadrian entledigte, theils mit Achselzucken theils mit offenem Hohn aufgenommen wurde. Nachdem Karl nach Valladolid, nach Saragossa, nach Barcelona gekommen, verschmähte er, wie es Gesetz und Herkommen von Valencia verlangten, in Person nach Valencia zu kommen! Der valencianische Adel fühlte sich dadurch auf das Tiefste beleidigt und der Cardinal war herzlich froh, als er freilich unverrichteter Dinge Valencia den Rücken kehren und dem Kaiser persönlich über den ungünstigten Erfolg seiner Mission berichten konnte. Allein Herr von Chièvres war nicht der Staatsmann, welcher sich von dem valencianischen Adel Trotz bieten liess. Er unterstützte die Zünfte gegen diesen und veranlasste dadurch den Sturz des Adels. Vielleicht hätte die königliche Autorität noch den Ausbruch des Kampfes der Zünfte von Valencia aufhalten können, der jetzt die Gestalt eines Vernichtungskampfes zwischen zwei Ständen annahm und unabhängig von den Bewegungen sich gestaltete, die im Schoosse der castillianischen Städte stattfanden. So lange aber die Germania, der Bund der Handwerker in Valencia sich in den Schranken der Gesetzlichkeit erhielt, handelte Chièvres ganz im Geiste des Cardinals Jimenes, welcher die Bewaffnung der Bürger Castilliens anordnete, um dadurch das Königthum gegen den Adel zu schützen. Einerseits drohten die Handwerker mit Auswanderung, andererseits musste man befürchten, was auch nachher richtig eintrat, der Adel werde durch die Heeresmacht der Handwerker gezwungen, die Stadt Valencia zu räumen; aber auch die Besorgniss wurde ausgesprochen, der Verlust Valencia's werde den der übrigen Königreiche herbeiführen. Die Sache war rasch ungemein schwierig geworden und wie sich auch Karl benahm, immer verdarb er es wenigstens mit

Einer Partei. Die königliche Regierung hatte offenbar längere Zeit hindurch kein richtiges Gefühl von der Macht der Parteien und lavirte, um mit derjenigen, die grössere Stütze zu verleihen schien, in Fühlung zu bleiben. Als die Handwerker, von dem Tuchmacher Johann Lorenzo bewogen, die heilige Germania gründeten und eine bewaffnete Schaar bildeten, billigte sie der König, so dass sie sich vollständig organisirte. Als auch der Adel, Barone und Ritter sich verbanden und an den König eine Gesandtschaft schickten, wurde die Germania am 4. Januar 1520 durch den König suspendirt. Als aber der Adel die Huldigung verweigerte und die Germania ihre Wiederherstellung verlangte (21. Januar 1520), wurde das Verbot des Waffentragens (vom 4. Januar) wieder zurückgenommen*), ja die Germania angewiesen, ihren selbstgewählten 13 Oberhäuptern zu gehorchen. Auf dieses konnten die letzteren bereits alle Gemeinden des Königreichs Valencia zum Beitritte einladen. So weit als der Rechtschutz solle sich auch die Germania über das ganze Reich verbreiten und nun wankte rasch der Gehorsam der Vasallen gegen die Granden. Die christlichen Vasallen nahmen, wie Escolano**) schreibt, die Germania den Herren zum Trotze an und verschworen sich gegen sie. Das Verlangen der letzteren, die Germania zu verbieten, wurde dann in la Coruña von dem König-Kaiser abgelehnt, obwohl bereits vorgestellt worden war, dass weder die Vasallen des Königs noch die der Kirche oder die der Barone ihren Herren gehorchten. Als der Adel sich concentrirte, einen Ausschuss zur Leitung seiner Angelegenheiten wählen wollte, konnten viele ihre Besitzungen nicht verlassen, sie mussten fürchten, sie in ihrer Abwesenheit zu verlieren. Ihrerseits suchte die Germania den Zeitpunkt zu benützen, um ein bleibendes Recht — der Vertretung in den Cortes durch 2 Jurados neben Clerus, Baronen und Rittern zu gewinnen. Bereits war die Zustimmung Karls erreicht, als die Abgesandten der 3 Brazos durch den Syndicus von Valencia Tomas Dasio und durch Nachgiebigkeit von ihrer Seite in Bezug auf die der Krone gegenüber bisher vertheidigten Vor-

---

*) Ebert, die Geschichte der Germania S. 143.
**) II, p. 1471.

rechte, am 10. Mai 1520, während Karl in la Coruña Tag für
Tag auf günstigen Wind zur Abfahrt wartete, die Zurücknahme
des dem vierten Stande bereits bewilligten Vorrechtes erlangte.
Es sollte bei dem alten Wahlmodus bleiben, doch wurde dem
von dem Könige ernannten Vicekönige (einem Nichtvalen-
cianer) die Germania empfohlen. Gerade die Halbheit der
Massregeln war es, welche statt Befriedigung nur Argwohn erzeugte. Im Anfange Juni war Valencia schon in vollem Aufstande, der Vicekönig Don Diego de Mendoza, Sohn des grossen
Cardinals von Spanien, der erst am 21. Mai 1520 — einen Tag
nach Karls Abreise von la Coruña seinen Einzug in Valencia
gehalten, verliess bereits am 7. Juni die Stadt und begab sich
nach Cocentayna, dann nach Xativa, endlich nach Denia, wo
er den Adel sammelte, der sich selbst mit dem Verluste seiner
Ländereien und Renten durch die nunmehr unaufhaltsame
Verbreitung der Germania bedroht sah. Trotz der entgegengesetzten Behauptung Eberts *) ist kein Zweifel, dass letztere
sich mit den Aragonesen, Catalanen und Mallorken **) in Verbindung setzte, wie sie über Murcia auf Castillien einzuwirken
und mit dem Aufstande der Comuneros sich in unmittelbare
Beziehung zu setzen suchte. Die Verweigerung der beiden Jurados hatte zunächst zum offenen Aufstande Anlass gegeben,
und dieser sich zur Vertreibung alles Adels aus Valencia gewendet. Da sich an diesen die leibeigenen M o r e n anschlossen
und des Adels Schlachten schlugen, gesellte sich aber zum
Kampfe der Stände erst noch der Kampf der Racen und Con-
fessionen. Ein Ordensbruder Luthers rief zum Kampfe gegen
die Moren auf. Man war gewillt, gegen sie und die Ritter die
Kreuzesfahne zu erheben.***) Der Sommer 1520 sah das Königreich Valencia im vollsten Bürgerkriege.

Den König musste, als er Spanien 1520 zu verlassen
gedachte, vor Allem die Ernennung des Gobernadors, die wichtige
Frage der Regentschaft Castilliens beschäftigen, ob dieselbe
dem Pfalzgrafen Friedrich, welcher Spanien von der Zeit
K. Philipps kannte, ob der Princessin Margaretha, ob dem

---

*) l. c. S. 180, 181 Note.
**) Wie Escolano sagt II 1495.
***) el pendon de la santa cruzada.

Cardinal von Tortosa zu übertragen sei. Wurde sie einem Ausländer übergeben, so war sicher, dass alle Antipathien und Eifersüchteleien der Spanier unter sich einen Vereinigungspunkt — gegen ihn erlangten. Wenn aber diese wichtige Frage, von welcher die nächste Zukunft abhing, die Umgebung des Königs in Aufregung erhielt, bis endlich am 17. Mai die Ernennung des Cardinals zum Gobernador von Castillien, Leon, Navarra und Granada erfolgte, so versetzte die bevorstehende Abreise des Königs das Land in einen ganz unheimlichen Zustand, der noch vermehrt wurde, als Karl am 12. Februar 1520 von Calahorra aus die Cortes nach San Jago ausschrieb, ein neues Servicio zu bewilligen. Die ganze volle Enttäuschung in Betreff der Hoffnungen, die auf die Regierung K. Karls gesetzt worden waren, trat mit einem Male ein, während die Regierung sich die grösste Mühe gab, die Wahl solcher Städte-Procuratoren durchzusetzen, welche abgesehen von dem in Valladolid bewilligten Servicio einen neuen zu bewilligen sich bereit erklärten. Allein wenn auch dieses an mehr als einem Orte durchgesetzt wurde, so herrschte doch eine volle Einstimmigkeit in der Beziehung, dass kein Geld mehr aus dem Lande geschleppt, Aemter und Beneficien nicht an Ausländer oder Unfähige vergeben, für eine bessere Bestallung der Beamten gesorgt werden müsse. Bereits treten jene Persönlichkeiten aus der Masse der Unzufriedenen, welche zögern, sich vor der Zeit zu compromittiren, hervor, die aber, obgleich von sehr verschiedenen Standpunkten ausgehend, die Bewegung in Fluss zu bringen und sich bei dieser Gelegenheit emporzuschwingen suchen, Don Pedro de Giron, welcher wegen seiner Ansprüche auf das Herzogthum Medina Sidonia einen heftigen Auftritt mit dem Kaiser unmittelbar hatte, und Hernan de Avalos in Toledo, welcher sich durch die Massregeln des Herrn von Chièvres persönlich verletzt fühlte, endlich der ausgezeichnetste von Allen, die unter der Opposition sich bemerklich machten, Don Pedro Laso. Bei beiden erstgenannten bleibt der Groll im Herzen zurück und sucht sich nun einen Ausweg zu bereiten. Suchte sich Hernan de Avalos, Oheim Don Juan's de Padilla, zum Leiter der Bewegung in Toledo aufzuschwingen, die er hervorrief und organisirte, so ging Don Pedro Laso de la Vega, Señor de Cuerba y Battres, mit dem Plane um,

den Herrn von Chièvres und die ganze flamändische Umgebung
des Kaisers in Valladolid gefangen zu nehmen, während dieser
nach einem heftigen Wortwechsel mit Don Pedro Giron*)
schon dessen Verhaftung ausgesprochen hatte. Mit grosser
Eile musste K. Karl einem Flüchtigen gleich Valladolid verlassen, und als er sich nun nach Tordesillas begab, 14. März
1520, um von Mutter und Schwester Abschied zu nehmen,
hiess es erst, er wolle beide nach Deutschland bringen, so
dass also Niemand von der königlichen Familie in Spanien
zurückbliebe. Noch in Valladolid hatte Don Pedro Laso Gelegenheit gefunden, sich und Don Antonio Suarez mit den
übrigen Jurados von Toledo dem Könige vorzustellen und in
ihn zu dringen, er möge sie umständlich anhören. Der König,
über das Benehmen Giron's aufgebracht, und im Begriffe trotz
des entsetzlichen Wetters abzureisen, versprach ihnen endlich
in dem ersten Orte, wo er sich von Tordesillas weg nach San
Jago aufhalten werde, Gehör zu schenken. Er wollte dann
noch zur Verhaftung Don Pedro Giron's schreiten, als der
Condestable sich mit den Granden zu Chièvres verfügte, die
Sache beizulegen. Plötzlich ertönte die Glocke von San Miguel,
die Einwohner griffen zu den Waffen, es handelte sich darum,
den König zurückzuhalten, sich des Herrn von Chièvres zu
bemächtigen, ebenso über die Flamänder herzufallen, als Karl
noch mit diesen bei strömendem Regen und grosser Kälte
nach Tordesillas entrann.

Sonntag, den 18. März, hatten die Procuratoren von To-
ledo in Villalpando, der nachher so oft genannten Stadt des
Condestable, Audienz bei K. Karl, dem Don Pedro Laso und
Don Antonio die Bitte vorlegten, das Königreich nicht zu ver-

---

*) Y sobro esto paso con su Magestad alcunas palabras desacatadas
entre las quales le dijo que pues Su Magestad no mandava con el
hazer justizia qual convenia que entendia tomarla por su autoridad
deste desacatto. Rezivio su Magestad alguna alterazion y respondio
estas palabras formales que como testigo de ellas las puedo
dezir y dijo: Don Pedro cuerdo soys no pienso que hareys cosa
por do yo sea obligado a castigarvos, y respondio Don Pedro, en
hazer esto que digo no hago cosa que no deva y no lo haziendo
V⁴ Magestad no la mandara hazer conmigo, entonces el Marques de
⁖⁖lena dijo à Don Pedro que no ubiese mas y en esto sequedo
lattica. Diego Hernan Ortiz c. 11.

lassen, ohne in Toledo gewesen zu sein und für das Beste des Reiches gesorgt zu haben.*) Der König bezog sich in seiner Anfwort auf die Versammlung der Cortes in San Jago, wo das, was sich auf den königlichen Dienst und das Beste des Reiches beziehe, welches ihm am meisten am Herzen liege, verhandelt werde, dort werde er auch der Stadt Toledo Antwort geben. Allein die Toledaner hatten sich nun einmal in den Kopf gesetzt, was sie wollten, ohne die Cortes durchzusetzen und boten alles auf, dieses Ziel zu erreichen. Nun sollten von Seite dieser Stadt Don Juan de Silva und Antonio de Aguirre als Procuratoren zu den Cortes kommen. Diese erschienen jedoch nicht, da sie keine Vollmachten in dem Sinne erhalten hatten, welchen den König verlangte. Die Frage, ob es recht sei so zu handeln, oder nicht, führte in Toledo grosse Erörterungen hervor und wurde gar nicht einstimmig beantwortet. Die Verwirrung wuchs, von den beiden Hauptparteien Silvas und Ayalas schlossen sich Caballeros der ersteren an die letztere an; im Ganzen aber herrschte die Meinung, dass die Castillianer von dem Könige sehr zurückgesetzt seien und nicht nach Verdienst behandelt würden.**) Man beschloss endlich im königlichen Rathe, Toledo zu beauftragen, andere Procuratoren zu schicken und zwar Hernando de Avalos, Juan de Padilla, Gregorio Gaytan, Don Pedro de Ayala, den Licenciado Pedro de Herrera***) und zwar, dass sie bei Strafe bis zu bestimmter Zeit in San Jago zu erscheinen hätten. An ihrer Stelle aber wurden Regidoren, welche beim Hofe waren, nach Toledo abgeschickt, Lope de Guzman und Rodrigo Niño; die Vollmachten, welche Don Pedro Laso und seine Gefährten erlangt, sollten zurückgenommen und Don Juan de Silva und Antonio de la Guirre (Aguirre) andere Vollmachten erhalten.

Nun hatte aber bereits Don Pedro Laso †) seinen Feld-

---

*) y fueron los capitulos que despues pidieron les comunidades como adelante se dira. Hortiz c. 74.

**) Hortiz c. 14.

***) Todos regidores de Toledo.

†) Der k. Rath Petrus Martyr de Angleria, welcher Laso sehr gut kannte, schreibt von ihm: Scis hujus citati leporis primum fuisse motorem, quod minime fuerit a regiae navis gubernatoribus auditus

zug eröffnet, indem er auf 'die übrigen Procuratoren in San
Jago einzuwirken suchte, damit sie den verlangten Servicio nicht
gewährten und in Betreff der Beschwerden gemeinsame Sache
mit den Toledanern machten. Allein Herr von Chièvres liess
sich nicht einschüchtern und befahl am Palmsonntag (1. April
1520) Don Pedro-Laso und Antonio Suarez sammt den Jurados
von Toledo sich bis zum nächsten Sonnenaufgang aus San
Jago zu entfernen, Don Laso solle sich binnen 40 Tagen nach
Gibraltar, wo er Alcalde war, begeben, Don Antonio Suarez
innerhalb 2 Monaten zu seiner Compagnie (er war Capitano
de Ginetes); den Jurados wurde der Befehl, sich zu entfernen,
in der Herberge zugestellt. Als am anderen Tage der Graf
von Villalba in der Verfechtung der Rechte von Galizien erklärte, er werde sich nöthigenfalls an Don Pedro Laso und
Don Antonio Suarez anschliessen, erhielt auch er den Auftrag,
sich zu entfernen. Laso und Suarez mit den Jurados ver-
suchten noch in die Kirche von S. Francisco zu dringen, wo
in San Jago Cortes gehalten wurden; als ihnen der Eintritt
verwehrt wurde, liessen sie durch einen königlichen Schreiber,
der nachher Secretär der Junta wurde, ein Instrument
aufsetzen, in welchem sie sich verwahrten, dass Cortes ohne
die Procuratoren von Toledo sich versammelten und dass
daraus kein Präjudiz für Toledo und das Königreich entstehen dürfe. Sie entfernten sich aber dann doch nach Padrón,
4 Stunden von San Jago, nicht ohne nochmals den Versuch
gemacht zu haben, in den Palast zu kommen. Dann wurde
noch Hernan Ortiz abgeschickt, bei Chièvres die Aufhebung
der Verweisung zu betreiben. Chièvres hatte aber bereits
die Anschauung gewonnen, dass Toledo im Aufstande sich befinde.*) Als Hortiz die Anklage von Toledo abzuwälzen sich
bemühte, machte er unter anderem Chièvres aufmerksam,
dass die Mehrzahl der Caballeros, die gegen den Willen des
Königs Ferdinand (V) nach Flandern gegangen waren und

---

in oppido Magezii suae civitatis nomine super quibusdam quaestibus
apud Turrim crematam ex itinere ad Valladolidum, quando ex Lale-
tania regrediebamur, super quibusdam mutationibus Alcavallarum,
et plerisque mandatis aliis de legum inversione. Op. epist. p. 402.

*) Wörtlich: que liviandad es esta de Toledo que este rey no es rey
para que nadie piense quitar reyes y poner reyes. Hortiz c. 21.

dabei ihr Vermögen und ihre Personen auf das Spiel setzten, Toledaner waren, Toledo sich besonders auf Seite K. Philipps gestellt habe. Er konnte aber keinen Widerruf des Ausweisungsbefehles erlangen, so wenig als eine Gewährung der Bitte der Toledaner, Juan de Padilla, Hernando de Avalos, Gregorio Gaytan von der Verpflichtung zu entheben, persönlich in San Jago zu erscheinen.*)

Unterdessen hatte, wie bemerkt, zu San Jago am 31. März die feierliche Eröffnung der Cortes stattgefunden.**) Für den anwesenden König sprach der Bischof von Badajoz, Don Pedro Ruiz de la Mota. Er verlangte ein gleiches Servicio, wie in Valladolid und für gleiche Dauer. Dann ergriff auch der König das Wort, er versicherte, er werde in 3 Jahren wieder kommen und werde während dieser Zeit keinem Ausländer Aemter verleihen. Der Bruder des Bischofs von Badajoz, Garcia Ruiz de la Mota, Procurator von Burgos, stimmte, offenbar verabredeter Massen, den Anträgen zu. Nun aber entwickelte, wie gesagt, auch die Opposition ihre ganze Thätigkeit, Don Pedro Laso an der Spitze, so dass in der zweiten Sitzung der Cortes sich die Mehrzahl der Procuratoren für den Antrag des Procurators' von Leon erklärte, der König möge, ehe der verlangte Servicio bewilligt werde, sich über das aussprechen, was das Land begehre. Der Grosskanzler Mercurio Gattinara berichtete dieses dem Könige, welcher nun noch spät die Procuratoren auffordern liess, zuerst den Servicio zu bewilligen; dann werde er bei seinem königlichen Worte das, was ihm in einem Memoriale bereits übergeben war — die Gravamina berücksichtigen. Die Folge war, dass auf dieses die Procuratoren von Cuenca und Segovia sich der königlichen Anschauung zuwandten, die Majorität nicht. Hinter ihr standen noch immer Don Pedro Laso und die Seinigen, wenn auch ihnen bereits der Eintritt in die Versammlung der Cortes verwehrt wurde. Am 3. April eröffnete der Grosskanzler den Cortes nochmals die bestimmte Weisung des Königs, aber Leon, Zamora, Cor-

---

*) Hortiz erzählt die deshalb mit Chièvres gepflogenen Unterhandlungen ausführlich in c. 22.

**) Nach Hortiz fanden die Verhandlungen erst Montag den 2. April statt, c. 18. Ebenso nach dem Tratado, der Hernando de Vega als Präsidenten bezeichnet. c. 6.

doba, Jaen, Toro, Valladolid und Madrid verharrten auf der einmal ausgesprochenen Ansicht, es müssten die Beschwerden der Nation zuerst abgethan werden. Man arbeitete aber im Stillen daran, Stimmen zu gewinnen, und stellte dann am 4. die Frage, ob der Servicio bewilligt werde oder nicht. Jetzt verlangten aber die Galicianer ein besonderes Stimmrecht für sich bei den Cortes. Der Erzbischof von San Jago sammelte Truppen, worauf die Sitzungen der Cortes bis zum 20. April suspendirt wurden. Zugleich drängte die Abreise des Königs, die Flotte sammelte sich in la Coruña und Karl selbst eilte dahin zu kommen. Noch wurde den Procuratoren eröffnet, der König habe sich entschlossen, weder Geld noch Pferde aus dem Königreiche ausführen zu lassen, Fremden kein Amt zu geben, einen Mann seines vollsten Vertrauens zum Regenten zu erheben, und, ehe er abreise, auf das Memorial Antwort zu geben, nun aber sollten sie in Betreff des Servicio mit Ja oder Nein antworten. Die Bearbeitung der Procuratoren verfehlte ihre Wirkung nicht. Burgos, Cuenca, Avila, Jaen, Soria, Sevilla, Quadalajara, Granada, Segovia sprachen sich für des Königs Begehren aus. Hingegen blieb eine erhebliche Minorität 7 oder 8 gegen 9 fest: Leon, Cordoba, Zamora, Madrid, Murcia (Jaen?), Valladolid, Toro; doch setzten nachher die Procuratoren die Gründe und Bedingungen auseinander, unter welchen sie diesmal für die Gewährung des Servicio stimmten. Dann erfolgte die Verlegung des Hofes und der Cortes von San Jago nach la Coruña, so dass die Angelegenheit sich bis Ende April hinauszog.

Bei der Eröffnung der Cortes von Coruña am 25. April setzte der Bischof von Badajoz auseinander, dass der König dem Consejo real die Verwaltung der Justiz an das Herz gelegt aber auch den Cardinal, Bischof von Tortosa, den Niederländer Adrian zum Regenten von Castillien ernannt habe. Dagegen protestirten jetzt die Procuratoren von Leon, während Segovia und andere zustimmten. Doch zogen sich die Verhandlungen bis zum 19. Mai, dem Tage vor Karls Abreise, hinaus; erst an diesem Tage erfolgte die Genehmigung des Servicio. 61 Petitionen, deren Inhalt grossentheils mit den schon in Valladolid dem Könige übergebenen Beschwerden übereinstimmte, wurden dem Könige noch überreicht und ein grosser Theil derselben von Karl noch im letzten Augenblicke gewährt, so dass man nicht sagen konnte, der König habe die dringenden Bitten seines Volkes überhört.

Allein Eines war nicht wegzustreiten, der König stand mit der Perle Castilliens, mit der Stadt, die sich so sehr für seinen Vater ausgesprochen, mit Toledo auf dem schlimmsten Fuss. Er hatte Toledaner, welche zu den angesehensten Personen des Reiches gehörten — eran de los principales del reyno — weil sie Abgeordnete von Toledo waren, verwiesen. Namentlich galt dieses von Don Pedro Laso, Bruder des Dichters Garcilaso de la Vega und Verwandter der Guzman, der nach Geburt, Charakter, Erziehung und Bildung zu den bedeutendsten und zu den einflussreichsten Persönlichkeiten Castilliens gehörte.*) Soweit hatte sich aber die Spannung rasch ausgedehnt, dass K. Karl nicht blos die Strafen verschärfte, wenn die einberufenen Procuratoren nicht kämen, sondern noch von la Coruña aus sich mit dem Plane beschäftigte (12. April), selbst nach Toledo zu ziehen und den Aufstand im Beginne niederzuwerfen. Chièvres, welcher schon in Valladolid Lebensgefahr ausgestanden hatte, den König allein nicht nach Toledo ziehen lassen konnte und wohl wusste, wie sehr in Bezug auf die englischen und deutschen Angelegenheiten Gefahr auf Verzug sei, hinderte jedoch den König an einem Zuge nach dem Süden, doch konnte sich Karl über die grosse Veränderung, die vorgegangen war, keine Illusion machen. Sein alter Lehrer, der Cardinal von Tortosa, welcher mit einer, beinahe möchte ich sagen, kindlichen Zuneigung an ihm hing, ihm aber auch den Stand der Dinge in keiner Weise verschwieg, sagte ihm in San Jago rund heraus, er habe die Liebe seiner Völker ganz und gar verloren.**) Später erinnerte er ihn auch an

---

*) Vida del celebre poeta Garcilaso [de la Vega escrita por Don Eustaquio Fernandez de Navareta. Coleccion de documentos T. XVI p. 15. Don Pedro starb October 1554 in Toledo.

**) Noch am 8. April schrieb Garci Alvarez Osorio aus Sevilla an den Kaiser, wie sehr ihn das Volk liebe. Es erwartete aber Karls Ankunft in Sevilla. (Archiv von Simancas.) Am 10. Mai liess der Kaiser an den Dechanten und das Capitel von Sevilla schreiben: que los clerigos no assistan a ninguna congregacion que se tratara de hacer en estos reinos sino tubiesen espressa comision de sa San-

diese Worte und wies ihn darauf hin, dass die Erfahrung jetzt
zeige, wie Recht er hatte, zu behaupten, dass die Granden
und Caballeros gemeinsame Sache mit den Comunidades machten
und dies noch schärfer hervorgetreten wäre, wenn sich letztere
nicht in den Kopf gesetzt hätten, Alles, was die Granden der
Krone entfremdet hatten, wieder an sie zurückzubringen, um
dadurch selbst von allem Servicio befreit zu werden und von
der Alcabala so wenig zu bezahlen, wie in den Tagen der
Königin Isabel. Und darin lag der eigentliche Rechtsgrund
der nunmehr entstandenen und mit jedem Tage gefährlicheren
Bewegung, dass die Städte, indem sie ihr eigenes Interesse
förderten, zugleich das der Krone vertraten, was ihrer Sache
eine ganz ungemeine Stärke verlieh. Die Granden aber, unzufrieden mit dem Ansehen, das der Ausländer erlangt, von
dem Könige zurückgestossen und in ihrem castillianischen
Stolze verletzt, in ihren Interessen wie in ihren nationalen
Sympathien beeinträchtigt, unterstützten entweder geradezu
die Bewegung, in der Hoffnung den König ins Gedränge zu
bringen und von sich abhängig zu machen, die Regierung in
ihre Hände legen zu können, oder verhielten sich zu dem
Ganzen als ruhige Zuschauer, liessen die politischen Wogen
ruhig steigen und immer höher und höher schwellen, bis die
Ueberschwemmung allgemein wurde, die Rathlosigkeit mit der
Getheiltheit der Anschauungen und der Interessen zunahm
und die Comuneros ihnen nur die Wahl liessen, sich wie auf
Gnade und Ungnade an sie anzuschliessen oder gewärtig zu
sein, dass ihre Schlösser erobert, ihre Maierhöfe angezündet,
ihre Leute ausgeplündert, endlich sie selbst verjagt würden.*)

---

titad y consentimiento real. Am 19. Mai wurde dem Erzbischof von
Granada geschrieben, er solle den Alcalde de Casa y Corte Hernan
Gomez de Herrera absenden para impedir la congregacion
que las iglesias quieren hacer. Diese befürchtete man in
la Coruña vor Allem, obwohl sonst nicht davon die Rede ist. Nur
gelegentlich erfährt man, welch' wichtige Factoren im Zuge waren.
*) Es ist sehr merkwürdig, dass es bereits am 25. Juni 1520 in einem
Schreiben des Cardinal Gobernadors an den Kaiser heisst: el comendador mayor de Castilla me ha fecho saber que Don Pero Laso
el de Toledo el qual tiene alla mucha parte y ha dispergida la pon-
zoña en otros lugares, que si se le diese remision, queria sallirse de
Toledo y piensa que con el saliran muchos caballeros y nobles los

Was bisher in Toledo geschehen war, war das Werk des Hernando de Avalos und einiger andern Cavalleros gewesen und, in wie ferne sich der jugendliche Juan de Padilla daran betheiligte, war er mehr vorgeschoben (hechodizo) als selbstständig handelnd. Wie er, noch nicht 30jährig, an Alter und Erfahrung hinter den Andern zurückstand, war es auch an Ansehen, wenn er auch als guter Cavallero galt. Die andern aber und Doña Maria Pacheco, welche die Flamme war, an welcher das Königreich Feuer fing, für ihren Gemahl Don Juan de Padilla *), überlegten nun, wenn sie ihrer Pflicht nachkämen und nach Coruña gingen, sie in grosse Gefahr kommen könnten und suchten deshalb nach Vorwänden, um ihre Reise zu verhindern. Sie veranlassten, dass Juan de Padilla mit Pedro de Acuna und Diego de Merolo (seinen Schwägern) sprach, da auf die erste Aufforderung zu erscheinen die zweite, auf die zweite die dritte gekommen war **), sie somit den Strafen der Widerspenstigkeit verfielen, und nun wurde eine Art Aufstand in Scene gesetzt, um zu verhindern, dass die Einberufenen nach Coruña gingen. Die beiden Herren, welche selbst Hofdienste hatten, besorgten aber für sich Ungelegenheiten und wollten sich in die Sache nicht hineinmischen. Auf diess stifteten Padilla und Hernando Franciscaner-Mönche an, die nicht der weltlichen Macht unterstanden, damit bei einer Procession es

---

quales ensemble con el entenderian en reducir aquella ciudad à obediencia y castigo de los malos. Der Gobernador bat daher den Kaiser um Vollmacht zu handeln, um die Gelegenheit nicht zu verlieren. Man kann nicht sagen, worauf die Angaben des Comendadors beruhten, allein dass der Aufstand sehr bald eine Richtung nahm, die den Urhebern unangenehm wurde, ist sicher, sowie dass sich frühe jene Spaltung im Innern zeigt, an welcher er scheitern musste und scheiterte. Hätte der Gobernador im Juni die verlangte Vollmacht besessen, um Don Pedro Laso den Pardon zu ertheilen, so würde zweifelsohne der Aufstand früher eine andere Wendung genommen haben. Man darf aber nicht vergessen, dass die Depeschen aus Spanien den Kaiser ungemein spät trafen und die Antworten wegen des weiten Weges und Umweges Monate lang ausblieben.

*) Maritus Mariti nennt sie Petrus de Angleria. La qual fue un fuego para el reyno sagt Hortiz c. 24. Auch Hortiz hat vor Padilla keine besondere Achtung.

**) De la quel no podrian suplicar. Hortiz.

zum Auflaufe *) komme. Hernando de Avalos und ein Canonicus von Toledo, Don Francisco de Herrera, später Erzbischof von Granada, thaten hierzu das Ihrige. Die Sache verfing aber nicht; der König reiste nicht ab und jeden Tag musste man fürchten, dass der Corregidor der Stadt Toledo gegen die Widerspenstigen die Strafe verhänge und sie gefangen nach Hofe sende. Nur wurden Leute von schlechten Sitten (rufianos), die aber nachher sich als hervorragende Comuneros erwiesen, bearbeitet und das Gerücht ausgesprengt, dass Juan de Padilla, Hernan de Avalos, und andere Caballeros, welche nur das Beste der Armen und des Reiches wollten, wenn sie nach Coruña gingen, aus Spanien weggeschleppt würden; dass es nothwendig sei, sich zu vereinigen und die Abreise dieser Cavalleros mit Gewalt zu verhindern. Von dieser Zeit an begannen die Zusammenrottungen, und zwar unterstützt von Seiten der Caballeros. Auf dieses that Juan de Padilla, als wollte er abreisen; auf sein geheimes Anstiften aber versammelten sich 40—50 Menschen in der Strasse und schrien, sie wollten Padilla nicht ziehen lassen und als er (nach Alcocer am 16. April) verabredeter Massen nun bei der Hinterthüre davon ritt, waren auch schon diejenigen da, welche ihn einholten, zurückbrachten und nebst Hernando de Avalos, Gregorio Gaytan und Pedro de Ayala und 2 anderen Regidoren der Stadt in die Capelle des Don Pedro Tenorio einsperrten. Padilla musste sein Ehrenwort geben, dass er ohne Erlaubniss sich nicht entferne, Wachen wurden vor die Thüre gestellt und ein öffentliches Instrument aufgesetzt, wie Juan de Padilla dem Könige gehorchen wollte, aber durch Zusammenrottung des Volkes mit Gewalt daran gehindert worden sei. Dann schüchterten sie den Corregidor Don Antonio de Cordova so ein, dass er selbst den Gefangenen auftrug, die Stadt nicht zu verlassen, da sie dadurch den königlichen Dienst mehr förderten. Hortiz wurde beauftragt, beim Hofe die Sache zu entschuldigen. Bereits aber meinte man, dass, wenn der Corregidor Ernst gezeigt und die Schuldigen bestraft hätte, es nicht zum Aufstande gekommen wäre. In Toledo selbst gab es eine grosse Anzahl Caballeros, welche nichts von einem Auf-

---

*) Es handelte sich um eine „forma de alborotto."

stande wissen wollten, namentlich Don Juan de Silva mit seinem Anhange. Hernando de Avalos aber*) und Juan de Padilla, welche das Ganze angestiftet**), um sich aus einer Verlegenheit herauszuziehen, geriethen sehr bald in eine noch ernstere. Sich weiter zu schützen wurden nun wieder die Frayles losgelassen, welche auf den Kanzeln gegen den König donnerten, und das Volk täglich aufregten, er schleppe alles Geld fort, gebe Aemter und Pfründen nur den Flamändern und denen, die sie erkauften, Ehren würden nicht nach Verdienst verliehen, es gebe neue Auflagen, Steuern und Kopfgeld, woran man gar nicht dachte. Ganze Listen von solchen fingirten Steuern wurden verfertigt und verbreitet, um auch die Bauern zum Aufstande zu bringen, ein Geschäft, dem sich die Frayles mit besonderer Ausdauer widmeten. Damals hatte bereits der Condestable von Castillien selbst betrieben, dass Don Pedro Laso und die übrigen Weggewiesenen sich von San Jago entfernten, damit ihnen, als der Kaiser durch einen Courier des Grafen von Palmas, Don Luis de Porto Carrero, von Don Juan de Silva und dem Adelantado von Granada von den Vorgängen in Toledo unterrichtet worden war, nicht noch Aergeres geschehe. Ebenso bat Garcilaso de la Vega den Geschichtschreiber (Hortiz) auf seinen Bruder einzuwirken, welcher so wenig wie Don Antonio Suarez nach den ihnen angewiesenen Orten abgegangen war, obwohl von dem ihm gestellten Termin nur mehr 5 Tage übrig waren. Hortiz aber nahm es auf sich, den Auftrag des Condestable auszurichten, worauf Pedro Laso erst noch nach Zamora ging, dort zu sagen, was die Procuratoren der Stadt bewilligt, und das Volk wider sie aufzuhetzen. In Toledo aber wurde, nachdem das Volk gehörig aufgeregt worden war, Juan de Silva, Alcalde des Alcazar und der Thore und Brücken als Verräther bezeichnet, dann letztere überfallen

---

*) Auch nach Maldonado war Fernando Davalos, welcher vor der Zeit sein Amt als Corregidor von Jerez hatte niederlegen müssen, der eigentliche Anstifter des Aufruhrs, den Don Pedro Laso schüren half, der selbst das Amt eines Corregidors von Toledo an den Grafen von Palmas hatte abtreten müssen. p. 77.

**) Como los cavalleros ynzitadores de este negocio que fueron Hernando de Avalos y Juan de Padilla viesen que por evitar un daño havian caido en otro mayor etc. Hortiz c. 28.

und genommen. Don Juan Silva sah sich, da sich der Alcazar
nicht gut vertheidigen liess und selbst viele seiner nächsten
Verwandten gegen ihn waren, gezwungen, den Alcazar zu übergeben und mit den Seinigen die Stadt zu räumen; der Corregidor Don Antonio de Cordova musste sich verpflichten,
Gericht nur mehr im Namen der Comunidad von Toledo,
nicht mehr des Königs zu halten, Don Pedro Laso, welcher
angeblich auf dem Wege nach Gibraltar nach Cuerba gekommen
war, wurde dort von den Toledanern abgeholt; auch er sollte
wieder „gewaltsam" nach Toledo gebracht werden. Der Kluge
zog jedoch vor, in aller Stille dahin zu gehen, worauf ihm von
allen Caballeros und dem ganzen Volke der ehrenvollste
Empfang bereitet wurde.*) Er war damals die beliebteste und
geachtetste Persönlichkeit im Königreich Castillien; er hatte
K. Karl aus den Herzen des Volkes verdrängt. Um aber sich
selbst grössere Sicherheit zu verschaffen, wurde dann von den
Caballeros ein Aufstand veranlasst, den Corregidor sammt allen
Alcalden und Alguazilen aus der Stadt zu jagen, und Toledo
sodann abgesperrt, um alle Verbindung mit dem Hofe zu hindern.
Die ganze Stadt, Cavalleros, Frayles und Clerigos waren einig,
Kirchspiel für Kirchspiel, nur ein einziger Jurado, Franz Hortiz
widersprach, der nun mit Lebensgefahr sich aus der Stadt
flüchtete. Man kann, wie jetzt die Quellen sich erschlossen
haben, keinen Zweifel mehr darein setzen, dass, wenn der Im-
puls zur revolutionären Bewegung in Toledo von Hernando
Davalos ausging, Don Juan de Padilla, königlicher Hauptmann,
vor das Dilemma gestellt, seine Popularität in Toledo zu verlieren oder als Verräther zu erscheinen, sich selbst mit leeren
Ausflüchten betrog, um nur nicht unpopulär zu werden, doch
Don Pedro Laso die eigentliche Seele des Aufstandes überhaupt
war. Er war es, welcher Zamora bestimmte, sich an Toledo
anzuschliessen, der Valladolid **), Leon und Salamanca zu ge-

---

*) Leider gibt Hortiz das Datum dieser Vorfälle nicht an.

**) Das Archiv von Simancas enthält eine Carta de D. Pedro Laso al
jurado de Toledo en Valladolid Pedro Ortego, fecha en Toledo a 21
(Febr. 1520) diciendole que tanto el como el Sr. Juan de Padilla
quisieran que fuese mas abierta la determinacion de aquella villa,
que de todos modos espera se la hagan saber y que nada omite
para que se le enuie loque se le adeuda de sus salarios.

winnen suchte. Er war der Leiter der Bewegung, wie später der Gründer der hl. Junta in Avila, der Urheber des Zuges nach Tordesillas, wie dass Juan de Padilla mit dem Aufgebote von Toledo und Madrid der Stadt Segovia zu Hilfe eilte. Er endlich war es, der später die Wahl Don Pedro Girons zum Generalcapitän durchsetzte und mit Don Hernando de Ulloa, Diego de Guzman und Sarabia die Leitung des Aufstandes in der gefahrvollsten Zeit übernahm. Wenn in den Geschichtswerken von Juan de Padilla die Rede ist und an seinen Namen der Aufstand der Comunidades sich anreiht, so ist die Ursache nicht blos in der glänzenden Erscheinung Padilla's zu suchen, sondern vor Allem darin, dass es eine geheime und eine exoterische Geschichte jedes Aufstandes gibt, letztere die bekannte, so zu sagen landläufige wird, erstere sich dem Auge des Historikers mehr entzieht als darstellt und nur mit äusserster Mühe und den grössten Nachforschungen gewonnen werden kann.

Von Anfang an muss man aber zwei Gruppen unter den Bewegungsmännern unterscheiden. Die erste hat Don Pedro Laso zum Mittelpunkte; sie will die Comunidades einigen und durch eine starke Macht die Granden zwingen, ihren unrechtmässigen Besitz herauszugeben, die Krone nöthigen, gesetzlich zu regieren und die Castillianer bei ihren Freiheiten zu belassen. Dazu gesellte sich bereits früh der kriegerische Bischof von Zamora, welcher nicht blos auf diese Stadt, sondern auch auf Toro einzuwirken suchte und Briefe auf Briefe an Toledo schrieb, die Stadt in ihrem Vorgehen zu bestärken, so wie dass sie nichts zu besorgen habe.*) Endlich Don Pedro Giron, der dem Könige persönlich zürnte, weil er ihn, ob mit Recht, ob mit Unrecht, ist eine andere Frage, nicht in den Besitz des Herzogthums Medina Sidonia setzte. Die andere Partei ist die Juan de Padilla's, der selbst von seiner ehrgeizigen Frau mehr geleitet wird, als er sie leitete. Doña Maria de Pacheco aber stützte sich auf den Herzog von Infantasgo, auf Don Juan Arias, Senor de Torrejon, auf ihren Oheim den

---

*) Schreiben des Gobernadors an den Kaiser s. d. Confirmandoles en su mal proposito y deciondoles que no temiesen cosa alguna. Arch. von Simancas.

Marques von Villena, welcher im höchsten Grade erzürnt war, dass ihm das Vicekönigthum von Toledo entgangen war. Der Marques unterhielt namentlich durch Hernando Davalos seine Verbindung mit Doña Maria de Pacheco. Beide Gruppen aber handelten nur anfänglich gemeinsam, der Grund der Opposition war eben bei zu vielen nur verletzte Eitelkeit; die Eifersucht und Abneigung der beiden Theile trat aber selbst so heftig hervor, dass, wenn hier die Quellen hinreichten, die ganze geheime Geschichte der Junta zu schreiben, diese in drei Theile getheilt werden müsste, eine Periode des Uebergewichtes des Don Pero Laso und in diese fällt, was bedeutendes und im eigentlichen spanischen Interesse geschah, und in eine des vielgefeierten Don Juan de Padilla, des Volkshelden, der aber, wie wir sehen werden, aus Eifersucht und gekränktem Ehrgeize in dem Augenblicke abschwenkt, wo seine Anwesenheit vor Allem Noth thut und dessen Heldenthaten sich auf die sehr wohlfeile Einnahme von Torre de Lobaton und auf die kopflos verlorene Schlacht von Villalar beschränken; endlich in die der Doña Maria de Pacheco, wo der Aufstand nur mehr sich durch den offenen Landesverrath, die Verbindung mit den Franzosen *) fristet. Doch wir sind damit der Erzählung vorausgeeilt und nehmen, indem wir Toledo als den Ausgangspunkt des castillianischen Aufstandes und die Caballeros als die Urheber desselben bezeichnet, den Faden der Erzählung wieder in la Coruña auf.

Endlich hatten die Procuratoren bewilligt, was der Kaiser von ihnen verlangte, die Einen aus Dienstpflicht, die Andern aus Interesse, obwohl selbst im geheimen Rathe Don Antonio Tellez, Señor de la Puebla de Montalvan, Mota Bischof von Palencia, Francisco de Vargas dafür stimmten, der Kaiser möge den bewilligten Servicio nicht annehmen und auch die Reise unter den obschwebenden Verhältnissen nicht antreten. Karl befand sich in dem schlimmen Dilemma, die Kaiserkrone, auf welche K. Franz speculirte, oder Spanien zu verlieren,

---

*) Der französische Gesandte in Spanien berichtete im März 1518 an seinen Herrn, dass die Granden sich so häufig bei ihm an der Tafel als am Hofe K. Karls vorfanden, und ihm sagten: quand il le vouldra votre maistre trouvera autant de serviteurs en ce pays qu' en ce lieu quil sauvait souhaiter. Henne II, p. 301.

das Erstere, wenn er bleibe, das Letztere, wenn er gehe. Da die Abfahrt nur von dem besseren Winde abhängig war, befanden sich Don Diego Pacheco Marques de Villena, Don Inigo de Velasco Condestable de Castilla, der Graf von Benavente, einer der ritterlichsten Charactere jener Zeit und dem Könige auf's Aeusserste ergeben, die Herzoge von Albuquerque und von Medina Sidonia, der Marques von Astorga, die Grafen Lemos und von Monterey nebst den Procuratoren noch bei ihm. Alle in sehr aufgeregter Stimmung, als der Kaiser, nachdem er den Cardinal von Tortosa — eine sehr gelehrte Persönlichkeit voll Würde und Gewissenhaftigkeit und ohne Leidenschaft — aber einen Ausländer zum Gobernador an seiner Statt ernannte, nun die Granden bat, ihn und den königlichen Rath, wo es Noth thue, zu unterstützen. Der grösste Theil der Granden war ihm als Ausländer gram, doch waren einige und auch die Procuratoren für ihn. Der Kaiser aber begab sich, ohne weiter zu unterhandeln, in seine Stube und überliess es ihnen, sich wie sie wollten, auszusprechen. Sie waren auf das Tödtlichste beleidigt. Die Ernennung des Cardinals, eines Ausländers, verstiess gegen den Buchstaben des Gesetzes, wenn man auch einwenden konnte, der Bischof von Tortosa sei in Spanien kein Ausländer. Allein der König hatte bei den Massregeln, die im Angesichte des Aufstandes zu nehmen waren, die Granden nie um ihre Meinung befragt, niemals sich mit ihnen über die spanischen Angelegenheiten berathen, ihnen keinen Antheil an der Regierung übergeben, als er jetzt Spanien auf 3 Jahre verliess. Der König schien keine Ahnung zu haben, wie sehr im Allgemeinen der Sinn der Spanier auf Streit und Aufstand gerichtet war; wie unklug er gehandelt, als er alle Parteien von sich stiess; wie gefährlich das Mittel war, um Castillien nicht dem Streite der Granden preiszugeben, keinen von ihnen zum Regenten zu machen und dadurch — Alle gegen sich zu vereinigen. Aber auch der neue Gobernador von Castillien war in keiner guten Lage. Er stand einer Wasserfluth gegenüber, die immer höher schwoll, ohne dass er sie auch nur zu beschwichtigen vermocht hätte. Seine Vollmachten waren beschränkt und reichten am wenigsten für die ausserordentlichen und nicht zu berechnenden Umstände hin, die jetzt sich gestalteten, als der Adel systematisch auf die Revolution hinarbeitete und die Communen bereit standen, ihn im Werke der Auflehnung auf blutige Weise abzulösen. Als der Gobernador dem Kaiser auf die von Navarra drohende Gefahr und auf die Beschränktheit seiner Instructionen hinwies, erklärte K. Karl mit dürren Worten, dafür zu sorgen sei seine eigene Sache.

Der Cardinal war nicht der Einzige, welcher das Schlimmste besorgte. Bernaldino Zapata, Mitglied des königlichen Rathes, bemerkte später, ihm seien die Thränen nur so herausgestürzt, als K. Karl la Coruña verliess, so sehr hätten ihn die traurigsten Ahnungen verfolgt.*) Fortwährend kommt der Cardinal auf den Servicio von San Jago und la Coruña zurück, um denselben als die Quelle des Aufstandes zu bezeichnen. Er musste eigentlich sagen, als den anscheinend rechtlichen Vorwand, der zur Vereinigung der Widerstrebenden führte, der aber ohne Anwendung der revolutionärsten Mittel, wie es in Toledo der Fall war, doch nicht hingereicht hätte, die Funken zur Flamme zu machen. Wohl aber erklärt sich aus dieser Gesinnung, warum der Gobernador von Anfang an eine massvolle Stellung den Aufgestandenen gegenüber behauptete. Er unterschied sehr wohl zwischen den Granden, die das Feuer in ihrem Interesse schürten,**) und dem wenigstens anfänglich berechtigten, auf Gesetz und Herkommen sich stützenden Verlangen der Comuneros, die freilich durch die nun folgenden blutigen Ereignisse auf dieses Recht verzichteten, als sie sich der Revolution in die Arme warfen.

) Digo que quando V Majestad se partio de la Coruña — yo me hallé presente, schrieb Bernaldino Çapata, donde quando ví por obra. puesta su partida, yo pongo à Dios por testigo — que se me abrieron las entrañas de tristeza y mis ochos fueron fuentes de lágrimas. Mémorial del licenciado Bern. Zapata. p. 174.

**) Es ist sehr bezeichnend, wie der Gobernador das Benehmen des Condestable in Burgos auffasst: el Condestable es buen hombre y diæse que se duele mucho de las cosas que han acaecido, en Burgos ha fecho el juramento y permitió que se publicase el pregon en nombre de la Reyna y del Re y de su Condestable y de la comunidad de Burgos, lo cual ha parecido a todos muy feo ha resebido en su persona la vara que havia dado a D. Diego Osorio — ahunque fu enbiado al Condestable Lope de Soria a saber si era contento asistir al castigo de los principalas mal fechores. S. d.

Wie wir an den Vorgängen in Toledo bemerkt, waren die Leiter der Bewegung nur von der Absicht erfüllt, sich durch den Aufstand der Stadt gegen den König zu decken. Die Unzufriedenen erwarteten selbst den Tag der Abreise des Königs nicht mehr, als sich dieselbe wegen widriger Winde immer mehr hinauszog. Da endlich schlug am 19. Mai der Wind um. Alles beeilte sich Hab und Gut an Bord zu bringen und als nun der Morgen des 20. Mai 1520 graute, entfernte sich unter den schmerzlichsten Gefühlen der zurückgebliebenen Getreuen die königliche Flotte mit dem Kaiser an Bord, den Spanien Deutschland übergab. Mit ihm auch die beiden Wilhelm von Croy, der Herr von Chièvres und der Primas von Toledo, das der neue Erzbischof dem Aufstande überliess, der Dichter Garcilaso, Don Pedro Laso's Bruder, der Herzog von Alba und einige andere vornehme Spanier. Der Kaiser hatte im Augenblicke seiner Einschiffung dem Secretär Cobes befohlen, den Granden Anweisungen auf die von den Procuratoren bewilligte Summe zu vertheilen. Alle Granden nahmen dieselben an, der Condestable von Castillien aber trug Sorge, dass der Secretär seine Anweisung, als derselbe nach Flandern kam, bereits vorfand. Er war auf das Schwerste verletzt, dass Karl die Würde eines General-Capitains des Reiches, die ihm, dem Condestable, gebührte, dem Antonio de Fonseca gegeben.*) Alles verliess jetzt la Coruña. Schweren Herzens zogen der Cardinalgobernador und die Mitglieder des Consejo nach Valladolid. Als der Cardinal in Gesellschaft des Condestable nach Villalpando gekommen war, bat er denselben, um seinem Einzuge in die Stadt mehr Ansehen zu verleihen, ihn nach Valladolid zu begleiten. Er that es, beide zogen am Vorabende des Frohnleichnamsfestes (6. Juni) in Valladolid ein. Nun verliess der Condestable grollend den Ausländer, nachdem er noch Hortiz, der dieses erzählt, beauftragt nach Toledo zu gehen und ihm über den Stand der Dinge zu berichten. Sogleich begannen die revolutionären Bewegungen gegen das Regiment des Ausländers. Doch blieben mit dem Cardinal, dessen Einfachheit, Würde und Frömmigkeit ihm wenn auch nicht die Liebe doch die Achtung der Wider-

---

*) Schreiben des Condestable an den Kaiser v. 29. Oct. 1520.

strebenden gewann, Don Diego de Rojas, Erzbischof von Granada
und Präsident des königlichen Justizrathes, der Licentiat
Francisco de Vargas, königlicher Schatzmeister, Don Antonio
Tellez, señor de la puebla de Montalvan, Don.Hernando de
Vega, comendador Mayor de Castilla, Don Juan de Fonseca,
Bischof von Burgos, Don Antonio de Fonseca, dessen Bruder,
Señor de Coca y Alarejos, und die übrigen Mitglieder des
geheimen Rathes als die königliche Regierung in Valladolid
zurück. *)

Wie lange dauerte es und der Cardinalgobernador schrieb
an den Kaiser, dass diejenigen, welche ihn in Mitten des entstandenen Aufruhrs tödten würden, ihm selbst den wenigen
Jahren gegenüber, die er noch zu leben habe, wenig Schaden
zufügen, wohl aber eine Gnade erweisen würden, ihn aus diesem
Kerker und dem Elende des Lebens zu befreien?**) Es begann,
wie Lopez Hurtado de Mendoza es richtig bezeichnete, das
Martyrium des Cardinalgobernadors.

---

*) Hortiz c. 43.
**) Quanto a lo que a mi toca yo estimo poco estos peligros si me echan
    facerme hian gracia en librarme desta carcel y de sus miserias ma-
    tandome poco daño podria ser para mi ca pocos años he de vivir.
    Schreiben des Cardinals an den Kaiser s. d. (Archiv von Simancas.)

Zweites Capitel.

Unabhängig vom Aufruhr von Toledo entstehen bei der Heimkehr der Procuratoren von la Coruña die Aufstände der einzelnen Städte: Madrid, Segovia, Burgos etc. Massregeln des Consejo gegen Segovia. Schwanken bei der Regierung. Stand der Parteien. Die Granden halten sich zurück oder begünstigen den Aufstand. Besprechung des Cardinals mit dem Toledaner Hortiz. Ronquillo und dann der Generalcapitan Fonseca gegen Segovia abgesendet. Die heilige Junta von Avila 29. Juli 1520. Ihre Tendenzen. Castillien im vollsten Aufstande. Kampf um Medina de Campos. Brand der Stadt 21. August. Ungeheuere Wirkung dieses Ereignisses. Auflösung des königlichen Heeres. Die Junta bemächtigt sich der Stadt und Feste von Tordesillas, die Königin und die Infantin seit dem 24. August in den Händen der Aufrührer. Andalusien schliesst sich nicht an Castillien an. Localisirung des Aufstandes auf Castillien. Die Junta bemächtigt sich der königlichen Regierung, schlägt am 19. September ihren Sitz in Tordesillas auf. Massregeln gegen den Consejo. Befehl ihn zu deportiren. Juan de Padilla vollstreckt diese Massregeln. Opposition gegen dieselben, selbst in Toledo. Verhinderung des Abzuges des Cardinals aus Valladolid. Opposition von Burgos gegen die Massregeln der Junta. Don Pedro Giron wird Generalcapitän der Junta. Auf dieses zieht Juan de Padilla ab, die Contingente von Toledo u. a. Städten folgen. Die Junta trägt die Krone Castilliens dem Könige von Portugal an. Verbindung mit Frankreich. Verwirrung in der Junta durch das Benehmen Padilla's. Flucht des Cardinals nach Medina de Rio seco, das Sammelplatz der Königlichen wird. 15. October 1520.

Die erste revolutionäre Massregel, welche jetzt erfolgte, wurde wie jede dieser Art, bis die Menge dahin gebracht ist, wo sie die Führer haben wollen, in das Gewand der Loyalität,

der Sorge für das allgemeine Wohl eingekleidet. Es handelte
sich dem Anscheine nur darum, die Städte Castilliens zu einer
Bitte an den Kaiser zu vereinigen, die Regentschaft einem
Einheimischen zu übertragen, die entsetzlichen Steuern ferne
zu halten, welche angeblich dem Reiche drohten, von jedem
Hause, von jedem Stück Vieh; die Procuratoren zu bestrafen,
welche in la Coruña gegen das Wohl des Reiches gestimmt;
eine Junta von Städtedeputirten zu begründen, welche von
ihrem heiligen Endzwecke als die heilige bezeichnet wurde,
in Wirklichkeit aber darum, der von K. Karl eingesetzten Regierung das Heft aus den Händen zu nehmen, dann die Steuern
an sich zu reissen, eine bewaffnete Macht zu bilden, die Herrschaft an die Communen zu bringen und dadurch Straflosigkeit
für diejenigen zu gewinnen, welche gleich anfänglich so weit
gegangen waren, dass sie nur durch einen allgemeinen Aufstand
für sich selbst Rettung zu gewinnen hoffen konnten. Ausdrücklich aber bemerkt der mit den Verhältnissen so genau
vertraute und wahrheitsliebende Hortiz, wie die Cavalleros es
waren, welche in der Hoffnung die alten, für sie so guten
Zeiten wieder zu bringen, im Geheimen den Aufstand in den
Städten schürten, damit sie sich mit Toledo verbänden, wo
Don Pedro Laso das Ganze leitete, und Comunidad machten.
Jetzt nahm die Stadt Madrid dem Alcalden Francisco de Bargos
das Gericht ab. Der Alcazar konnte gerettet werden, wenn
Diego de Vera, Capitän der Artillerie, welcher mit 500 Mann
von den Gelbes kam, sich nach Madrid begab. Aber er besass
ein Haus in Avila, das sich, von Toledo aufgefordert, schon an
die Bewegung angeschlossen hatte und nun erfolgte die Drohung,
wenn er nach Madrid zöge, verliere er, was er in Avila besitze.
Während er zögerte, nach Madrid zu ziehen, wählten die
Einwohner einen Escudero zum Capitän des Volkes, schickten
nach Toledo um Hilfe und nun rückte im Auftrage von Toledo
Gregorio Gaytan, Regidor, mit 500 Mann und 30 Lanzen ein.
Jetzt wurde ein etwas türkisches Mittel in Anwendung gebracht,
indem die Söhne Derjenigen, welche den Alcazar vertheidigten,
gegen denselben aufgestellt und dadurch der Alcalde mayor
Castillo gezwungen wurde, ihnen den Alcazar zu übergeben,
was freilich nicht nach der Meinung des Adels war, der die
Empörung angefacht hatte. Auch Quadalajara erhob sich als

Comunidad und nahm den Grafen von Saldaña *) zum Capitän.
Die beiden Procuratoren Diego und Luis de Guzman durften
nicht wagen von Coruña nach Hause zu kehren; ihre Frauen
hatten hohe Zeit sich aus der Stadt zu flüchten. Noch schlimmer
erging es in Segovia **), wo gleichfalls die varas de la justicia
den königlichen Richtern abgenommen wurden und nun die
Volkswuth sich gegen den zur Unzeit heimkehrenden Procurator Tordesillas richtete, der noch mit einigen heftigen Worten
die Menge reizte, die ihn dann in der grausamsten Weise tödtete.
Allein der Alcazar hielt sich unter dem Ritter Don Diego de
Bovadilla, welcher später Dominicanerbruder wurde, trotz täg-
licher Angriffe und angelegter Minen, bis die allgemeine Wendung der Dinge nach einem Jahre voll der grössten Ent-
behrungen der tapferen Besatzung Hilfe brachte. Als Avila
sich zur Comunidad machte, rettete Don Gieronymo Chacon,
Señor de la villa de casa rubios, durch List und Gewandtheit
den Alcazar, worauf mit Zustimmung des Cardinals ein Vertrag
mit der Stadt abgeschlossen und beiderseits die Feindseligkeiten eingestellt wurden. In Salamanca gab der Corregidor
sein Amt selbst auf und floh davon, worauf die Stadt die Justiz
übernahm und Don Pedro Maldonado Capitan General wurde.
In ähnlicher Weise geschah es mit Toro und Ciudad Rodrigo.
In Zamora gestalteten sich die Dinge ernster, dort gab es, wie
gewöhnlich in den spanischen Städten, zwei Parteien, die sich
um die Herrschaft stritten. Wenn es dann zu inneren Unruhen
kam, setzte sich die mächtigere in den Besitz der königlichen
Einkünfte, wie jedes von den beiden Parteihäuptern dann die
Stadt sich zu unterwerfen trachtete. Die Bewegung erlangte
früh an Don Antonio Acuña, Bischof von Zamora, ein ungemein
kühnes, mit den Verhältnissen Spaniens wohl erfahrenes Haupt.
Er war um so gefährlicher, als er, der Bischof, dem Cardinal,
der spanische Prälat dem Ausländer gegenübertretend, dem
Aufstande, welchem die Communen nur ein nationales Gepräge
geben konnten, die kirchliche Weihe verlieh, er selbst dem

---

*) Hijo mayor de Don Diego de la Vega y de Mendoza duque a la
sazon del ymfantazgo.

**) Der Aufstand in Segovia erfolgte nach dem Tratado schon am
29. Mai (1520), also neun Tage nach der Abreise K. Karls.

Adel angehörig auch auf den Adel einwirkte, endlich er den
zahlreichen Frayles, den Ordensbrüdern die Zunge löste. Es
war ein eigenthümliches Gegenstück zur deutschen Reformation, als „der Luther Spaniens", wie Don Juan Manuel ihn
nannte, 400 seiner Cleriker in sein Heer stellte und mit diesen
Soldaten den König als Verletzer der Rechte Spaniens bekämpfte.

Fürs Erste war es aber mehr der Verlust von Segovia,
der dem königlichen Rathe besonders schmerzlich fiel, so dass
beschlossen wurde, vor Allem diese Stadt zum warnenden Beispiele zu Paaren zu treiben, wozu der Alcalde Ronquillo,
wegen seiner unerbittlichen Strenge ebenso gefürchtet wie
gehasst, mit einer Heeresabtheilung auserlesen wurde. Da
aber kam die Nachricht, auch das wichtige Burgos, die Hauptstadt von Altcastillien, habe sich zur Comunidad erhoben, die
Gerichte dem königlichen Richter abgenommen und Don Diego
de Osorio, Bruder des Bischofs von Zamora, gegeben. 10. Juni.*)
Das Castell stand unter Don Juan Manuel, welcher es einem
Escudero überlassen hatte, der so sorglos war, dass es ohne
Mühe in die Hände Don Diego's fiel. Das Haus des Garcia
Ruiz, Bruder des Bischofs Mota, welcher bei K. Karl in grossen
Gnaden stand, wurde geplündert, weil er als Procurator der
Cortes den Servicio bewilligte, und alle seine Habe den Flammen
übergeben. Noch schlimmer erging es einem gewissen Jofra,
von Geburt ein Franzose, weil er sich von dem Kaiser ein
Castell bei Burgos verschafft hatte, das die Stadt als ihr
Eigenthum ansah. Als derselbe nach Burgos gekommen war
und sein Haus zerstört sah, an welchem die Volkswuth zuerst
sich ausgelassen, waren ihm die Worte entschlüpft, er wolle
es mit dem Blute der Judenchristen, Marranos, die es zerstört,
wieder aufbauen. Als das Volk davon hörte, verfolgte es ihn.
Die französischen Gesandten, an welche er einen Auftrag gehabt
und mit denen er jetzt abreisen wollte, riethen ihm, einen
anderen Weg einzuschlagen. Er that es nicht, wurde eingeholt,
in den Kerker geschleppt, dort während der Beichte erdolcht.
Es ist dies zugleich einer der wenigen Momente, in welchen
sich der Hass der Marranos gegen die Inquisition offen Luft

---

*) Maldonado p. 89.

macht, überhaupt bemerkbar wird, dass bei der ganzen Bewegung noch andere geheimnissvolle Factoren thätig sind. Uebrigens hatte es gerade im Anfange des Jahres 1520 einen wichtigen Conflict zwischen den königlichen und den Inquisitionsbeamten in Cuenca gegeben, indem der Stellvertreter des Corregidor daselbst einen Diener der Inquisition (familiar) wegen eines Verbrechens eingezogen hatte. Die Inquisition aber bestritt dem Beamten das Recht, einen Diener der Inquisition bestrafen zu können. Ja ein Alguacil der letzteren nahm den Teniente, als er mit dem königlichen Gerichtszeichen versehen auf dem öffentlichen Markte sass, mit Hilfe von 40 Mann, die mit blossen Schwertern erschienen waren, gefangen. Er wurde in einen finsteren Kerker geworfen, dann zu einer kirchlichen Pönitenz und endlich zur Verbannung aus der Stadt und dem Bisthume Cartagena und zu einer Geldstrafe verurtheilt, bis er aber diese bezahle, solle er im Kerker der Inquisition verweilen. Die Sache machte, wie natürlich, ungeheures Aufsehen. Der königliche Rath nahm sich des Tenienten kräftig an, machte den König aufmerksam *), wie gerade die Familiares der Inquisition es seien, von welchen so viele Verbrechen begangen würden; der Consejo verlangte strenge Bestrafung der Inquisitoren und ihrer Diener. Wenn der Teniente seine Vollmachten überschritten hätte, was aber in diesem Falle nicht geschehen war, hätten die Inquisitoren es dem Könige anzeigen sollen, damit dieser dann ihn bestrafe. Es sei aber eine Sache von sehr schlimmem Beispiel, dass die Inquisitoren so die königlichen Gerichtsbeamten behandelten, ihre Familiare, wenn sie Verbrechen begingen, von der königlichen Gerichtsbarkeit befreit seien. Die königliche Gerichtsbarkeit habe doch immer die Inquisition begünstigt. Als aber im Anfange der Inquisition in Salamanca Inquisitoren sich gegen einen Alguacil Excesse erlaubten, seien sie strenge bestraft worden, und dies sei wegen einer weit geringeren

---

*) Esto muy poderoso Señor es cosa muy mal fecha e de mucho atrevimiento e no visto en estos vuestros reynos despues que hay en ellos inquisidores e que si no se castiga muy reciamente no habra persona, que ose tener cargo de justicia en aquella ciudad. Schreiben des königlichen Rathes zu Valladolid an den König-Kaiser vom 24. Januar 1520. (Archiv von Simancas. Ms.)

Sache gewesen. Um so mehr möge jetzt mit aller Strenge
verfahren werden. Der König solle für alle Officialen der Inquisition ein warnendes Exempel statuiren. *) Der Consejo
begnügte sich damit nicht, sondern forderte auch den Cardinal,
welcher damals noch in Valencia war, als inquisidor general
auf, rasch einzuschreiten und wandte sich auch an den Grosskanzler, damit die Vergehen von Personen, die so grosses
Vertrauen geniessen, vor dem ganzen Königreiche ihre Bestrafung erhielten.**) Wir wissen nicht, welche Massregeln
K. Karl hierauf ergriff; es ist aber wohl sehr natürlich, dass,
wenn dem Könige Beschwerden vorgelegt wurden, die das Ge-
meinwesen betrafen, diese an der Inquisition nicht vorüber-
gingen, und das Benehmen der Familiares der Inquisition,
welches vom königlichen Rathe so stark geschildert wurde —
mucho de los delitos que se cometen, son por personas que
se dicen familiares de los dichos inquisidores — auch wohl
an anderen Orten als in Cuenca lebhaft empfunden wurde.
Der Hauptschlag, welcher jetzt gegen den König geführt wurde,
war aber darauf gerichtet, die einzelnen Städte zu bewegen, die
königlichen Einkünfte zu sperren, und das war vor Allem die
Lehre, welche von Toledo aus den verschiedenen Städten gegeben
wurde.***) Allein gerade dieser Act der offenen Rebellion
schied frühe diejenigen Führer der Bewegung, welche dieselbe nur bis zu einem bestimmten Grade loslassen wollten,
von den eigentlichen Revolutionären. In Betreff des Ganzen
aber kam Alles darauf an, ob Burgos im Norden, Toledo im

---

*) Suplicamos a V. Alteza con mucha instanzia que se provea con
toda breveda por lo que toca a su servicio de manera que como el
atrevimiento e injusticia ha seido publico e tan grande, sea el castigo publico e ejemplar a todos porque desto se ha de tomar en
ejemplo para que en todas las otras partes estuvieron los oficiales
de la Santa inquisicion que estan mirando todos el castigo que en
esto se hace. l. c.

**) Sea el castigo publico y en exemplar para todo el reyno que no es
razon que personas que tal cosa y tan sin cabsa hicieron tengan
oficios de tanta confianca y para que se requieren personas de
muchas letras y tiento y abtoridad. Gleichfalls v. 24. Januar 1520.

***) Sieh das Schreiben des Corregidor von Salamanca Don Juan Dayala
an den Gobernador vom 16. Juni, citirt vom letzteren im Schreiben
vom 25. Juni an den Kaiser.

Süden im vollen Einvernehmen handeln würden. Der Gobernador hatte selbst den Condestable von Castillien gebeten, sich von Villalpando nach Burgos zu begeben, um wo möglich diese Stadt zu beruhigen.*) Allein in der nächsten Zeit schien eher Alles als der Anschluss von Burgos an die königliche Regierung einzutreten. Im Gegentheile. Der Aufstand war im Monate Juni in stetem Wachsen begriffen und dem Condestable blieb bald nichts anderes übrig als den Burgesen Concessionen zu machen, die einer Anerkennung des Aufstandes mehr als ähnlich sahen. Was war aber dann von anderen Granden zu erwarten, wenn Don Inigo Velasco so handelte? So weit uns ein Einblick in die Thätigkeit der Regierung vergönnt ist, handelte es sich in der nächsten Zeit darum, durch Erlässe den Städten die Nothwendigkeit der Abreise des Königs darzuthun, sowie die Hoffnung seiner baldigen Rückkehr auszusprechen und sie zum Frieden aufzufordern.**) Man konnte auch um so mehr hoffen, durch rasches Eingreifen trotz der schon stattgehabten wilden und mörderischen Scenen ein weiteres Vorgehen der eigentlichen Aufrührer zu verhindern, da diese doch den Bessergesinnten nicht behagten noch behagen konnten und die Aussicht vorhanden schien, auf dem Wege einer Bitte an den König zu erreichen, was auf anderem Wege zu versuchen denn doch mehr als gefährlich erscheinen musste. In diesem Sinne wurde denn auch noch Anfang Juni***) von Salamanca aus mit Burgos und den Procuratoren von Leon, Zamora und Valladolid unterhandelt. Wie es scheint, war übrigens unter den angesehensten Persönlichkeiten selbst über die Art und Weise des Auftretens weder Klarheit der Anschauung, noch Einheit in Bezug auf die Ergreifung der nothwendigen Massregeln vorhanden. Der Condestable neigte sich dem Principe der Nachgiebigkeit in einer Weise zu, welche in Valladolid beinahe Schrecken erregte; der Präsident des

---

*) Er hatte am 16. Juni ihm bereits gedankt, dass er sich zu diesem Zwecke nach Burgos begebe, wenn er auch mit seinen Massnahmen daselbst nichts weniger als einverstanden war.

**) Schreiben des Licenciado Paz, alcalde mayor del adelantamiento en el partido de Burgos aus Precienzo vom 5. oder 7. Juni 1520 an den Gobernador. Estratto.

***) 10. Juni. Estratto.

Consejo vertrat das Princip der Strenge und Schärfe, welches dann wieder dem Condestable Anlass gab, sich bei dem Kaiser darüber zu beklagen *), der Cardinalgobernador aber befand sich nicht nur in der Mitte der Ereignisse, im Sturm und Wogendrang, sondern auch in Mitten einander durchkreuzender Rathschlüsse, während die Lage jeden Tag wechselte und jeden Tag drohender wurde. Bei der Aufregung der Gemüther, der grossen Agitation, die von Toledo aus in Scene gesetzt wurde, und der den Spaniern inwohnenden Lust nach Neuerungen konnte das nächste unvorhergesehene Ereigniss die Scenerie vollständig verändern und eine Feuerbrunst entstehen, die mit gewöhnlichen Mitteln nicht zu bewältigen war. Vorderhand standen die Dinge noch so, dass der grössere Theil des Adels von seinen Burgen aus theils wie von einer Warte zusah, wie die Bewegung von Tag zu Tag zunahm, theils sich darüber freute, theils sie im Geheimen begünstigte, theils letzteres offen that. Die grösseren Städte nahmen entschieden Partei, und damit die Kaufmannschaft und der Städteadel; nur war weder jene noch dieser gewillt der extremen Partei Vorschub zu leisten. Diese aber konnte auf den vollen Sieg nur dann rechnen, wenn es ihr gelang, die Bauern der Ebene und die Hirten im Gebirge in die Bewegung hineinzuziehen. Dieser Aufgabe unterzogen sich denn nun auch die geistlichen und weltlichen Sendboten, deren Thätigkeit mit jedem Monate zunahm.

Burgos blieb zunächst das Centrum der Revolution im Norden, wie Toledo im Süden. Der Condestable, nach dem Könige die angesehenste Persönlichkeit im Reiche, und von fürstlichem Besitze, kam wie ein Privatmann nach Burgos, wo die adelige Partei alle Hoffnung auf ihn setzte. Aber nur mit Mühe hatte Osorio verhindert, dass die Partei der Handwerker und der blutigen Revolution nicht die rohen und handfesten Leute von den altcastillischen Bergen in ihre Stadt liess. Die reichen Kaufleute betheiligten sich damals mit den gemeinen Revolutionären an der Verfolgung des Bischofs von Burgos. Der Condestable befand sich in einer so schlimmen Lage, dass er froh war einer der Corregidoren zu werden, um nur einen Einfluss auf die Gemeinde zu gewinnen, aus deren Schoosse

---

*) Am 24. Juni. Estratto.

nun auf den Aufstand der Merindades gearbeitet wurde, sieben
Thäler, deren corregidor perpetuo der Condestable war. Der
Adel musste bald fühlen, wie der Boden unter seinen Füssen
wanke und die Revolution, welche er theilweise entfesselt hatte,
unter dem Aufrufe viva el pueblo sich verbreitend, überall
sich mehr und mehr zur Aufgabe stellte, was der Adel im
Laufe von mehr als einem Jahrhunderte der Krone entzogen,
ihm wieder abzunehmen. Die Stadt Najera, welche Pedro
Manrique unter K. Heinrich IV der Krone entfremdet hatte
und die ihm unter den katholischen Königen den Titel eines
Herzogs einbrachte, entzog sich jetzt dem Don Antonio Manrique. Die Stadt Duennas zwang den Grafen und die Gräfin
von Buendia dadurch, dass beide den Kanonen des für uneinnehmbar erachteten Castells entgegengestellt wurden, dem
Alcalde den Befehl auszufertigen, dasselbe zu übergeben. Die
Ahnen des Grafen von Buendia hatten einst dasselbe zu ihrem
Besitze erlangt, die Einwohner von Duennas die königliche
Erklärung erworben, dass sie nie von der Krone veräussert
werden sollten.

Die Comunidades waren mehr und mehr entschlossen,
eine allgemeine restitutio in integrum durchzuführen, welche
die Grandes zu pequeños (Kleinen) und letztere zu den Herren
von Castillien erheben sollte. Da trat denn die Bedeutung
von Burgos recht hervor, das zwar an Bevölkerung hinter
Toledo zurückstand, aber durch den Reichthum seiner Kaufleute, durch seinen Adel, an dessen Spitze Velasco stand, durch
seine Traditionen im Norden die bedeutendste Stadt war.
Würde Burgos die eigentliche Leiterin der Revolution, so war
ihr Sieg in Alt- und Neucastillien, im Gebirge wie in der
Ebene entschieden. Gelang es aber der Regierung, Burgos
von der Revolution zu sondern, den Aufstand zu localisiren,
so konnte zwar Valladolid Sitz der Revolution werden, aber
diese war dann auf Nordcastillien beschränkt und man konnte
mit Sicherheit annehmen, dass die Terra de Campos mit den
grossen Besitzungen des Adels namentlich des Almirante von
Castillien — mit Ampudia, Medina de Rio seco, Paredes,
Beceril, Villalpando, Amusio, Carrion, Aguilar, Santillana, der
Schauplatz der Kämpfe zwischen dem Adel und den plebeyos
werden werde. In Burgos aber entstand nun aus dem inneren

Kampfe ein Kampf auf Leben und Tod zwischen Don Inigo Velasco, dem Condestable, und der aufrührerischen Stadt, da, wenn diese nicht bezwungen oder doch zum Vergleiche genöthigt war, Velasco selbst sich nicht zu halten vermochte und mit seiner Gemahlin, der Herzogin von Frias, mit seinen Söhnen dem Verluste seiner grossen Habe wie dem Untergange entgegenging. Ein Verhältniss, dem dasjenige ganz gleichkam, in welches sich der Almirante als grösster Grundbesitzer in der Terra de Campos nach wenigen Monaten dem Heere der Junta gegenüber befand.

Der Aufstand war fortwährend im Wachsen begriffen. Ueberall, wo er ausbrach, stand ein Theil des Adels an der Spitze*) und zwar Personen aus den besten Familien, abgesehen von denjenigen, welche sich wohlweislich im Hintergrunde hielten.

Während Burgos den Condestable ganz in Anspruch nahm, machte der Zustand von Toledo, das sich scheinbar damit begnügte, die anderen castillianischen Städte zu vermögen, gemeinsame Bitten an den König zu richten, dem Gobernador die schwersten Sorgen. Er hatte das Unheil kommen sehen; er machte sich und Anderen kein Hehl, dass die Regierung K. Karls es heraufbeschworen. Jetzt war es da, er selbst machtlos, stand einem gähnenden Abgrunde gegenüber. Er that, was in diesem Falle das Beste war, er liess den Jurado von Toledo, Hernan Ortiz, welcher mit dem Gange der Dinge so wohl bekannt war und sich als ein eifriger Patriot erwiesen hatte, zu sich bescheiden und besprach sich wiederholt mit ihm über die Mittel, Toledo zu beruhigen, um wo möglich eine Uebereinkunft zu treffen. Ortiz erklärte jedoch, keine Vollmacht zu besitzen, um im Namen von Toledo zu unterhandeln. Wenn aber, meinte er, gleich anfänglich die Bitten der Toledaner bewilligt worden wären, würde es auch nicht

---

*) Encasi ninguna de las ciudades que se alborotaron, faltaron algunos nobles, que movieron, instigaron y condujeron à su arbitrio la plebe. Maldonado p. 157. Wenn man auf die Namen blickt, welche zuerst hervortraten, Don Pedro Laso, Don Pedro Giron, Maldonado-Pimentel, Antoñio de Acuña, den Grafen von Salvatierra, muss man eher einen Aufstand des Adels als der Gemeinen (comuneros) annehmen.

so weit gekommen sein. Jetzt aber solle man nur gelinde Saiten aufziehen, nachdem Segovia wegen der Ermordung des Regidors um Verzeihung gebeten habe; der Alcalde Ronquillo mit seinen Truppen möge zurückgerufen werden. Als der Cardinal-Gobernador auf die Nothwendigkeit hinwies, Segovia müsse bestraft werden, wies dagegen Ortiz auf die Vergehen der anderen Städte, die alle ein crimen laesae majestatis begangen hatten, hin. Werde Segovia bestraft, so würden sie darin ihr eigenes Schicksal erblicken und sich noch enger verbünden. Stehe aber eine Stadt der anderen bei, so sei der offene Kampf — der Bürgerkrieg — ausgebrochen. Es genüge, wenn neue Regidoren nach Segovia geschickt, die Justiz wieder im Namen des Königs ausgeübt, dann nach den Anstiftern des Mordes geforscht und diese bestraft würden.

Die Ansicht des Jurado gab zu vielen Einwendungen sehr berechtigten Grund. Toledo war bereits so weit vorangeschritten, dass es nicht mehr zurück konnte, nur im offenen Kampfe gegen den König noch die Aussicht auf Rettung der Leiter und Führer des Aufstandes vorhanden war. Letzterer nahm aber, je mehr er sich entwickelte, desto mehr etwas Mysteriöses an. Man stösst immer auf geheime Leiter, in dem Augenblicke aber, als man ihrer habhaft zu werden hofft, entschlüpfen sie und man fühlt nur, dass die Handwerker, welche plötzlich an der Spitze der Städte erscheinen, entweder vorgeschobene Puppen sind oder die Revolution, als einmal an die Massen appellirt und ihre Hilfe in Anspruch genommen wurde, einen ganz anderen Charakter annahm, als die klugen Leute berechnet hatten.

Ob übrigens der Rath des Jurado auch nur in Betreff Segovia's gefruchtet hätte, war sehr die Frage. Die Dinge waren überhaupt schon zu weit gekommen. Der Cardinalgobernador legte seinerseits die ihm mitgetheilten Anschauungen dem Consejo vor; die Mehrzahl der Räthe war dagegen. Ortiz aufs Neue zum Gobernador berufen, machte diesem bemerklich, dass die Mehrzahl der Räthe nur ihre eigenen Interessen im Auge habe.

Den schwankenden Berathungen, welchen auch schwankende Massregeln folgten, machte aber erst der Befehl des Kaisers ein Ende, mit aller Strenge gegen Segovia vorzu-

gehen.*) In Cartagena wurden 2500 Mann zu Pferd und 4000
zu Fuss erwartet, welche von den Gelves kamen; Cardinal
und Consejo trafen Anstalten, durch sie das Heer vor Segovia
zu verstärken. Allein bis sie kamen, dauerte die Zögerung
fort und wuchs bei den Städten der Entschluss, Segovia nicht
fallen zu lassen, vielmehr im Schicksale Segovias das eigene
zu erblicken. Bereits rüsteten Toledo und Madrid, um Segovia
beizustehen. Allein gerade diese Thatsache sprach gegen die
Anschauungen des Toledaners, denn in Toledo war man schon
so weit gegangen, dass die Anstifter der Bewegung nicht mehr
zurück konnten und nur mehr darin ein Heil für sich selbst
erwarteten, wenn sie auch noch Andere zu Mitschuldigen
machten und war die Bewegung von Caballeros ausgegangen,
so sammelte sich bereits ein rauf- und beutelustiges Gesindel,
das nicht an Beilegung des Streites, sondern nur an Förderung
der Revolution Gefallen fand. Auf den Cardinal machten aber
denn doch die Ausführungen des Toledaners den Eindruck,
dass, als nachher die Contingente von Madrid und Toledo zu
den Segovianern stiessen (5000 M. zu Fuss und 100 Lanzen),
der Alcalde Ronquillo sich zurückziehen musste. Er hatte nur
den Auftrag, Segovia in Furcht zu setzen und den ausdrück-
lichen Befehl nicht zu kämpfen (que no pelearse**). Hätte er
aber mit seinen 700 Lanzen, unterstützt vom Fussvolke, damals
die schlechtdisciplinirten Massen der Gegner angegriffen, sie
würden wahrscheinlich besiegt und der Aufstand im Keime
erstickt worden sein. Es ist aber zu allen Zeiten Sitte, wenn
es zu einem Aufstande kommt, erst halbe Massregeln für die
klügsten zu erachten, um mit diesen regelmässig den entgegengesetzten Erfolg von dem zu erreichen, welchen man dadurch
zu erlangen hofft. Allein auf wen konnte sich denn der Gober-

---

*) Die Verhandlungen im königlichen Rathe in Betreff Segovia's finden
sich seltsamer Weise bei Argensola. Der Cardinalgobernador musste
sich später wegen seiner Massregeln vertheidigen. Es scheint, dass
der Generalcapitan Fonseca, möglicher Weise auch der Herzog von
Alba bei dem kaiserlichen Hofe seine Massregeln als unzweckmässig
dàrstellten. Seine Vertheidigung wurzelte darin, dass er anfänglich
dem königlichen Rathe Widerstand geleistet, dann aber durch diesen
gezwungen worden sei, von der eigenen Meinung abzugehen.
**) Ortiz c. 52.

nador und der Consejo verlassen, wenn selbst die Freunde und Diener des Infanten und Bruders K. Karls auf Seite der Comuneros traten?*) Von Tag zu Tage machten sich die Dinge schlimmer. Man wiegte sich in Valladolid noch in die Meinung ein, dass Nachgiebigkeit in Betreff der Erhebung des Servicio der Cortes von Valladolid und Verzichtleistung auf den Servicio von la Coruña den Sturm zu beschwören vermöchten. Allein schon am 24. Juli erfuhr man aus dem Berichte des Corregidors von Salamanca, dass Avila und Segovia vereinigt nach Tordesillas ziehen und sich der Königin bemächtigen wollten, um dann ihrem Beginnen den legalen Anstrich zu geben.**) Es fiel begreiflicher Weise nicht wenig auf, dass auch nicht Ein Grande sich gegen die Comunidades erklärt habe. Am 29. Juli schrieb der Gobernador an den Kaiser, wie Alles aufgeboten werde, Uneinigkeit unter den Städten zu stiften, diese aber mit dem Gedanken umgingen, sobald sie sich der Königin bemächtigt, den Gobernador und den Consejo zu ändern und dafür Sorge zu tragen, dass der Kaiser kein Geld aus Spanien erhalte. Die Uneinigkeit konnte sich jedoch nur darauf beziehen, dass Burgos als Hauptstadt von Altcastillien für sich die Ehre in Anspruch nahm, Sitz der gemeinsamen Regierung, der Junta zu werden, und dann Zamora sich auf die Seite von Burgos stellte, Salamanca vom Anschlusse an die Junta (anfänglich) abgehalten wurde. Aber an demselben Tage, an welchem der Gobernador seine Hoffnung aussprach, die Städte zu trennen, vereinigten sich die Städteprocuratoren zu Avila und leisteten den Schwur, die Vertheidigung des Königreiches und die Abhilfe von den Uebelständen zu übernehmen und waren nach Hortiz ***) Madrid, Toledo, Quadalajara, Soria, Murcia, Cuenca, Segovia, Avila, Salamanca, Toro, Zamora, Leon, Valladolid, Burgos, Ciudad,

---

*) Sucedió que despues todos o la mayor parte de los criados del Infante (Ferdinand) si quieron à la comunidad. Anales breves p. 413.

**) Daher wohl auch der seltsame Entschluss des Consejo, den Sandoval angibt, die Königin zur Unterschrift gewisser Decrete zu vermögen (VI, §. 25), was mir mehr als unwahrscheinlich dünkt.

***) Nach dem Schreiben des Gobernadors kamen anfänglich nur die Procuratoren von Toledo, Segovia, Salamanca und Toro zusammen. Sandoval führt die 15 Städte an.

Rodrigo vertreten. Es war begreiflich, dass über das zu erreichende Ziel anfänglich die Meinungen sehr verschieden waren. Es charakterisirt die in Toledo damals herrschende Anschauung, dass in dem Ausschreiben an die Städte gesagt war, in der heiligen Junta handle es sich nur um Angelegenheiten des Dienstes Gottes, um Beseitigung der 7 Sünden Spaniens und Ausfindigmachung der 7fachen Abhilfe: 1. um das Glück des Königs unseres Herrn, 2. um den Frieden des Königreichs, 3. um Besserung des königlichen Patrimoniums zu begründen, 4. um die Bedrückungen, die den Einheimischen widerfuhren, 5. um die Unbilden, die sich die Fremden erlaubten, 6. um die Tyranneien, die einige der Eingebornen sich zu Schulden kommen liessen, 7. um die unerträglichen Steuern und Auflagen, welche diese Reiche erduldeten, zu beseitigen.

Als das beste Mittel aber, diesen Uebelständen abzuhelfen, erschien die Aufrichtung der hl. Junta als höchster Behörde und damit die Beseitigung des Consejo real und des ausländischen Regenten, womit bereits der Weg zur Revolution eingeschlagen war. Im Ganzen aber, wenn man Maldonado *) folgt, handelte es sich eigentlich doch nur darum, dass die königlichen Räthe und Alcalden alle 3 Jahre über ihre Amtsführung Rechenschaft ablegen möchten und zwar vor Censoren, die von den Städten ernannt würden; dass dasselbe auch von den Kanzleien von Granada und Valladolid zu gelten habe, dass die Steuern auf die Form unter K. Isabel reducirt werden sollten, wobei aber Maldonado hinzufügt, er wisse nicht, was das für eine Form sein soll. Man solle den geistlichen Schenkungen ein Ziel setzen. Die unwissenden Prediger, welche man Raben (cuervos) nenne, sollten nicht mehr die unwissenden Bauern mit Ablassverkündigungen quälen. Geistliche und weltliche Aemter sollten den Fremden nicht gegeben, das Recht der Einquartierung der Palaciegos, des königlichen Hofhaltes, aufgehoben und alle Orte, welche von der königlichen Jurisdiction seit 100 Jahren getrennt worden waren, zurückgestellt werden.

Die Versammlung der Procuratoren der castillianischen Städte zu Avila — das Gegenstück zur Versammlung der Procuratoren in San Jago und la Coruña — fand mit kirch-

---

*) p. 131.

lichem Gepränge in der Kathedrale statt, wo der Eid auf Vertheidigung und Besserung (remedio) des Königreiches geleistet wurde. Die hochheilige Junta wurde unter dem Vorsitze eines Tuchscherers gebildet, die Gleichheit der Castillianer wenigstens in Betreff der Besteuerung ausgesprochen — was durchaus nicht mit den Anschauungen der toledanischen Caballeros übereinstimmte, und als Ziel bezeichnet, den castillianischen Städten die Freiheit der Selbstregierung zu verschaffen, welche die italienischen Freistaaten geniessen.

Mit dem 29. Juli war nicht blos in das Stadium der nackten Empörung eingelenkt worden, es war auch eigentlich kein Zusammengehen mit den geheimen und offenen Begünstiger der Sache der Comuneros unter den Granden mehr möglich. Die Caballeros, welche mit Hilfe des Umsturzes und der Junta sich an die Spitze des Königreiches zu erschwingen suchten, die konnten bei ihr verweilen und hoffen, das Vordrängen der Gewerbsleute mit der Zeit zu beseitigen. Dass aber die Granden, welche vom Aufstande Gewinn zu ziehen hofften, eine falsche Rechnung gemacht hatten, war klar, wenn auch der Bruch mit denen, die sie vorzuschieben gedacht hatten, noch nicht gleich erfolgte. Er war aber und blieb vorhanden.

Toledo hatte die anderen Städte in den Aufruhr hineingezogen und dadurch für sich selbst Sicherheit erlangt. Die Bürgerwehren setzten sich in Bewegung und ein Zusammenstoss mit dem kleinen königlichen Heer, das sich übrigens ohne Artillerie befand, konnte in den nächsten Tagen erfolgen. Die Revolution hatte sich am 29. Juli organisirt.

Sobald die Toledaner von Segovia ein Schreiben um Hilfe gegen Ronquillo erhielten *), wurden nebst den Procuratoren für Avila auch Kriegscapitane ernannt. An einem und demselben Tage gingen die Procuratoren Don Pedro Laso de la Vega und Don Pedro de Ayala nach Avila ab und die Capitäne nach Espinar, wo Don Juan de Padilla mit dem toledanischen Contingente, Don Juan Zapata mit dem von Madrid, Don Juan Bravo mit dem von Segovia sich vereinigten. Damit waren die Würfel

---

*) Nach dem Tratado befand sich Ronquillo am 20. Juli in Zamorra-amala, $1/2$ Meile von Segovia, und erklärte die für Verräther, welche sich ihm widersetzen würden. Am 29. forderten die Einwohner Toledo und andere Städte durch Couriere auf, ihnen zu helfen.

gefallen, der Bürgerkrieg hatte begonnen, es gab 2 Regierungen im Lande, die neben einander nicht zu bestehen vermochten. Nachdem der Aufstand der Zünfte in Valencia gesiegt, die Germania den Adel vertrieben, bot Toledo der Stadt Valencia die Hand; man hoffte auch Murcia hineinzuziehen und da das von dem Kaiser zurückgelassene Volk, die Guardia so wenig bezahlt worden war als die Schiffsmannschaft in Afrika, so war auch von dieser Seite Alles zu befürchten. Seit 8 Monaten hatten die Truppen in Navarra keinen Sold und belästigten sie nun die Unterthanen in aller Weise. *) Alles war aufgeboten worden, die Kaiserkrone zu gewinnen und jetzt stand Spanien auf dem Punkte verloren zu gehen, man rechnete in Frankreich, dass das Kaiserthum sich nicht über ein Jahr halten könne. Noch konnte man glauben, dass Burgos, Valladolid, Soria unzufrieden mit Toledo, das auf Avila als Versammlungsort der Procuratoren bestand, sich vereinigen und somit nicht gemeinschaftliche Sache mit den anderen machen würden, als Ein Ereigniss ganz unerwartet alle Unzufriedenen zusammenführte. Die königliche Artillerie lag in der reichen Stadt Medina del Campo, welche damals den Mittelpunkt des spanisch-indischen und portugiesisch-indischen Verkehres bildete und dessen drei Märkte die grossen Abrechnungszeiten des internationalen Verkehrs von Westeuropa bildeten. Zwei Monate lang betrieb der Consejo von den Medinesen die Auslieferung der Kanonen; diese aber hatten so wenig Lust dazu, dass sie dieselben von ihren Lafetten herunternahmen. Als aber nun die aufständischen Städte ihr Heer gegen den Alcalde Ronquillo zusammenzogen, erhielt Don Antonio de Fonseca, Bruder des Don Alonso, Bischofs von Burgos, als Generalcapitan den Auftrag, das Heer des Alcalden zu verstärken, nach Medina zu ziehen und sich dort die Artillerie zu holen. Er zog auch wirklich dahin, allein die Stadt leistete ihm Widerstand **), es kam am 21. August zum Strassengefechte, zum Brande der Stadt, die Flammen ergriffen das Franciscanerkloster, in welchem die Kaufmannswaaren für die nächstfolgende

---

*) Ebensowenig erhielt der Gobernador seine Bezüge und sollte er doch überall helfen. Bergenroth p. 230.

**) Der städtische Adel und ein nicht unbedeutender Theil der Einwohner waren für das Begehren Fonseca's.

Messe niedergelegt waren, sie wurden ein Raub der Flammen, ohne dass die Einwohner von der Vertheidigung ihrer Stadt abgelassen hätten, Fonseca erlangte die Artillerie nicht, er musste sich zurückziehen, man berechnete den durch das Feuer angerichteten Schaden auf 500000 Dukaten.*) Die Regierung hatte nicht blos eine Niederlage erlitten, alle Städte einigten sich gegen den „Mordbrenner" Fonseca. Der Unmuth über sein Verfahren war so gross, der Heldenmuth der neuen Numantiner ward so sehr gepriesen, dass der Consejo keinen andern Ausweg sah, als Fonseca zu opfern. Als die Nachricht von dem Brande Medina's nach Valladolid kam, entstand schon in der Nacht ein Aufstand. Sogleich flüchtete sich ein Theil des Consejo, das Aergste für sich fürchtend, und begann derselbe hiemit seine negative Thätigkeit, welche den Aufstand so sehr schürte. Da die Einwohner auf das bestimmteste die Entfernung Fonseca's vom Commando verlangten, ja selbst die Entlassung des königlichen Heeres, der Consejo, um sich zu retten, einstimmig sich für beide Massregeln erklärte, so blieb dem Gobernador nichts anderes übrig, als zuletzt dem verhängnissvollen Beschlusse beizutreten. Er befahl nun im Namen des Königs, dass das Heer sich auflöse, um wenigstens die Form zu retten und Fonseca zu schonen, schrieb er dem Alcalden von Arevalo, er möge heimlich mit den Capitanen reden, dass sie selbst ihre Compagnien auflösten, und glaubte so wenigstens in Betreff des königlichen Generalcapitans das Mögliche gethan zu haben.**) Sehr geschickt benützte nachher die Junta das Unglück von Medina, um die Berechtigung des Aufstandes der Comuneros daraus abzuleiten. Sie zog daraus den grössten Vortheil, die Krone zunächst den Nachtheil, dass Medina — nach Sevilla der grösste Handelsplatz — seitdem seine Blüthe verlor, nicht nur ein ungeheueres Capital an Waarenvorräthen zu Grunde ging, sondern auch der Handel selbst stockte und

---

*) Die Junta in ihrem Schreiben an K. Karl vom 20. October auf mehr als 2 Millionen Ducaten. Das Feuer habe 450 der besten Häuser verzehrt. Jedenfalls war der Schaden, den diese grosse Kaufmannstadt erlitt, einer der empfindlichsten, die Spanien betrafen.

**) Der Cardinal entschuldigt sich später sehr ausführlich über die ihm gemachten Vorwürfe, weil er diese Massregeln ergriffen. 16. Januar 1521.

sich nach neuen Bahnen umsah. Man muss sagen, dass eigentlich seit dem 23. August die königliche Regierung aufhörte. Der Generalcapitan war flüchtig und sein Heer aufgelöst, somit das Königreich ohne königlichen Generalcapitan und der König in Castillien ohne Heer. Fonseca auf der Flucht nach Portugal, von wo er sich nach Flandern begab; der Alcalde Ronquillo hatte ebenso alle Ursachen, sich zu flüchten. Der Consejo eingeschüchtert und zerstreut, der Cardinalgobernador bereit, um den Völkern den Vorwand gegen das fremdländische Guberniren zu benehmen, bereit, seine Entlassung zu nehmen, die er auch von dem Kaiser forderte, die vollständigste Desorganisation der königlichen Regierung. Das war es, was der Junta den Sieg bereitete. Griff sie in diesem Augenblicke zu, so gehörte Castillien ihr. Die factische Basis war ihr durch das Unglück von Medina gegeben; die rechtliche konnte sie gewinnen, wenn es ihr gelang, die Königin dahin zu bringen, wenn auch nur scheinbar, die Regierung in ihre Hand zu nehmen, zu unterschreiben, was ihr die Procuratoren der Junta vorlegten, geschweige wenn sie dann das Königthum ihres eigenen Sohnes nicht für rechtmässig anerkannte! Es gab jetzt nur mehr Eine Armee in Castillien, die der Junta, vor Allem Toledo's; man musste darauf hinarbeiten, dass es auch nur Eine Regierung gebe! Eine Regierung der Junta vertrug sich aber nicht mit der Existenz des königlichen Rathes und des Gobernadors, welche beide von K. Karl ernannt worden waren. Eine Entfernung der königlichen Regierung durch die Junta war und blieb aber offene Empörung; durch die Königin war die Absetzung der Regierung ein Act des Rechtes. Nebeneinander konnten beide nicht bestehen. Darüber durfte man sich keine Illusionen machen. Wie man aber aus diesem Dilemma kam, konnte Niemand sagen und ob, wenn dann die Junta den Knoten durchhauen und die königliche Regierung mit Gewalt beseitigen wollte, die Sache statt besser zu werden, nicht eher schlimmer sich gestalten würde, musste sich eben zeigen. Damals war es, dass man Fonseca den Plan zuschrieb, die Königin aus Tordesillas wegbringen zu wollen, was zum Anlass wurde, sich ihrer Person vollständig zu bemächtigen, eine That, die von selbst zur tödtlichen Feindschaft mit Karl V führte. Bereits bildete sich ein eigener Schauplatz des Aufstandes aus. Der Duero, von den vier Flüssen, welche das castillianische Königreich vom Osten nach dem Westen durchziehen (Duero, Tajo, Quadiana, Quadalquivir) der nördlichste, schied die Aufständischen in 2 Hälften.

Auf dem rechten Ufer lagen abgesehen von Burgos und Leon, Palencia, Valladolid und Rioseco, die Tierra de Campos, Torre de Lobaton, Simancas, das wichtige Tordesillas mit seiner Brücke über den Duero; flussabwärts gegen die portugiesische Grenze erst Toro, dann Zamora, landeinwärts vom letzteren Villalpando, von welchem der Weg nach Leon über Benevente führt. Die Hauptmacht der Aufständischen, solange Valladolid Sitz der königlichen Regierung war, die Granden sich im Besitze ihrer Schlösser in der Tierra de Campos erhielten und Tordesillas von den Königlichen behauptet wurde, lag somit auf dem linken Ufer des Duero, theils an den Ausläufern der Sierra, die das Duerothal von dem des Tajo scheiden, theils auf der anderen Seite der Sierra, wo Toledo am rechten Ufer des Tajo in uneinnehmbarer Lage Heerd des Aufstandes geworden war, zwischen Toledo und Segovia Madrid liegt, beinahe eben so südlich wie Toledo — Cuenca und östlich von Madrid Quadalajara.

Von den Nordabhängen, welche das Tajothal von dem Duero trennen, liegt Madrid zunächst Avila, von Avila auf dem Wege nach Tordesillas Medina del Campo und von diesem westlich — beinahe in gerader Linie südlich von Zamora, Salamanca, am weitesten östlich Segovia, das der Schlüssel zu den Städten im Tajothale ist. Der eigentliche Mittelpunkt der Städte im Duerobecken war Medina del Campo, zwischen Avila und Tordesillas, Salamanca und Coca. Der Verlust von Medina del Campo für die Königlichen und die Nichteroberung von Segovia waren daher in militärischer Beziehung von fast entscheidender Wichtigkeit. Nicht blos, dass dadurch der Aufstand in Südcastillien, im Tajothale ungestört seinen Fortgang nehmen konnte; noch mehr, die Comuneros im Süden drangen nun offensiv gegen das Duerothal vor und nahmen sie auch noch Tordesillas, so war nicht bloss die Verbindung mit Valladolid für sie eröffnet, sondern sie vermochten auch nach Belieben den Schauplatz des Kampfes auf das rechte Dueroufer in die Tierra de Campos zu verlegen und über Villagarcia, Villabraxima, Tordelumos nach Medina de Rioseco oder nach

Villalpando vorzudringen, um sich sei es mit Burgos sei es mit
Leon in Verbindung zu setzen.

Erst wenn man dieses in das Auge fasst, kann man sich
die ganze Bedeutung des Verlustes von Medina del Campo
und des missglückten Zuges nach Segovia vorstellen.

Auf die Nachricht von dem Unglücke zu Medina del
Campo einigten sich die Capitane der Armee der Junta, Juan
de Padilla, Juan Bravo und Juan Zapata mit ihren Contingenten
nach Medina zu ziehen.*) Allein es geschah nur langsam,
theils um die Ländereien Fonseca's zu vermeiden, theils weil
die Armee selbst nichts weniger als organisirt war. Es fehlte
ihr namentlich an Cavallerie (Lanzen). Am 23. August stand
Padilla mit den Seinigen noch in Martin Munnoz de las Posadas,
während am 24. in Folge der schlechten Massregeln der Königlichen und durch das Betreiben der Einwohner, ja selbst von
Personen aus der nächsten Nähe der Königin Tordesillas seine
Thore der Junta öffnete.

Bei dem entschlossenen Willen der Einwohner war es
für den Marques von Denia kein Geheimniss, was vorgehen
würde. Entfernte er nicht den Schleier, welcher bisher absichtlich
vor den Augen der Königin gezogen worden war, so thaten
es Andere. Er theilte jetzt der Königin den ihr bisher verheim-
lichten Tod ihres Vaters mit und was seit 1516 geschehen war.
Die Scene war entsetzlich, als die Königin ihn der sorgsam
gepflegten Lüge zieh, der Marques sie eingestehen musste
und nun die Königin wie aus einem Schlafe erwachte, ohne
sich Rechenschaft zu geben, was ärger war der Schlaf oder
das Erwachen. Wenn, wie es scheint, der Bericht, welchen
Bergenroth in den Mai 1520 versetzt, in diese Tage zu setzen
ist, so versuchte der Marques durch neue Lügen die unglückliche
Fürstin zu beruhigen. Allein das Verhängniss war schon da.
Am 24. August befanden sich die Mutter und die Schwester
Kaiser Karls in den Händen der aufrührerischen Junta, der
Marques von Denia und seine Gattin waren nicht viel weniger
als Gefangene. Aber auch die Königin war es. Sie befand
sich in der Gewalt der aufrührerischen Unterthanen, die aber

---

*) Schreiben vom 23. August aus Martin Munnoz de las Posadas. Re-
gistr. von Simancas.

gekommen waren, „zu verhindern, dass Fonseca sich ihrer nicht bemächtige, nicht sie wider ihren Willen wegführe, nicht ihr die Infantin entreisse". Durch diese Hebel und die Bezeugung tiefer Ehrerbietung hoffte man die Königin zu ködern; es handle sich ja nur um ihre Befreiung aus den Händen von Fremden und schnöder Tyrannei. Sogleich erklärten die 3 Capitane in Medina del Campo,*) sie würden nach Tordesillas zur Befreiung der Königin aufbrechen, während gerade in diesen Tagen der Corregidor von Plasencia dem Gobernador meldete, es sei zu befürchten, Fonseca würde sich nach Plasencia werfen, was den Ruin der Stadt zur Folge haben könnte.**) Ein weiteres Document aus Tordesillas vom 29. August***) meldet den Einzug Padillas, Bravos und Zapatas, den die Königin mit angesehen habe, worauf der grosse Caballero die Fürstin versicherte, er sei zu ihrer Befreiung gekommen, während sie nur die Herren wechselte. Die königliche Artillerie war in den Händen der Junta. Noch hatte sich Valladolid im Ganzen als obediente erwiesen†); wenn auch die Häuser Fonseca's und Anderer geplündert worden waren, hatte der Einfluss des Grafen von Benevente, des Bischofs von Osmo und des Gobernadors die Stadt von kräftigem Auftreten zurückgehalten. Am 29. August erfolgte ein inniger Anschluss Valladolids an die Junta. Nicht nur wurde der Marsch der Capitane nach Tordesillas gebilligt, damit der Aufenthalt der Königin nicht ohne ihren Willen geändert werde††). Binnen 2 Tagen würden mit den Procuratoren von Burgos und Soria auch die von Valladolid zur Junta nach Avila abgehen. Die Stadt stellte zum Heer derselben 1000 Mann und gab ihren Procuratoren, die nun mit den übrigen nach Avila zogen, eine Instruction in 108 Capiteln mit. Es handelte sich darum, Castillien eine neue Verfassung zu geben. Sieben Räthe des Consejo waren in diesen Tagen aus Valladolid entflohen, der Gobernador ohne Macht, Geld und Ansehen, meldete am 31. August dem Kaiser

---

*) Nach dem Schreiben der Junta zu Avila an Valladolid vom 28. Aug. Register.

**) Reg. vom 28. Aug.

***) Reg.

†) Schreiben des Gobernador vom 31. Aug.

††) Schreiben der Stadt Valladolid an die Junta vom 29. Aug.

die für sein Königthum entsetzlichen Umänderungen. Das
Schreiben enthält das merkwürdige Geständniss, dass man
sich jetzt auf die Granden stützen müsse; fast an demselben
Tage berichtet der englische Gesandte in Brüssel an seinen Herrn,
der Aufstand sei heimlich unterstützt von dem Marques von
Villena, dem Herzoge von Infantazgo *), dem Grafen Doronia (?)

Wenn die Granden die Sache in ihre Hand nahmen,
gaben sie ihr auch die Wendung, die ihnen beliebte; sie waren
von der Regentschaft ausgeschlossen worden, ihnen hatte man
einen Fremden vorgezogen; nur in der äussersten Noth und
nachdem er auf Drängen der Einwohner von Valladolid Ronquillo
mit den Truppen zurückgerufen, rieth der Cardinal sich an
die Granden zu wenden. Das ganze Interesse wandte sich
Tordesillas zu. Am 1. September machte die Junta bekannt **),
die Königin habe erklärt, die Junta sei gut und ihr lieb, wenn
sie komme. Am 2. nahm sie Juan de Padilla auf und erklärte,
sie sei zufrieden, dass er Capitan general del regno sei. Aber
hiebei blieb es denn auch im Ganzen. Als die Königin neue
Gesichter sah und nicht mehr die alten Räthe ihres Vaters,
der eine unbedingte Herrschaft über sie gewonnen hatten, wurde
sie scheu; sie schien auf die Wünsche der Junta einzugehen,
wenn man die ihr unlieben Frauen entferne. Dies geschah
sogleich und die Sache blieb doch beim Alten. Man suchte
ihre Eifersucht gegen ihren Sohn rege zu machen, weil er
sich König nenne; allein sie gab mit der in manchen Stadien
des Verrücktseins eigenen Klugheit so gescheidte Antworten,
dass auch diese Absicht fehl schlug. Man weckte sie dann
in der Nacht auf, um sie durch Ueberraschung zur Unterschrift
zu bringen; auch dieses Mittel schlug fehl. Gewaltmassregeln
anzuwenden musste man denn doch scheuen, so lange nur die

---

*) Infantado? dessen Güter Juan de Padilla bei dem Durchmarsche
sorgfältig schonte. Sandoval VI, §. 23. Der Cardinal rühmt im
Schreiben vom 14. Sept. den Grafen von Benavente, die Herzoge
von Albuquerque und Infantazgo, den Marques von Villena. Eine
Aufforderung der Junta an den Herzog von Albuquerque, gemeinsame Sache zu machen (!) findet sich im Reg. 1. Oct. 1520.

**) Bergenroth n. 54. Jetzt spiegelten die Capitäne der Junta ihr vor,
was ihnen dienlich war, Fonseca wollte sie entführen, die Infantin
von ihr trennen. Schreiben des Gobernadors vom 4. Sept.

mindeste Hoffnung vorhanden war, die Königin zur Unterschrift zu vermögen. Das Verfahren der Junta gegen sie fand selbst unter den bisherigen Leitern der Bewegung grosse Missbilligung. Don Pedro Giron erklärte sich (schon am 12. September*) dagegen, fand aber für nothwendig zum Schutze der eigenen Person Truppen um sich zu sammeln.

Man konnte übrigens sehr bald eine gewisse Eifersucht zwischen den Personen beobachten, welche jetzt an der Spitze der Städte waren, und denen, die als Mitglieder der Junta das Ganze dirigirten.

Je mehr die Bewegung zunahm, desto mehr wollten die ursprünglichen Leiter derselben mit den Massregeln der Junta in unmittelbarer Berührung bleiben; die Procuratoren mussten sich sehr bald entschuldigen, dass sie nicht immer die Beschlüsse mittheilen könnten; sie würden mit Majorität der Stimmen gefasst und schon im August wurde den Toledanern sehr unzweideutig gesagt, wenn sie kein Vertrauen zu ihnen hätten, so möchten sie ihre Massregeln ergreifen, nicht aber sie selbst in Verwirrung versetzen. Die Junta riss die Regierung vollständig an sich**) und strebte sich von den Städten, die ihre Procuratoren zur Junta gesandt hatten, möglichst unabhängig zu machen.

Sie hatte schon Anfang September ihr Programm in Betreff einer neuen Verfassung Castilliens fertig.***) Der Entwurf einer früheren aus Martin Munnoz de las Posadas, wo auch von einer Vertretung der Labradores die Rede war, wurde beseitigt; die Städte, nicht das Land traten in den Vordergrund. Von einer allgemeinen Gleichheit der Castillianer, von welcher in Avila die Rede gewesen, wurde jetzt Umgang genommen. Der König müsse zurückkommen und heirathen und zwar nach ihrem Wunsche (eine Infantin von Portugal), die Königin ihren anständigen Hofhalt haben, Ausländer sollten weder Aemter noch Pfründen erlangen, noch in die Guarden aufgenommen werden; die seit dem Tode Isabellens Angestellten sollten entfernt, den Granden königliche Einkünfte

---

*) Bergenroth Suppl. p. 209.
**) Carta de Yorge de Herrera. Reg. Sept. 1520.
***) Die Junta wollte am 13. Sept. ihren Sitz von Avila nach Tordesilla verlegen (Bergenroth, p. 224), ging aber zuerst nach Medina.

nicht gewährt, den (einheimischen) Gobernadoren grössere Vollmachten zugewendet, der Missbrauch der Verpflegung des königlichen Hofes auf seinen Reisen beschränkt, ebenso die Alcabala und andere Steuern auf das Mass zur Zeit der katholischen Königin reducirt, das Servicio abgeschafft, in die Cortes aus jeder Stadt ein Geistlicher, ein Adeliger, ein Dritter vom Volke berufen werden, die ganz frei berathen und beschliessen, die sich alle 3 Jahre versammelten und zu ihren Berathungen des königlichen Präsidenten nicht bedürften, Geld solle aus dem Reiche nicht ausgeführt, Gold- und Silbermünzen wie das französische Geld geprägt werden, um der Ausfuhr des reinen spanischen Goldes zu steuern. Heerden, Häute, Getreide sollten nicht ausgeführt, die königlichen Räthe nicht nach Gunst oder für Geld gewählt werden und es sollten diese alle 4 Jahre Rechenschaft über ihre Amtsführung ablegen, einer am königlichen Hofe nicht 2 Aemter bekleiden, das Amt der Corregidoren geregelt, diese vom Staate besoldet werden. Niemand solle wider seinen Willen Ablassbullen annehmen müssen, das dafür gewonnene Geld aber aufbewahrt werden. Andere Punkte bezogen sich auf Indien, auf die Güter eines Angeklagten. Am Eingreifendsten lautete das Programm in Betreff der Granden. Die seit dem Tode der Königin Isabella gewährten Gnadenbezeugungen sollten zurückgenommen, ebenso die Privilegien des Adels, inwieferne sie schädlich sind, alle abgesetzt werden, welche Aemter gekauft hatten und mit dem Tode bestraft werden, die sie verwalteten. Die Prälaten sollten Residenz nehmen, das päpstliche Breve abgeschafft werden, das die Geistlichen der königlichen Gerichtsbarkeit unterwerfe, die Regidoren der Städte dürften von den Granden keine Bezahlung annehmen. Was seit dem Tode Isabellens der Krone entfremdet worden, müsse zurückgegeben werden und dürfe künftig nichts mehr entfremdet werden. Die sogenannten Juros müssten von den königlichen Einkünften erhoben werden, den Granden müssten alle Befehlshaberstellen von Schlössern entrissen, ihre Städte, Dörfer in Betreff der Steuern mit den königlichen gleichgestellt werden.*)

Man konnte nicht läugnen, dass das Programm viele vor-

---

*) P. Mart. p. 686.

treffliche Grundzüge enthalte, neben Vielem, dessen Zweck-
mässigkeit problematisch war, neben einer Feindseligkeit
gegen die Granden, die ihnen nur die Wahl liess, das, was sie
das Ihrige nannten, zu verlieren, oder einen Kampf auf Leben
und Tod mit den Comuneros zu bestehen. Wenn die Granden
anfänglich gedacht hatten, sich der Revolution gegen den König
zu bedienen, so waren sie jetzt dahin gebracht worden, dass,
wenn sie nicht ganz blind waren, sie in den Comuneros seit
Anfang September ihre grössten Feinde erblicken mussten und
zum Kampf auf Leben und Tod gedrungen waren.

Und Spaniens Zukunft? Siegten die Comuneros, so musste
sich erst zeigen, ob die in den Städten herrschende Demokratie
bei dem Programme der Junta stehen bleiben, ob nicht eine
volle Anarchie entstehen werde. Siegten die Granden, so
mochten sie glauben, dass sie die Herren seien; wahrscheinlicher
aber war, dass die königliche Autorität den Nutzen davon
tragen, der Absolutismus, nicht aber die Oligarchie siegen
werde. Mit dem Absolutismus aber, wie mit den Granden
siegte auch — die Inquisition.

Während man in Tordesillas die rathlose, körperlich und
geistig hinfällige Königin dadurch zu gewinnen suchte, dass
man ihr sagte, man wolle verhindern, dass ihr nicht ihre
Niña, die Infantin weggenommen würde und dieser wieder
versprach, sie nach Portugal zu verheirathen, wurde bekannt
gemacht, wie sehr der Marques von Denia die Königin tyrannisirt
habe, wie man alle Aerzte berufen wolle der Königin Heilung
zu verschaffen; man brauchte aber kein Arzt zu sein, um sich
zu überzeugen, welche Qual Doña Juana für sich, für ihre
Umgebung war.*) Dem Don Diego Enriquez, Grafen von Alba
de Liste, dem Don Diego de Toledo, Prior von S. Juan und
dem Don Pedro Enriquez wurde befohlen, binnen 3 Tagen
Zamora zu verlassen und den daselbst angerichteten Schaden
zu vergüten. Es handelte sich darum dem gewaltthätigen Bischof

---

*) Da die Königin nicht unterschrieb, wurde über Alles, was sie sagte,
ein Notariatsinstrument aufgesetzt, um in dieser Form authentische
Erklärungen zu erhalten. Namentlich wirkte die Lüge, dass Fonseca sie entführen wolle, auf ihren Geist ein, so dass man sie, wenn
man damit kam, fast zu Allem bringen konnte. (Schreiben des Gobernador vom 14. Sept. 1520.) Und doch unterschrieb sie nicht.

von Zamora Don Antonio de Acuña Luft zu machen, mit welchen
eine neue und unberechenbare Persönlichkeit auf den Schauplatz
trat. Das war wieder eine Sache für sich, dass 400 Cleriker in
Harnisch auftraten, ein geistliches Heer unter einem Bischof in's
Feld rückte, der bald mit seinen Predigten den Aufruhr schürte,
bald die königlichen Truppen in wüthenden Angriffen zerstreute,
und den Frayles, den Franciscanern und Dominikanern mit
seinem Beispiele die Zungen löste, gegen die schlimmen Thaten
der königlichen Regierung zu predigen. Allein während der
Aufstand an dem Bischof einen Verbündeten erlangte, der
sein eigenes Ziel verfolgte, lieber der Erste als der Zweite
war, schieden sich die Städte Andalusiens von der Bewegung
aus. Granada schrieb bereits am 31. August an Sevilla; Cordova,
Jaen*) und andere Städte, sie möchten dem Beispiele Castilliens
nicht folgen, Granada würde nicht zustimmen, wenn etwas gegen
die Ruhe oder den Frieden des Königreiches unternommen
werde. Es war die Vorbereitung zur nachfolgenden Verbindung
der andalusischen Städte untereinander. Das Beispiel wirkte.
Die Studenten auf der Universität zu Alcala parteiten sich.
Wer nicht für den Aufstand war, schaarte sich um „die Anda-
lusier"; die Parteiungen in Castillien fanden ihr Echo in den
täglichen Kämpfen der Studenten in den Strassen von Alcala.
Gelang es jetzt, auch Burgos von einer zu engen Verbindung
mit den castillianischen Städten abzuhalten, und dazu gab die
Eifersucht zwischen Burgos und Toledo eine gute Handhabe,
so war der Aufstand localisirt. Er zog sich am Duero hin
und der Hauptheerd, Toledo, war durch seine südliche Lage
am Tajo ausserhalb des eigentlichen Schauplatzes der Bewegung.
Dass es aber so bald dazu kommen werde, war vorderhand
wenig Aussicht vorhanden. Die Junta verfügte über 7000 Mann
von Toledo, Madrid, Segovia, Salamanca, Avila, Toro. Als der
Condestable den Auszug von 2000 Burgesen zur Armee der

---

*) Nach dem Schreiben des Gobernadors vom 10. Sept. hatte sich
Jaen bereits empört. Andalusien schien nachzufolgen. Die feste
Haltung von Sevilla, Cordova und Granada verhinderte jedoch, dass
der Aufstand in Andalusien um sich griff. (Schreiben v. 23. Sept.)
Granada erliess selbst am 13. Sept. ein neues Circular an alle Städte
und Villen des Königreiches, dem Beispiele Castilliens. nicht zu
folgen. Registr.

Junta verhindern wollte, musste er Burgos verlassen. Die Junta belegte die königlichen Einkünfte mit Beschlag und verfügte über dieselben, so dass nur mehr die des Gross-meisterthums der 3 Ritterorden Karl gehörten, und jetzt erinnerten sich die Granden, dass auch sie einmal dieses besessen hatten. Blickte man aber auf das Innere der Bewegung, so traten freilich die Keime des Zerwürfnisses früh hervor, aber auch nach Aussen schien es, als habe die königliche Sache einen ganz zerschmetternden Schlag erlitten. Versammelten sich die Cortes in Tordesillas, wie die Junta Anfang September es beabsichtigte, so war Karl, so lange seine Mutter lebte, und sie starb erst 3 Jahre vor ihm (1555), vom Throne ausge-schlossen; er galt als derjenige, welcher seine Mutter unrecht-mässig eingesperrt hatte, als ein Usurpator, als unnatürlicher Sohn. Der Marques von Denia sagte ihm geradezu, nur seine mangelhaften Vorkehrungen — Karls V — seien Ursache gewesen, dass Tordesillas in die Hände der Aufständischen gefallen war.*) Unter diesen ausserordentlichen und unend-lich schwierigen Verhältnissen, als die Granden sich fort-während zurückhielten und es selbst im Interesse Karls sehr zweifelhaft war, ob sie zur activen Theilnahme herbei-gezogen werden sollten, beruhte Alles auf dem Cardinalgober-nador. Obwohl aller Macht beraubt und so von Allem ent-blösst, dass er den Courier nicht bezahlen konnte, welchen er an den Kaiser abschicken wollte, bildete er das natürliche Gegengewicht gegen den Bischof von Zamora, welcher Präsident der Junta geworden war. Auf ihn richteten die Ordensgene-rale der Dominikaner und Franciscaner ihr Augenmerk und dämpften den patriotischen Eifer ihrer Untergebenen. Obwohl Fremder, als Gobernador nicht anerkannt, und in seinen Hand-lungen an Zapata und den Secretär Quintana angewiesen. mehr Gefangener als frei, imponirte er durch die Heiligkeit seines Lebens, durch die hohe kirchliche Würde, die er be-kleidete, auch den Widerstrebenden und nahm er so keinen Antheil an dem Hasse, der den Consejo traf. Er stand mit dem Beichtvater der Königin, welcher sie nicht verliess, in unmittelbarer Beziehung, er erfuhr, was in Tordesillas vorging.

---

*) Bergenroth p. 237.

als der Marques von Denia nicht mehr dort verweilte, und berichtete darüber an den Kaiser. Er war, als der Consejo sich zerstreut hatte, die einzige legitime Autorität für die königlich Gesinnten, der einzige rechtmässige Repräsentant des Königs, bei der Königin wohl gelitten, so dass die Junta gegen ihn nicht aufkommen konnte. Wenn noch so viele Fäden rissen, so hielt er wenigstens die übrigen in seiner Hand und Jedermann, der in aufgeregten Zeiten gelebt und gewirkt hat, weiss, wie hoch ein Mann zu schätzen ist, der nicht rechts nicht links blickt, nur seine Pflicht kennt und damit, ohne es selbst zu wissen, Tausenden, die auf ihn blicken, zur Richtschnur wird. Wenn die neueren spanischen Geschichtsschreiber sich in Bezug auf die Wirksamkeit des Cardinalgobernadors des Ausdrucks bedienen, er sei der Niemand gewesen, so beweisen seine zahlreichen Depeschen an K. Karl, die ihnen unbekannt geblieben, das Gegentheil; der vertrauteste von den Agenten K. Karls, Lope Hurtado spricht von ihm in ganz anderer Weise als die modernen Geschichtschreiber und ihre Nachbeter; wir aber fühlen uns nach möglichst genauer Kenntniss der Verhältnisse zu dem Ausspruche bewogen, dass, was in der schlimmsten Zeit zusammengehalten werden konnte, er zusammenhielt, nur einer Persönlichkeit, die so selbstlos, so ganz und gar kein anderes Interesse hatte als die Sache, die sie vertrat, es möglich war, die verschiedenartigsten persönlichen Interessen zum Dienste des Königs zu vereinigen, ohne ihn und seine beispiellose Aufopferung das Königthum Karls und dann nicht blos dieses allein verloren war.

Die Junta ging nun voran. Sie befahl alle Diejenigen aufzuzeichnen, welche seit Ferdinands Tode Aemter gekauft hatten, Juan de Padilla zwang die Rentmeister der 3 Grossmeisterthümer, die Einkünfte derselben an die Junta abzuliefern.*) Diese selbst verlangte Rechenschaft über die Verwendung von 5,600.000 Dukaten, über die Gelder, welche seit K. Ferdinands Tode erhoben worden waren. Es mischten sich gerechte Massregeln mit denen der grössten Willkür. Valladolid, Burgos, Soria, Toro bestanden noch darauf, dass die königlichen Decrete im Namen Karls und Juana's erlassen

---

*) Brewer III, 1, n. 971.

würden, Toledo, Madrid, Segovia wollten den Namen Karls bereits entfernt wissen.*)

Der Plan der Junta, die ganze königliche Regierung an sich zu reissen, trat immer klarer hervor. Sie gedachte auch die Königin - aus Tordesillas hinwegzubringen, stiess aber in Bezug auf diesen Plan in dem Augenblicke auf Widerstand, als die Städte sich beeilten (1. September) ihre Procuratoren nach Avila zu senden. Valladolid schrieb bereits am 2. September den Capitanen der Städteheere, dass sie es nicht passend fände, die Königin von Tordesillas wegzubringen. Madrid aber benachrichtigte die Junta mit Freude, dass die Stadt den Alcazar inne habe und die königlichen Renten sequestrire (4. September). Die Junta durfte sich beeilen, ihre Massregeln durchzuführen, denn ein Courier des Grafen von Benavente, der aufgefangen worden, brachte bereits die Aufforderung an die Granden, sich gleichfalls zu vereinigen und ein Heer der Granden zu bilden. (7. September.) Am 9. September aber erfolgte die Ernennung der 3 Gobernadoren und die kaiserliche Erklärung in Betreff der dem Königreiche gemachten Zugeständnisse! Den Tag, nachdem dies in Brüssel geschehen, wurden von Avila aus schon dem Generalcapitan Juan de Padilla Vorwürfe gemacht, dass er den Marques von Denia und die Marquesa noch nicht aus Tordesillas entfernt, wodurch die Königin, wie man hoffte, ganz in die Hände der Junta gebracht und zur Unterzeichnung der Decrete, die man ihr vorlegte, gezwungen werden konnte. In der nächsten Zeit muss der Condestable Burgos verlassen,**) die Junta verlegt ihren Sitz von Avila nach Tordesillas***), um in der Residenz der Königin zu amtiren und diese in ihrer Gewalt zu haben; ehe sie es aber that, verlangte sie von Valladolid, die Stadt solle vom Cardinal und dem Consejo begehren, ihre Aemter, die sie von dem Könige hatten, nicht auszuüben. †) Hierauf kam jetzt Alles an. Beseitigte die Junta den Consejo, erkannte sie den Governador nur noch als Cardinal, nicht mehr aber

---

*) Vor dem 23. Sept. 1520. Bergenroth p. 240.
**) 9. Sept.
***) Dort wurde sie schon am 13. Sept. erwartet, sie kam aber erst am 19. Sept.
†) Noch aus Medina del Campo, nachdem sie Avila verlassen.

als königlichen Regenten an, so war, ganz abgesehen von dem, was in Tordesillas mit der Königin vorging und was Don Pedro Giron als Caballero sehr tadelnswerth fand, der Bruch mit dem Könige vollendet. Die Comuneros waren Hochverräther und ihr Leben war, wenn der König, für welchen bis zum 12. September Niemand eine Lanze erhoben*), die Gewalt wieder erlangte, verloren.

Man wusste sehr genau, dass man ein hohes Spiel spiele, daher auch der Gedanke, vor Allem Valladolid in den offenen Aufstand hineinzuziehen. Die Junta hatte nach allen Seiten ihre Agenten ausgesandt; wir treffen einen Commissär für Burgos, S. Domingo, Najera, Segovia**) so gut wie an anderen Orten. Wie man gleich anfangs in Toledo sich der Processionen und der Mönche (Frayles) bediente, so geschah es auch jetzt in Valladolid. Man sandte den Bruder Alonso von Medina dahin, das Volk aufzuregen und den beabsichtigten Hauptschlag vorzubereiten. Am 18. September***) — an demselben Tage, an welchem der Herzog von Najera und der Condestable das aufgestandene Najera wieder bezwingen, kann Fray Alonso bereits der Junta melden, dass 2 Mitglieder des Consejo, welche in Valladolid seien, sich zur Junta begeben wollten, ihre Verfügungen entgegen zu nehmen. Auf dieses glaubte man schon einen weiteren Schritt thun zu können und nachdem die Procuratoren von Leon, Salamanca und Segovia (Fray Pablo, der Comendador Almares, der Licenciat Alonso Diaz) noch am 18. September von Tordesillas aus um Verhaltungsbefehle sich an die Junta gewendet, verweisen sie, trotzdem, dass sich die Infantin an Valladolid gewendet (19. September), den Hüter der Königin, den Marques von Denia und die Marquesa aus Tordesillas. Das Geheimniss des königlichen Hauses lag damit offen da. Der Marques begab sich am 20. September nach Valladolid, wohin aber in diesen Tagen auch Lope Hurtado de Mendoza mit der königlichen Ernennung der 3 Gobernadoren eintraf. An demselben Tage, an welchem die definitive Aufforderung an den Marques statt fand, Tordesillas zu verlassen, 19. Sep-

---

*) Schreiben des Cardinals an den Kaiser. Papeles.
**) Schreiben vom 25. Sept. Pap.
***) So scheint es. Pap.

tember rückte die ganze Junta mit Don Pedro Laso de la Vega
in Tordesillas ein und gesellte sich zu dem Schimpfe, welcher
dem Könige durch die Entfernung des Marques zugefügt worden
war, zu dem noch grösseren, dass Mutter und Schwester in
die Hände der Aufrührer gefallen, auch noch der systematische
Feldzug der Junta gegen die arme unglückliche Frau. Und
das ist unbedingt der grösste Frevel gewesen, dessen sich die
Junta schuldig machte. Alles wurde jetzt aufgeboten, die
Königin zur Unterschrift zu vermögen, nicht blos um die königliche Regierung zu beseitigen, sondern das Doppelkönigthum
Juannas und Karls durch das der Königin selbst beseitigt.
Der Gobernador hatte bereits der Königin Warnungen zukommen
lassen. Sie möge nicht glauben, dass Fonseca sie habe entführen, ihr ihre Niña, die Infantin, habe nehmen wollen; sie
möge nicht unterschreiben. Der Beichtvater der Königin be-
stärkte sie nur darin, und so war Mine gegen Mine gelegt.
Jetzt wurden die Processe gegen Fonseca, Gutierre Guijada,
den Alcalden Ronquillo aufgenommen, ganz im Sinne der Medi-
neser, welche strenge Bestrafung der Mitglieder des Consejo
und aller jener verlangten, die den Feldzug gegen Segovia-
Medina verursacht. Bereits hatte Fray Alonso in Valladolid
den Boden vorbereitet.*) Nachdem der Infant von Granada,
damals Generalcapitan von Valladolid und königlich gesinnt,
die Schreiben empfangen, die der Bruder überbracht, so berief
er die Depudados (jurados), Procuradores, Menores und Qua-
drilleros zusammen und wurde dann in Gegenwart Don Pedro
Girons „der heilige Vorsatz" der Junta vorgetragen, die Mitglieder
des Consejo gefangen zu setzen; es solle ihnen zwar nicht an
das Leben gehen, aber ihr Vermögen verwirkt sein. Consejo
und Junta könnten neben einander nicht bestehen, ohne dass
das Königreich zu Grunde gehe. Der Mönch verlangte augen-
blickliche Entscheidung, da er diese nach Tordesillas zu bringen
habe. Dort hatte man am 21. beschlossen, den Consejo zu
suspendiren, aber, wie dieses die 3 Procuratoren von Burgos
an demselben Tage dieser Stadt meldeten, unter Widerspruch
von Burgos,**) der Hauptstadt Altcastilliens. Aber auch in

---

*) Sandovals Darstellung VI §. 27 stimmt hier nicht vollständig mit
   dem Briefe des Gobernadors und den Briefen von Simancas überein.
**) Reg. vom 21. Sept.

Valladolid fand die Junta nicht das Entgegenkommen, welches sie erwartete. Der Mönch erhielt die ausweichende Antwort, die Junta möge selbst die königlichen Räthe gefangen nehmen. Nun nannte der Mönch den Licenciado Zapata, den Dr. Tello, den Dr. Beltran, die Licenciaten Aguirre, Gualla, Guevara, Santjago, Acuña, den Dr. Cabrero und andere. Natürlich hatten die Räthe, sobald sie dies erfuhren, zum grössten Theil nichts anderes zu thun, als entweder aus der Stadt zu eilen oder sich zu verbergen.*) Aber auch den Officialen des Consejo galt die ausgesprochene Sentenz. Jeder Deputado der Stadt sollte 4 gefangen nehmen. In Tordesillas muss man geglaubt haben, die Mitglieder des Consejo würden nachgiebiger sein, da Jorge de Herera, Saravia und Vera von da nach Valladolid geschrieben (21. Sept.), man möge jenen Sicherheitsbriefe geben, um nach Tordesillas zu kommen, aber nur als suspendirt und nicht als Obrigkeiten. Zugleich ward der Caballero von Salamanca Francesco de Anaya**) nach Valladolid gesandt, der den Räthen und dem Cardinal die Intimation brachte, ihren Aemtern zu entsagen, aber mit der vollsten Bestimmtheit zurückgewiesen wurde. Die Junta liess sich dadurch nicht irre machen. Sie erklärte, auf keinen Fall dürften die Mitglieder des Consejo ihr Amt ausüben, bis nicht der Grad ihrer Schuld und Strafe sich herausgestellt. Sie verlangte am 22. Sept. die Originalacten des Processes Ronquillos gegen Segovia, verlangte von Valladolid Unterstützung für den Capitan Castillo, welcher die Officialen des königlichen Rechnungsamtes nach Tordesillas bringen sollte, da am Sitze der Königin alle Aemter sein sollten. Sie musste aber an dem 23. September Valladolid und wohl auch anderen Städten bekannt geben, dass der Condestable die Würde eines Gobernadors angenommen, sich eine Junta der Granden bilde.***) Man bedurfte der Eile. Am 23. September rückten 200 Lanzen in Valladolid ein und nun verbreitete sich das Gerücht, es gelte dem königlichen Rathe.

---

*) P. Martyr ep. n. 691.

**) Anaysa im Briefe des Cardinals vom 23. Sept. Der Cardinal erwähnt, Alonso de Medina sei am 21. Sept. angekommen, das scheint aber ein Irrthum zu sein.

***) Die Junta wusste dieses seit dem 21. Sept. Bergenroth, p. 237.

Allein der Hauptschlag erfolgte in Tordesillas selbst. Am 21. September zogen die Procuratoren der Stadt Burgos, Leon, Toledo, Salamanca, Avila, Segovia, Toro, Madrid, Valladolid, Cuenca, Soria und Quadalajara unter Anführung Pedro's von Cartagena und des Don Pedro Laso de la Vega y Guzman nach dem Palaste der Königin, ihr die Hand zu küssen, sie aufzufordern Muth zu fassen und sie zu bitten, die Zügel der Regierung in ihre Hand zu nehmen. Der Dr. Zuniga, Bürger von Salamanca, hielt die Anrede, worauf angeblich die Königin mit einer langen Gegenrede antwortete, die damit schloss, die Junta möge 4 Männer auswählen, mit welchen sich die Königin benehmen solle.

Damit war denn doch der Sturm abgeschlagen, das Hauptziel, auf welches man hingearbeitet, nicht erreicht. So sehr man sich nachher bemühte den Misserfolg zu bedecken, so war er doch eingetreten. Es war weder gelungen den Namen des Königs bei den Erlässen zu löschen, noch die Königin zur Uebernahme der Regierung zu bewegen. Man musste vorangehen und sehen, wie man sonst zum Ziele gelange. Am 24. Sept. erhielten alle Städte die Aufforderung, treue Einnehmer der königlichen Renten zu bestellen, womit der königliche Schatzmeister Vargas beseitigt ward. Valladolid aber sollte das königliche Siegel und die Rechnungsbücher übersenden; es war der äusserste Schritt, der geschehen konnte, die volle Usurpation der königlichen Gewalt, zugleich das beste Mittel die Massen durch den Missbrauch des königlichen Namens zu bethören.

Ein grosses Verbrüderungsfest, alianza y hermandad, aller Städte wurde jetzt (25. Sept.) in Tordesillas begangen. Auch dies war eine Täuschung, denn man wusste sehr genau, dass in Sevilla ein Versuch des Don Juan de Figueroa, Bruder des Grafen von Arcos, am 15. Sept. einen Aufstand zu erregen, gescheitert war und Figueroa, der die Gefängnisse der Inquisition erbrochen hatte*), am 17. in das Gefängniss des Erzbischofs gebracht worden war, dass Granada und Cordova, überhaupt Andalusien mit dem Aufstande von Castillien nichts zu thun haben wollten.

---

*) Brewer III, 1, n. 971.

Am 25. Sept. wurde Valladolid ersucht, es möge den
Capitanen Glauben schenken in Bezug auf das, was sie eröffnen
würden. Dann erfolgte ein allgemeiner Befehl der Junta,
Processionen anzustellen, um von Gott die Gesundheit der
Königin zu erflehen. Sie machte die Gründe bekannt, warum
sie ihren Sitz nach Tordesillas verlegt, um im königlichen
Palaste zu tagen und für die Wiederherstellung der Gesundheit
der Königin Sorge zu tragen. Ebendeshalb seien die berühm-
testen Aerzte nach Tordesillas berufen und die Beseitigung
des Marques und der Marquesa erfolgt, weil diese sich zu
wenig um die Königin gekümmert. Endlich erfolgte die Erklärung, die Mitglieder des Consejo seien abgesetzt und man
habe sich nur mehr an die Junta zu wenden. Der Consejo
habe nicht aufgehört die Natur des Teufels nachzuahmen; zur
Ausführung seiner teuflischen Vorsätze würden Truppen ange-
worben, und müsste die Junta den Consejo für so lange suspendiren, bis Ihre Majestäten einen neuen Rath und neue
Gobernadoren einsetzen würden.

Damals muss nun die Scene vorgefallen sein, welche der
königliche Rath Peter Martyr von Angleria beschreibt. Nachdem
wiederholt die Stadt Valladolid aufgefordert worden, den Capitanen der Junta Vorschub zu leisten, rückten am 28. Sept.*)
Juan de Padilla, Juan Bravo, Suarez del Aquilar, Zapata mit
300 Lanzen und 400 Mann zu Fuss in Valladolid vor. Nun
forderte der Bruder Alonso den Cardinal auf, sich auf sein Amt
als Grossinquisitor zurückzuziehen, aber Namen und Amt eines
Gobernadors niederzulegen. Die Mitglieder des Consejo er-
widerten, sie wichen nur der Gewalt. Der Gobernador erklärte,
er sei weder unehrbar noch unfähig zu diesem Amte, vom
Kaiser dazu berufen und werde sein Amt nicht niederlegen.
So blieb denn der Junta nur übrig voranzugehen, das königliche
Siegel und die Libros de contadura, sowie einzelne Mitglieder
des Consejo nach Tordesillas zu schleppen. Juan de Padilla
übernahm es diese Mission auf sich zu nehmen. Dafür ver-
kündigte der Mönch Alonso de Medina (am 28. September)
den Quadrillenen von Valladolid in der Kirche der Stadt die
neue Regierung, welche die königliche ersetzen sollte: Padilla

---

*) Schreiben des Cardinals vom 1. Oct.

Generalcapitan der heiligen Junta; Castagnedo Siegelbewahrer, Lic. Ximenes Vorstand der Kanzlei (registrorum), Rodriguez Rica und Christof Suarez oberste Verwalter (custodes) der königlichen Einkünfte. Dann nachdem dies geschehen war, kamen die 4 Hauptleute der Armee der Junta mit dem Mönche zum Cardinal die Junta zu entschuldigen, dass diese selbst 2 Bischöfe nicht angenommen habe*), die der Cardinal, um Unterhandlungen anzuknüpfen, nach Tordesillas gesandt hatte. Der Cardinal, welcher die Ueberzeugung nährte, dass die schlechte Regierung der Jahre 1517—20 die Verwirrung veranlasst, machte dem Mönche Vorwürfe über sein aufrührerisches Benehmen, erbot sich aber zur weiteren Vermittlung.

Wohl konnte die Junta jetzt den Befehl zur Verhaftung des Präsidenten und der Mitglieder des Consejo erneuern, unter Todesstrafe befehlen, dass alle Officialen de contadores mayores nach Tordesillas gingen, binnen 30 Tagen Alle, welche Aemter gekauft, dieses anzeigen sollten. Die Alcalden und Alguacilen del la Corte gehorchten. Die Doctoren Beltran, Palaciorubios, Cabrero und Tello wurden weggeschleppt (30. September).**) Man verübelte es dem Juan de Padilla nachher sehr, dass er bei dieser Gelegenheit nicht das wichtige Simancas genommen und dadurch die freie Verbindung zwischen Tordesillas und Valladolid hergestellt habe.

Es handelte sich noch um andere Dinge. Was in Valladolid vorgefallen, namentlich die Wegschleppung des königlichen Siegels und der Rechnungsbücher fand gar nicht ungetheilten Beifall. Die Mitglieder der Junta hatten ihre Vollmachten überschritten und suchten nun nachträglich eine Erweiterung derselben zu erlangen. Einige Städte gewährten, andere verweigerten diese. In Toledo, wo es nicht lauter Anhänger Padillas gab — der eigene Vater und der Bruder Don Juan's stellten sich auf die Gegenseite — machte sich die Unzufriedenheit mit dem Benehmen Don Juan's sehr unzweideutig

---

*) Erst war der Comendador Hinestrera nach Avila, dann die Bischöfe von Lugo und Oviedo nach Tordesillas geschickt worden, der Eine wie die Anderen vergeblich.

**) K. Karl erwähnt in seinem Schreiben an Toledo (Apendice zu Alcocer, p. 160), sie seien in Simancas freigelassen, die entflohenen aber bei Todesstrafe aufgefordert worden, sich zu stellen.

bemerkbar. Die vecindados de Burgos schrieben am 27. September an die Stadt Valladolid, dass sie mit dem Verfahren der Junta nicht übereinstimmten *), dass sie wohl dafür seien, dass Boten an den Kaiser abgeschickt würden, um eine Beseitigung der Beschwerden zu erlangen. In den offenen Aufruhr sich durch die Junta drängen zu lassen, hatte man denn doch keine Lust. Wir besitzen noch ein Schreiben aus Burgos an das einheimische Contingent; die Stadt verlangt, dass das Heer sich nicht weiter als 2—3 Stunden entferne, alle Briefe auffange; die Junta wolle nicht die Freiheit der Völker, sondern ihre eigene Tyrannei. Die Symptome der Zwietracht machten sich bemerklich.**)

Aber auch der Feldhauptmann der Junta hatte seine Stellung nicht verbessert. Der Consejo war zersprengt, aber nicht vernichtet. Nach dem Berichte Peter's von Angleria hatten sich nur die jüngeren Mitglieder wegschleppen lassen, Padilla aber, den das Volk dieser Heldenthat wegen mit Hannibal verglich, sie unterwegs freigelassen, was freilich nur bedingt anzunehmen ist. Da sich der Consejo um den neuen Governador in Briviesca sammelte, Burgos und Toledo mit dieser Wendung der Dinge unzufrieden waren, Valladolid die Beihilfe nicht gewährt hatte, die Massregeln gegen die Königin und die Infantin, der man auch ihre Gespielinen fortnahm, nur durch ein Gewebe von Unwahrheiten vor dem Ausbruche des Unwillens geschützt werden konnten, der Aufruhr aber ganz offen hervortrat, während schon Klagen über unregelmässige Zahlung der Truppen Padillas und ihre Ausschweifungen einliefen, so hatte der September 1520 wohl die Junta in ihrer wahren Gestalt gezeigt, aber auch Spanien den Wehen eines unausbleiblichen Bürgerkrieges überliefert und die Granden, die den Aufstand geschürt hatten, allmälich dahin gebracht, den Abgrund zu erkennen, an dessen Rande sie standen. Am wenigsten aber hatte Padilla sich als Herr der Lage gezeigt, den einen Theil des Consejo gab er frei, den anderen (die älteren) liess er entrinnen. Die Wegschleppung des Siegels erbitterte alle königlich Gesinnten; es war kein Wunder, wenn der Boden unter ihm wankte.

---

*) Der Kaiser stützt sich in seinem Schreiben an Toledo auf den Protest der Stadt Burgos gegen das Vorgehen der Junta.

**) Maldonado p. 161.

Die Revolution hatte Zeit gehabt sich auszubreiten. Wohl zählte man unter der Junta Mitglieder der angesehensten Familien des Landes, die Führer der städtischen Contingente waren alle vom Adel. Juan de Padilla, Maldonado, vor Allem Don Pedro Giron, bald nachher mit Uebergehung Padillas und Don Pero Laso's Generalcapitän der Truppen der heiligen Junta. Aber in den Städten selbst brachte die Revolution sehr rohe und ungeschlachte Gesellen, Handwerker an die Spitze. Von einer Betheiligung der Bauern (labradores) wie in nächster Zeit in Deutschland ist keine Spur zu finden, nur der Kern des Heeres der Junta scheint aus Bauern bestanden zu haben und eben deshalb so wenig feldtüchtig gewesen zu sein. In der Junta selbst, bei den Städten hatte der Bauer keine Stimme. Je mehr sich aber der Sieg der Bürger, der Handwerker kund that, desto mehr trat auch die Ueberzeugung bei diesen hervor, dass man des Adels entrathen könne. Die Meinung, die Granden hätten ihre Zeit verpasst, sie hätten wegen ihres Privatinteresses und um ihr Besitzthum zu vermehren, geschehen lassen, dass im Königreiche Dinge gegen alle Gerechtigkeit und·Vernunft statt fanden, machte sich mehr und mehr geltend. Man fühlte heraus, dass eine Vereinigung von Granden gefährlich werden könne; an der heiligen Junta sei es, das Königreich zu regieren.

Eben daher das Ausschreiben an Valladolid und alle anderen Städte über die Seltenheit der Münze und die Nothwendigkeit getreue Einnehmer der königlichen Einkünfte zu ernennen, mit diesen die Cruzada und Redempcion zu bezahlen. Die Hauptsache aber schien, herauszubringen, wer Aemter gekauft habe. Bei Todesstrafe, hiess es jetzt, sollten binnen 30 Tagen Anzeigen erstattet werden. Eine Bureaukratie der Junta verdrängte, seit man sich des königlichen Siegels und der Rechenbücher bemächtigt, die königliche. Realistas wurde ein Parteiname.*) Es gab Mitglieder des neuen Consejo real, andere waren über die Finanzen gesetzt, in den Städten neue Corregidoren ernannt, es wurde an den Papst und die Könige geschrieben und somit das Ansehen des Kaisers auch bei diesen

---

*) Sieh die Documente bei Gamero im Anhang zu Alcocer, namentlich das Schreiben Karls an Toledo.

untergraben, Prediger in die spanischen Städte gechickt, um diese in fortwährender Aufregung zu erhalten. Wie sich in Deutschland der Clerus massenhaft von Rom abwandte und Dr. Martin Luther folgte, wandte sich der spanische der Junta zu. Der Aufstand der Comunidades schien für Spanien zu werden, was der grosse Abfall der Geistlichen von Rom, dem die Laien im deutschen Reiche nachfolgten, für Deutschland wurde.

Es war nicht ohne System, was jetzt in's Werk gesetzt wurde; im Gegentheile man war planmässig vorangegangen. Es war aber eine colossale Selbsttäuschung, anzunehmen, man könne auf diese so gewaltsame Weise Recht und Ordnung im Reiche wieder herstellen; dass es nur einer Deputation an den Kaiser bedürfe, um die Sanction des Geschehenen von einem Fürsten zu erhalten, der durch die Gefangennehmung seiner Mutter und Schwester vor den Augen von ganz Europa auf das Tiefste beleidigt worden war und jeden Augenblick befürchten musste, es gelinge den Aufständischen durch ihr fortgesetztes System von Bedrängungen die unkluge Fürstin zu einem Schritte zu vermögen, welcher für sie und für ihn verhängnissvoll werden musste.

Bereits war für den Gobernador-Cardinal der Moment gekommen, dass er selbst nicht mehr in Valladolid zu bleiben*) vermochte, um nicht durch sein blosses Verweilen den Schein auf sich zu laden, das zu billigen was geschah. Als er aber begleitet von dem päpstlichen Nuntius und dem Gesandten des Königs Don Manuel von Portugal aus Valladolid abziehen wollte, konnte er bemerken, dass die heilige Junta die Bedeutung seiner Person sehr wohl zu schätzen wusste. Wir wissen, dass die Junta am 30. Sept. den Cardinal bitten liess, er möge Valladolid nicht verlassen.**) Als er es dennoch zu thun versuchte, fand er am 1. October das Thor verschlossen, die Strasse füllte sich mit Bewaffneten. Es war das Werk Don Pedro Girons und Don Juan de Padillas, welche nun den Gobernador von Leon, Castillien, Navarra und Andalusien mit sehr eindringlichen Worten vor der Brücke ersuchten, sich statt

---

*) Man wusste seit dem 21. Sept. in Valladolid, dass der Kaiser 3 Regenten ernannt hatte, nach dem Schreiben des Marques von Denia seit dem 22. Sept. Bergenroth, p. 232.

**) Reg.

aus Valladolid wieder in seine Behausung zurückzubegeben,*) welche das getreue Volk von Valladolid aus Ehrerbietung gegen seine geheiligte Person — nicht geplündert hatte. Er war Gefangener Don Pedro Girons und Don Juan de Padillas. Ich habe nicht Geld, nicht Waffen, nicht Leute, nicht Macht zu widerstehen oder mir Gehorsam zu verschaffen,**) schrieb er schon 20 Tage vorher an den Kaiser. Niemand erhebt auch nur eine Lanze für den königlichen Dienst und da Karl seine Vollmachten so sehr beschränkt hatte, nicht blos Wochen, Monate lang die Antworten des Kaisers auf seine Berichte ausblieben, könne er auch, ehe nicht ein Bescheid erfolge, nichts thun.***) Wäre die Regierung den Gesetzen des Königreiches conform gewesen, setzt er hinzu, man würde nicht in diese Gefahr gekommen sein! Seit dem 8. September konnte sich der Condestable von Castillien in Burgos nicht mehr halten. Er musste froh sein, als er mit den Seinigen nach Briviesca abziehen konnte. Dort traf ihn dann die Ernennung zum Gobernador; er mochte sehen, wie er wieder nach Burgos zurückkehren konnte. Die Güter des Doctor Zumel, des eifrigen Verfechters der Rechte Castilliens bei den Cortes von Valladolid, waren auf Befehl der Junta schon Anfang September confiscirt worden, als er sich der revolutionären Bewegung nicht anschloss. Es war ein unmittelbarer Eingriff in die Familienrechte K. Karls, den Obersthofmeister seiner Mutter und Schwester zu entfernen. Vergeblich protestirte die Infantin mit einer Einsicht weit über ihre Jahre. Der Marques musste sich entfernen und ging über Valladolid nach Lerma. Die vierzehnjährige Infantin sah ihre Mutter in einen Belagerungszustand versetzt, des Schutzes bedürftig stand sie selbst schutzlos da.

---

*) Dedit se medium Don Petrus Giron populo gratum. P. Mart. ep. 691. Auch Padilla war damals noch in der Stadt und bei dieser Scene, wie der Cardinal ausdrücklich im Schreiben vom 17. Oct. sagt.

**) Dennoch war er gegen die Absendung von 3000 deutschen Truppen nach Spanien, während Pedro de Velasco (1. Oct. 1520. Reg.) diese begehrte.

***) Niemand borgte dem k. Schatzmeister Vargas Geld oder wollte ihm Wechsel auf Barcelona oder Valencia ausstellen. (Schreiben vom 23. Sept.)

Soweit war der Junta Alles gelungen, was sie wollte. Die Königin gefangen und durch Juan de Padilla, der nun als Capitangeneral hervortritt*), in absichtlicher Täuschung gehalten, durch die Procuratoren der Junta fortwährend bedrängt, so dass man ihren Tod befürchtete. Der Condestable aus Burgos getrieben, der Cardinal-Gobernador entsetzt, in Valladolid zurückgehalten in ehrenvoller Gefangenschaft. Der Consejo aufgelöst und zum Theile gefangen. Die königlichen Renten mit Beschlag belegt, eine neue Regierung eingesetzt, ein neues Heer geschaffen, die Correspondenz der königlich Gesinnten, selbst des Gobernadors mit dem Kaiser unterbrochen und aufgefangen, kurz der vollständige Sieg der Revolution. Allein die Sache hatte ihre Nebenseite. Die Entfernung des Marques **) verletzte alle spanische Sitte, die ein fremdes Hineindrängen in Familienangelegenheiten nicht gestattet. Das Benehmen des Juan de Padilla bei Wegführung des königlichen Rathes, wobei er das wichtige Simancas nicht den Königlichen entriss, noch mehr das Verfahren des Juan Castillo bei Wegnahme des königlichen Siegels erschienen selbst in Toledo der Partei, welche Reform aber nicht Abfall vom Könige wollte, als offener Hochverrath,***) als Abfall von den Grundsätzen, welche man der Missregierung gegenüber geltend gemacht hatte. Nicht die ausländische Tyrannei war mehr zu bekämpfen; die einheimische war an ihre Stelle getreten und die Tuchmacher, Schwertfeger und Fleischer, welche jetzt an der Spitze der Städte standen, die Caballeros verdrängten, waren jedenfalls auch für die Freunde der Revolution eine sehr unangenehme Zugabe geworden, deren man sich aber nicht mehr zu entledigen vermochte.

Jetzt handelte es sich um ein entschiedenes geschlossenes Vorgehen, nicht bloss darum Capitel zusammenzustellen, wie

---

*) Reg. v. 22. Sept..

**) Valladolid wandte sich am 18. Sept. an die Junta und bat, den Marques auf die Bitte der Infantin hin nicht zu vertreiben. Reg. Jorge de Herrera e Vera e Saravia setzte der Stadt auseinander, es sei geschehen, weil Denia sich mit Fonseca habe verbinden wollen, und entschuldigt zugleich auch das sonstige Verfahren der Junta. Reg. s. d.

***) Ortiz a. 59. Notoria tragicion.

geschehen war, oder Mitglieder des Rathes wegzuschleppen, wie Juan de Padilla gethan hatte*). Das scheint denn nun vor Allem Don Pedro Giron eingesehen zu haben. Er war es, welcher die Hälfte der tüchtigen Veteranen, die aus den Gelves zurückkamen, bewog, auf die Seite der Junta zu treten, wodurch er sich den Weg zum Generalcapitanat bereitete. Auf eine falsche Nachricht hin**) glaubte die Junta selbst, der Cardinal werde nach Tordesillas gehen und unterhandelte mit ihm, unter welchen Bedingungen sie ihn in Tordesillas aufnehmen werde. Allein Adrian zögerte nicht, das Missverständniss zu beseitigen und zu erklären, er werde nie zu den Rebellen sondern nur zum Kaiser gehen. Jetzt übernahm es Don Pedro Giron den Gobernador zu bewegen, auf die Vorschläge der Junta einzugehen, die allein den Weg zum Einverständnisse (concordia) in sich schlossen, der Cardinal wies auch ihn zurück. Offenbar war Giron bestrebt, von dem alten Valladolid aus sowohl Burgos als Toledo gegenüber die Leitung der Dinge in seine Hand zu nehmen. Nun wollte aber Burgos nichts von der Wegschleppung der Senatoren noch von der Beseitigung K. Karls wissen***) und machte der Junta Vorwürfe. Die Stadt schrieb Anfang October an den Cardinal und erklärte, ihre Procuratoren hätten bei den vorgekommenen Scandalen ohne Auftrag gehandelt†). Toledo war gleichfalls unzufrieden und Juan de Padilla hatte durch den Gewaltstreich eigentlich nur sich compromittirt. Er musste die gefangenen Räthe freigeben ††); nur der Dr. Tello blieb in schwerer Haft.†††) In Toledo wankte sein Einfluss, er musste daran denken, wenigstens Toledo

---

*) P. Mart. ep. 691. V. non. Oct.

**) P. Mart. ep. 693. X. cal. Nov. hac electione (von Seiten der Junta) Toletum turbatum est. Suum voluisset Padillam. Es war damals das Gerücht verbreitet, man wolle die Königin nach Toledo führen, weshalb Valladolid begehrte, man solle sie eher nach dieser Stadt bringen.

***) El entrometerse en las atribuciones del principe. Schreiben an Salamanca vom 8. Oct. Reg.

†) Reg. Vgl. auch Maldonado p. 165.

††) P. Mart. p. 384.

†††) Schreiben des Cardinals vom 28. März 1521 und weitläufige Erzählung über alle Vorgänge mit dem Consejo in dem Schreiben K. Karls an Toledo bei Gamero S. 165.

wieder für sich zu gewinnen, sonst war er verloren und die Sache, welche er vertrat, durch ihn zu Grunde gerichtet. In Bezug auf Giron aber war es bezeichnend, dass er der extremen Richtung eines Padilla und seiner Gemahlin gegenüber das Wort der Eintracht und Verständigung ausgesprochen hatte. Es war nicht auf den Boden gefallen und schloss sich in nächster Zeit der kriegerische Bischof von Zamora an Padilla an, so sieht man dagegen Don Pedro Laso an dem Principe der Einigung festhalten, das seiner Seits auch der Almirante von Castillien vertritt.

Uebrigens gab es in der That, um einen Aufstand durch-zuführen, keine gelegenere Zeit als den Herbst 1520. Die Könige von England und Frankreich standen im besten Einvernehmen. K. Franz grollte dem Kaiser auf das Heftigste und beschwerte sich über ihn, dass er sein Anerbieten einer Zusammenkunft zurückgewiesen, den Vertrag von Noyon nicht gehalten, ihm Navarra nicht zurückgegeben. Der Kaiser selbst, von Chièvres geleitet, schien keine besondere Achtung zu verdienen.*) Der Aufstand der Comunidades zog allmälig die Aufmerksamkeit des Auslandes, Frankreichs, der Türkei und Venedigs auf sich.**) Er war gross genug, um K. Karl zu hindern einen Römerzug anzutreten; der König, welcher auf dem Punkte stand, sein Heimathland zu verlieren, musste Italien seinem Gegner K. Franz überlassen.***) Schon im October 1520 schöpfte des Kaisers Botschafter in England Verdacht, der französische König beabsichtige einen Einbruch in Navarra.†)

Kaum zeigte sich später je wieder ein günstigerer Moment für die hl. Junta ihre Pläne gegen den König durchzusetzen! — Vergeblich rief Karl des Königes von England Vermittlung zur Beseitigung des spanischen Aufstandes an; er musste sich mit dem — unausführbaren — Gedanken befreunden, nach Spanien zurückzukehren und da dieses ein für alle Male jetzt nicht stattfinden konnte, zum Systeme von Concessionen greifen, wobei

---

*) Relazione di Francia di Antonio Giustiniano Sept. 1520.
**) Calendar of State papers etc. Venice. Vol. III. Ed. by R. Brown p. 88—89.
***) l. c. p. 129.
†) l. c. p. 91. Im November landete Fonseca in Hampton und begab sich dann nach den Niederlanden zu dem Kaiser.

die Frage war, ob dasselbe noch den Sturm beschwichtigen könne. Statt der Abberufung des Cardinalgobernadors erfolgte die Verstärkung der Regentschaft durch den Condestable, welcher endlich die Stellung erlangte, nach der er sich so sehr gesehnt, und den Almirante, der mehr als jeder Andere den Wünschen der Comuneros zugethan war. So wenig hiedurch zunächst eine wirkliche Verstärkung der königlichen Partei eintrat, da nicht einmal eine Vereinigung der drei Gobernadoren möglich war, so war doch so viel sicher, dass der König-Kaiser keine Lust besass, dem Aufstande weitere Concessionen zu machen.

Man kann damals Don Pedro Laso als denjenigen bezeichnen, welcher mehr als jeder Andere das Ansehen besass, der Junta in diesem Augenblicke eine entscheidende Wendung zu geben. Ehe noch die Frage zu einer Lösung gekommen war, ob die Gobernadoren an einem und demselben Orte ihre Regierung antreten könnten, begab sich D o n P e d r o G i r o n, vermeintlicher Erbe. der Ansprüche des Hauses de la Cerda auf den Thron Castilliens*), nun um jede Aussicht gebracht, Herzog von Medina-Sidonia zu werden, nach Tordesillas, verlangte eine ausserordentliche Sitzung der Junta und trug sich nun den santissimos padres, wie Maldonado ihm die Worte in den Mund legt, als militärischer Führer an. Der Grande wurde Generalcapitan der Junta und diese Ernennung am 11. October den verbündeten Städten mitgetheilt. Sie war von entscheidender Wirkung. Man konnte dadurch hoffen, der demokratischen Richtung im Schoosse der Junta, der Beseitigung der Granden durch die Kleinen zu steuern, der Junta ein Heer zu verschaffen, das nicht das Interesse Toledos oder eines der Städteanführer vertrat, sondern das des Königreiches, in wie ferne eben dieses selbst durch die Junta und den Aufstand vertreten war. Wollte man mit dem Kaiser auf Grund vorzulegender Beschwerden unterhandeln, so übten diese ungleich grösseren Nachdruck, wenn sie durch ein Heer unterstützt wurden, dessen Hauptanführer mit den angesehensten Familien des Reiches verwandt war. Nirgends wurde aber die eingetretene Wendung, die Emancipation der Junta von Toledo und den

---

*) Dass derartige Gedanken ihm nicht ganz ferne standen, geht aus dem Schreiben des Cardinals vom 13. November 1520 hervor.

dort herrschenden Einflüssen stärker empfunden als hier in dem eigentlichen Heerde des Aufstandes. Don Pedro Laso verlor nicht bloss seine Popularität, man dachte bereits daran, sein Haus in Toledo niederzureissen.*) Am 13. erhielt Don Juan de Padilla den Auftrag nach Toledo zurückzukehren; es war offenbar die Antwort auf die Ernennung Don Pedro Girons. Er reiste mit der Post ab und war kaum in Toledo angekommen, als er auch schon den Ayuntamiento der Stadt zu ernster Berathung versammelte. Das Contingent Toledos schwenkte ab, dasselbe thaten die Contingente von Zamora, Quadalajara, Soria, selbst die Artillerie, welche aus Medina del Campo geholt worden war, blieb nicht im Felde. Hingegen traf jetzt Juan de Padilla Anstalten, sich in den Besitz der Güter des Grossmeisterthums von San Jago zu setzten,**) selbst dieses zu erlangen, somit der Krone einer ihrer letzten Quellen von Macht und Ansehen zu entreissen und vorderhand ein Grossmeister-thum dem Adel wieder zu verschaffen, dem K. Ferdinand drei entrissen hatte. Ehe er sich aber aufmachte, um sich des Grossmeisterthums mit Gewalt zu bemächtigen, was Anfang Novembers geschah, machte der Grosskanzler K. Karls die Vertrauten der Regierung mit der Thatsache bekannt, dass von Toledo aus ein Einfall der Franzosen in Navarra betrieben werde.***) Dadurch klärt sich das Geheimniss des Abzuges Don Juans von den Ufern des Duero zu denen des Tajo!

Schon vorher haben wir der eigenthümlichen Stellung von Burgos gedacht, das zwar den Condestable zum Abzuge gezwungen hatte, aber keineswegs Lust empfand sich unter die Oberherrschaft Toledos oder der Junta zu stellen. Die reichen Einwohner, welche heimlich auf Seite Velascos standen, der selbst grosse Geldsummen verwandte, um seine Rückkehr zu ermöglichen, bildeten eine sehr geschlossene Opposition gegen die Junta von Tordesillas. Von ihnen empfing der Befehlshaber des Contingentes von Burgos, Diego Valdivioso, den Auftrag, mit seinen 2000 Mann vor Allem für die Sicherheit

---

*) Schreiben des Cardinals vom 17. und 21. Oct.
**) Apoderarse el Maestrazgo de S. Jago. Schreiben des Card. l. c.
***) Opus epist. p. 695.

von Burgos zu sorgen. Er sollte sich eben deshalb mit seinen Truppen nicht weiter als 2—3 Stunden von Burgos entfernen, alle Strassen, die nach Tordesillas führen, besetzen und verwahren, keinen Courier passiren lassen, ohne seine Briefschaften zu durchsehen und von diesen nur jene in die Hände der Junta gelangen lassen, die der Junta ungünstig seien.*) Es war die Absicht der in Burgos nach dem Abzuge des Condestable herrschenden Partei, dem niederen Volke begreiflich zu machen, dass die Junta nicht die Freiheit Spaniens beabsichtige, sondern über ganz Spanien ihre Tyrannei ausbreiten wolle.

Wenn später der Almirante der Junta begreiflich machte, sie vertrete nicht Spanien, habe kein Recht im Namen Castilliens zu sprechen und zu unterhandeln, da Guipuscoa, Biscaya, Alava, Galizien, Andalusien, Granada, Cordova, Sevilla von der Junta nichts wissen wollten, so konnte man schon früher sagen, die Junta vertrete nicht einmal Castillien, nachdem die Toledaner ihren Generalcapitän zurückzogen und Burgos selbst schon vor dem 1. November, der Rückkehr des Condestable, eine nahezu feindliche Stellung gegen sie beobachtete. Wie konnte man aber unter solchen Verhältnissen die Hoffnung auf einen Sieg der Junta setzen? Nur bei den grössten Fehlern ihrer Gegner war das möglich.

Eine grosse Krise in der Entwicklung des Aufstandes der Comunidades war eingetreten, welche dadurch nicht aufgehellt wird, dass Pedro Mejia sagt, er wisse nicht, aus welchen Gründen Don Juan abgezogen sei. Thatsache war, dass der n e u e Generalcapitan sein Amt ohne Geld, ohne hinreichende Truppen, ohne Artillerie antrat und die Junta um so mehr sich berufen fühlte, die königlichen Einkünfte zu sperren, ihre Beamten an die Stelle der königlichen zu setzen und mit Hilfe der nach Tordesillas gebrachten Rechnungsbücher die Verwaltung des Königreiches in ihre Hände zu bringen. Sie bedrängte fortwährend die Königin, that, als repräsentire sie das ganze Reich, während ihr Ansehen südlich nicht weiter reichte, als zu den Bergen, die die Dueroebene vom Gebiete des Tajo trennen. Die Ausscheidung Toledos von dem gemeinsamen Gange der Begebenheiten für die Monate October, November, December wurde

---

*) Sino las que vituperasen la tirannia de la Junta. Maldonado p. 165.

Höfler: Der Aufstand der castillianischen Städte.　　　8

verhängnissvoll für die Junta. Don Juan konnte sich der wohl-
verwahrten Schlösser des Maestrazgo de S. Jago nicht bemächtigen; aber er entzog im Momente des Kampfes dem
Generalcapitan die so nothwendige Unterstützung der Contingente, die ihm nachgefolgt waren, und half so eine Katastrophe
befördern, die nicht bloss für die Personen, sondern der Sache
selbst verderblich wurde, welche die Junta als ihr Programm
aufgestellt hatte, die Besserung der politischen Zustände
Spaniens.

Und da hat man sich und Anderen eingeredet, die Krankheit
der D⁴ Maria de Pacheco sei Ursache gewesen, dass Don Juan
Heer und Alles verliess, um als zärtlicher Gatte der Kranken
eigenhändig Arznei zu reichen!

Je mehr aber durch die Veränderung im Generalcapitanat
das Ansehen des Adels zunahm, die Aussicht, durch den Aufstand
die Macht der Granden zu stürzen, schwand und die Wahrscheinlichkeit stieg, es werde, statt zu einer Vernichtung der
Granden zuletzt mittels derselben zu einem Ausgleiche kommen,
wurde durch den Abzug des Toledaners das Misstrauen und
der Widerwillen der Städte rege gemacht. Es war eine ganz
unbegreifliche Thatsache, vor welcher denn auch die spanischen
Geschichtschreiber dastehen, ohne den Schlüssel zur Lösung
des Räthsels finden zu können.

Die Sache erklärt sich aber denn doch. Nicht ohne
Grund hebt Hernan Ortiz hervor, wie wenig vereinzelt die
Gefangennehmung der königlichen Räthe dastand. Ganz abgesehen von der Wirkung, welche diese Massregel hervorrief
und welche man sich wohl anders versprochen hatte, sollten
und mussten andere ihr noch nachfolgen, wie das denn auch geschah. Als Endziel galt aber nicht blos die Ernennung neuer Gobernadoren, sondern auch vor Allem die Aufstellung eines Heeres,
das unabhängig von den Städtecontingenten nur unter der Junta
stand, wie diess Hernan Ortiz ausdrücklich hervorhebt. Die
Leiter der heiligen Junta fühlten sehr wohl, wie nothwendig
es sei, die Regierung Spaniens in ihre Hand zu legen und
dass diess nur möglich sei, wenn man sich von den Städten
und deren Interessen wie Leitern möglichste Freiheit verschaffe.
Dadurch erklärt sich das freiwillige Anerbieten Don Pedro
Girons und der Abzug Don Juan's de Padilla nach Toledo,

wo er eine Partei zu bekämpfen hatte, die der Silva's, welche fortwährend der Gebieterin der Stadt, Doña Maria de Pacheco Verlegenheiten zu bereiten gewillt war. Besass aber die Junta ein nur von ihr abhängiges Heer, so konnte sie damit auch den Propositionen mehr Nachdruck geben, welche sie damals an K. Karl zu richten beschloss und gerade in diesen Tagen zur Ausfertigung brachte.

Es wäre nun sehr zu wünschen, dass wir über zwei Thatsachen nähere Aufschlüsse besässen, um zu wissen, in welche Zeit wir sie einreihen sollten. Die eine bezieht sich auf die Unterhandlungen der Junta mit dem Könige Manuel von Portugal, nicht bloss um diesen von jeder Unterstützung der königlichen Sache durch Geld, Salpeter und Pulverlieferungen an die Gobernadoren abzuhalten, sondern auch um ihn zur unmittelbaren Betheiligung am Kriege gegen K. Karl zu vermögen, ja ihn selbst einzuladen, die Krone Spaniens aus ihren Händen anzunehmen. Der gelehrte Biograph des Königs, Manuel Hieronymus Osorio Bischof von Silva in Algarbe, spricht von diesem Plane der Comuneros in Ausdrücken,*) welche keinen Zweifel aufkommen lassen, dass derartige Anträge an den König gestellt und von ihm (1520) abgewiesen worden waren.**) Aber gerade das, was für uns von grösster Wichtigkeit wäre, zu erfahren, ob diese Unterhandlungen geführt wurden, als Don Pedro Giron Generalcapitan der Junta geworden war, oder erst gegen Ende des Jahres, als durch die Verwerfung der Propositionen derselben von Seite K. Karls und die Wiedereinnahme von Tordesillas durch die Königlichen die Angelegenheiten der Junta eine so üble Wendung genommen hatten, Don Pedro Giron das Generalcapitanat wieder aufgab, ist nach dem gegenwärtigen Stande unserer Quellen nicht festzusetzen. Es genügt daher, die Thatsache, dass im Hintergrunde der Machinationen der Junta eine Thronveränderung lag, berührt zu haben, ohne dass man sich auf etwas Näheres darüber einlassen könnte.

---

*) p. 344, 345.
**) Es ist sehr wahrscheinlich, dass die Verbindung der Comuneros und vor Allem der Toledaner mit Frankreich nicht früher statt fand, als nachdem man sich von der Unfruchtbarkeit der Unterhandlungen mit dem Könige von Portugal überzeugt hatte.

Die zweite Thatsache bezieht sich auf Toledo. Nach dem Berichte des Hernan Ortiz muss man annehmen, dass nicht lange nach Ernennung der neuen Gobernadoren und im Auftrage des Cardinals und des Condestable — also zur Zeit, wo der Almirante die neue Würde noch nicht angenommen — Ortiz sich nach Toledo begab, um mit Doña Maria und Hernando de Avalos, welche damals Toledo regierten (que heran los que a la sezon governaron en este medio) zu unterhandeln. Er erzählt, dass mit Hilfe des niederen Volkes es der Doña Maria gelungen war, neue Capitäne und neue Procuratoren durchzusetzen, eine Thatsache, welche unwillkürlich die Ansicht erregt, es könnte sich hierbei doch um Vorgänge nach der Hinrichtung Juan's de Padilla (24. April 1521) handeln; dass aber, wenn auch Doña Maria und Hernan de Avalos an der Spitze der Stadt standen, diese denn doch von dem niederen Volke beherrscht war. Ortiz wandte sich an Gomez Gavillo (Señor de Pintto) und entdeckte ihm seine Aufträge. Er musste sich aber überzeugen, dass in Toledo die sociale Revolution im vollsten Gange war. Der Pöbel suchte sich nicht blos des Vermögens der Caballeros zu bemächtigen, sondern es waren auch die adeligen Frauen vor Gewaltthätigkeiten nicht sicher. Wie der Vater Don Juan's de' Padilla von der Rolle nichts wissen wollte, die sein Sohn spielte, aus der Stadt zog und mit seinem anderen Sohne auf Seite der Königlichen trat, verband sich jetzt der Oheim Hernando's de Avalos, Don Juan de Ayala mit Hernan Ortiz einen grossartigen Ausbruch aus Toledo in Scene zu setzen. 200 Caballeros vereinigten sich an einem bestimmten Tage, 2 Stunden vor Tagesanbruch, am bestimmten Platze sich zu versammeln. Vier Personen wurden zum Thore de Visagra vorausgeschickt; sie mussten angeben, sie hätten sich nach den Haziendas zu begeben, mussten sich aber der Schlüssel, des Pförtners, des Alcalden des Thores und der Wachen bemächtigen, worauf die Caballeros herbeieilten, durchzubrechen, das Freie zu gewinnen und sich zu ihren Frauen nach den Haziendas zu begeben. Da bricht die Erzählung des Ortiz ab! — Die Aufforderung der Junta an die einzelnen Städte, den einzelnen Mitgliedern der Junta, die es selbst unternehmen sollten sich um grössere Vollmachten zu bewerben, diese zu gewähren, hatte Unmuth erzeugt, schon deshalb, weil die Städte der Junta keine zu grosse Centralgewalt gönnten; dass Juan de Padilla sich nicht des festen Simancas bemächtigt, war der zweite Gegenstand der Unzufriedenheit. Dass auch die Contingente von Toledo, Soria, Guadalajara und Zamora sammt der Artillerie abschwenkten, dass man erfuhr, wie D. Juan de Padilla nur daran arbeite, Grossmeister von San Jago zu werden und die Dª Maria de Pacheco zur Alteza zu erheben, machte die Sache nicht besser. Es war kein Geheimniss, dass die Königin, deren Würde man so wenig geschont, nicht mehr bei sich war — non está en sí, ein stets sich wiederholender Ausdruck — sie ging nicht mehr zu Bette, nährte sich sehr unordentlich und dennoch hörten die Procuratoren der Junta nicht auf, sie zur Unterschrift zu drängen. Der Aufstand war durch den Abzug Don Juan's und seiner Contingente gespalten und ein Riss eingetreten, der alle gemeinsamen Operationen lähmte. In den Städten ist eine Umwandlung erfolgt, welche die Handwerker zur Regierung brachte, die Bessergesinnten zum Schweigen, die Caballeros und Hidalgos in Ohnmacht versetzte. Den Corregidoren wird nicht mehr gefolgt. Das Volk in Pfarreien getheilt, bewaffnet und militärisch organisirt, den Gehorsam aber sich nach Umständen vorbehaltend, herrscht und nimmt dieser Zustand in Valladolid bald eine gegenkönigliche Richtung, so erleichtert er in Burgos dem Condestable, seinen Verwandten und dem gehörigen Gebrauche seiner Ducaten sowohl die Rückkehr als auch die Erlangung grösserer Gewalt.

Im Ganzen musste man sagen, dass sich die Junta Mitte October namentlich durch Juan de Padilla und sein durch Nichts zu rechtfertigendes Verlassen der gemeinsamen Sache im Zustande der heftigsten Krise befand, die endlich nur Don Pedro Giron und Don Pedro Laso zu einer besseren Wendung zu bringen vermochten.

Da, inmitten der allgemeinen Verwirrung, welche der Wechsel im Commando erzeugte, war auch der Moment gekommen, was am 1. October durch offenen Abzug misslungen war, heimlich ins Werk zu setzen. Jetzt entschloss sich nach einer Unterredung mit Zapata, dem Mitgliede des Consejo in Valladolid und im geheimen Einverständnisse mit den zwei Brüdern des Almirante, welchem Medina de Rio seco gehörte, der Cardinalgobernador, obwohl hochbetagt und gebrechlich, zur heimlichen Flucht aus Valladolid.*) Nur von einem Caplan begleitet entwich er in der Nacht vom 15. October über die Mauer aus der Stadt. Es gelang ihm unbemerkt an den Ort zu kommen, wo 2 Maulthiere der Flüchtigen warteten, und nun enteilten sie fern von der Strasse, auf Umwegen nach Medina de Rio seco, wo sie erst nach zehnstündigem Ritte ankamen. Die Brüder des Almirante waren ihnen 3 Stunden weit entgegen-geeilt.**) Sogleich ergingen Schreiben an die Mitglieder des Consejo, Qualla, Juan und Alonso de Vozmediano, den Teso-riere Don Alonso Gutierre sich nach Medina zu begeben. Der Consejo organisirte sich auf's Neue. Die Regentschaft hatte eine Stätte gefunden, zu der sich nun auch der Almirante wandte. Ehe noch der Condestable nach Burgos zurückkehrte, war Rio seco das Centrum geworden, von wo aus an eine Wiederherstellung des königlichen Ansehens, an der Pacification Castilliens gearbeitet werden konnte und gearbeitet wurde.***) Der Condestable verdoppelte jetzt seine Anstrengungen Burgos zu gewinnen. Bereits befand sich aber der Cardinalgobernador auf sicherem Gebiete des Almirante von Castillien und ward dieser Umstand ein erhöhter Grund für letzteren, der Auf-forderung nach Castillien zurückzukehren und dem Schauplatze der Revolution wie der Möglichkeit ihrer Bewältigung näher zu sein, nachzukommen.

Damit war die von Don Pedro Giron und der Junta geträumte Concordia zu Grabe getragen! Wohl aber wurde jetzt auf die Städte eingewirkt, damit sie ihre Procuratoren von der Junta abriefen und neue ernannten, welche mit den Gobernadoren sich vereinigten, die Beschwerden Castilliens an den Kaiser zu bringen. In ähnlicher Weise suchte der Cardinal (durch Gomez de Santillan) auf Valladolid einzuwirken.†)

---

*) Memorial del licenciado Bernardino Zapata maestro-escuela de Toledo sobre los servicios que hizo á su Mayestad. (Bei Alcocer p. 174.)

**) Bericht des Cardinals an den Kaiser über seine Flucht (21. Oct.): secretamente me sali por el muro con grandissimo peligro sin que lo sintió hombre del mundo.

***) In Valladolid wollte man dem Infanten Don Juan von Granada das Amt eines Generalcapitans der Stadt abnehmen. Reg. von 16. Oct.

†) Schreiben des Condestable an Salamanca vom 16. Oct. Reg. Die Bewegungen, welche damals in Ciudad-Rodrigo wie in Palencia statt-fanden, standen wohl diesen Bemühungen nicht ferne. Reg. v. 28. Oct.

Nach mehreren Schreiben scheint man sich damals im Schoosse der Junta mit dem Plane getragen zu haben, die Königin von Tordesillas nach Toledo oder Segovia wegzubringen,*) während der Condestable am 28. October schon dem Kaiser die Absicht mittheilt, ehe er selbst Briviesca verlassen hatte, Truppen zu sammeln und direct nach Tordesillas zu ziehen. Gerade gegen ihn richtete sich aber jetzt der Grimm der Comuneros, die, nicht zufrieden ihm die Merindades de Castilla abwendig zu machen, auch Villagarcia in der Tierra de campos, 3 Stunden von Villalpando in Aufruhr zu bringen suchten und deshalb Truppen dahin absandten.**)

Don Pedro Giron war entschlossen nicht auf halbem Wege stehen zu bleiben und zeigte sich bald als nicht verächtlicher Gegner. Kaum war er zum Generalcapitan ernannt, so übernahm er auch die capitania general de las guardas, schloss sich an den Bischof von Zamora an und beide eilten nun mit dem Gelde, das die Junta aufbringen konnte, den Veteranen entgegen,***) welche von den Gelves zurückkamen und ihrer Bezahlung fruchtlos entgegensahen. Am 16. October war Giron in Sepulveda und schrieb von da an Don Pedro Laso, er möge den Gonzalo Palomino nach Andalusien schicken, um Infanterie von da zu bekommen.†) Die Hälfte der Veteranen zog Giron wirklich auf die Seite der Junta, welche hierdurch keine kleine Verstärkung für ihr Heer erlangte; es war nur der Mangel an Ordnung in den Finanzen, die Verwendung des spanischen Geldes für nicht spanische Zwecke und die Beschäftigung K. Karls mit den grossen Fragen der Politik ohne Rücksicht auf die Bedürfnisse der einzelnen Länder und zumal Spaniens, was auch diese üble Wendung veranlasste.

Es war gar nicht unbedeutend, dass jetzt dem Heere der Granden, der Realistas, ein Grande gegenüberstand, der

---

*) Todos afirman que sí Juan de Padilla, cuando entró en Tordesillas, sacará la reyna y la llevará a Toledo ó á Valladolid, que los hechos no pararan en tragedia como pararon. Alcocèr §. 10.
**) Schreiben von Briviesca vom 21. Oct.
***) Schreiben des Cardinals am 17. Oct.
†) Palomino, Oberst unter P. Giron und caudal de su infantaria wurde dann am 5. December in Tordesillas gefangen. Schreiben Lopez Hurtados an den Kaiser vom 6. Dec.

als Abkömmling der Primogeniturlinie K. Alfons X von Castillien Thronansprüche erheben konnte; dass die Comuneros von einem Granden und einem Bischofe geführt wurden; die Granden selbst aber noch lange keine Entscheidung wagten, theils weil in ihrer Mitte selbst sich Anhänger der Comuneros befanden, theils weil ihre Vasallen mit diesen sich innig befreundeten!

Der Aufstand der Comunidades hat eben seine sehr eigenthümlichen Seiten.

Drittes Capitel.

Die kaiserlichen Erlasse vom 9. September. Fruchtlose Concessionen, welche der Kaiser macht. Er ist von der Entwicklung der Revolution überholt. Spaltung in der Junta. Don Pedro Giron als Generalcapitan. Don Pedro Laso und der Entwurf einer Verfassung für Castillien. Medina de Rio seco Sammelplatz des Heeres der Granden. Der Condestable in Burgos und der Almirante in Castillien. Organisation des Heeres der Junta. Fruchtlose Unterhandlungen. Zug Don Pedro Girons nach Villalpando. Der Cardinalgobernador bestimmt die Granden nach Tordesillas zu ziehen. Einnahme der Feste. Befreiung der Königin. Wirkung dieses Ereignisses. Don Pedro Giron irrig als Verräther bezeichnet. Er legt seine Stelle als Generalcapitan nieder. Berufung Juan de Padillas nach Valladolid. Der Cardinal geht nach Tordesillas. Padilla nach Valladolid. Schluss des Jahres 1520.

Wir haben bereits erwähnt, dass K. Karl sich entschloss (9. September 1520), die Massregel vom 17. Mai, wodurch er einen Ausländer zum einzigen Gobernador ernannte, zurückzunehmen und dem Cardinal 2 einheimische Grossen zur Seite zu geben. Es war diess eine bedeutende Concession an die Granden wie an die Eingeborenen überhaupt. Es war die höchste Zeit einzulenken. Die königlich Gesinnten waren geächtet, selbst ein Dr. Zumel der Verfolgung nicht entgangen und da man seiner nicht habhaft werden konnte, wenigstens sein Haus zerstört worden. Wer von den Anhängern des Königs fliehen konnte, floh, wer sich verbergen konnte, verbarg sich und erwartete bessere Zeiten. Sollte die königliche Partei nicht geradezu verschwinden, so musste Alles geschehen, sie moralisch zu stärken und zu organisiren.

Es war noch eine andere Gefahr vorhanden, über deren
Grösse man sich in Brüssel gleichfalls keine Illusionen machen
konnte. Sie bezog sich auf Frankreich und dessen Einmischung
in die castillianischen Händel. Man wusste sehr genau, dass K.
Franz im Trüben zu fischen gedenke*) und musste darnach seine
Vorkehrungen treffen. Das Schlimmste aber war und blieb, dass
alle Massregeln, welche in Flandern ergriffen waren, wenn sie
mehrere Wochen, nachdem sie beschlossen worden, in Spanien
in Ausführung gebracht werden sollten, für die seitdem veränderten Verhältnisse nicht mehr passten. So war bei der
Ernennung der 3 Gobernadoren, die auf Bitten und Intercession
des Cardinals erfolgt war, vorausgesetzt worden, dass der Condestable sich nach Valladolid zur Uebernahme der gemeinsamen
Regierung begebe**) und dort auch die Cortes gehalten werden
sollten, wozu die Geleitsbriefe für die Procuratoren ausgefertigt
wurden. Nun stand der eine der Gobernadoren aus Burgos
vertrieben in Briviesca, der andere entkam durch heimliche
Flucht aus Valladolid und musste sehen, ob er sich in Rio seco
werde halten können, der dritte, der Almirante war in Catalonien***) und als am 25. October der königliche Secretär Juan
Gonzalez ihm die Ernennung überbrachte, häufte Don Fadrique
Henriquez Schwierigkeiten auf Schwierigkeiten und wollte er
nur dann das Amt annehmen, wenn der König-Kaiser auf alle
seine Bedingungen und die weiteste Vollmacht zu verzeihen
eingehe. Der König, welcher eine Masse von Punkten sich
reservirt hatte, hoffte auf Uebereinstimmung der Gobernadoren.
Aber der Almirante hasste den Condestable, entwarf Aus-
söhnungspläne, kümmerte sich um seine Collegen nicht, liess
sich auch den ganzen October und einen Theil des Novembers
gar nicht in Castillien sehen und als er endlich kam, nahm
er die ihm angetragene Würde noch immer nicht an, handelte
aber mit einer Eigenmacht, als wäre er Dictator Spaniens.

*) Brewer III. 1. Nr. 991.
**) Sieh das interessante Decret bei Quevedo zu Maldonado p. 292.
***) Wie er selbst an den Kaiser schrieb (despachos 6) hatte er sich
ganz von der Welt zurückgezogen und lebte nur seinem Seelenheile,
als die Ernennung kam und er, um nun der Königin zu dienen,
sie (bedingungsweise) annahm, jedoch ohne für's Erste den Titel
eines Gobernadors zu führen.

K. Karl setzte ferner am 9. September noch voraus, dass nicht
blos der Cardinal in Valladolid sei, der Condestable sich dahin
verfügen könne, sondern auch der Zugang zur Königin seinen
Agenten — Lopez Hurtado de Mendoza und Pero Velasco —
frei, der Marques von Denia bei der Königin sei. Er beliess
die Justiz bei dem Präsidenten des Consejo und der Erstere
war flüchtig, der letztere zersprengt oder deportirt; die Ordnung,
wie sie der Cardinal behauptete, sollte erhalten werden und
dieser selbst fand fast keinen Ort in Castillien, wo er sich behaupten konnte. K. Karl hatte noch keine Ahnung, wie weit
die Junta zu gehen entschlossen war und welcher Wechsel
der Dinge in wenigen Wochen vorging. Er ermächtigte die
Gobernadoren die Cortes selbst nach Tordesillas zu berufen,
als ob es damals noch möglich war Cortes einzuberufen, selbst
ein Generalpardon, der wie es scheint bei näherer Kenntniss
der Dinge zurückgenommen wurde, war damals noch unter
den Vollmachten der Gobernadoren.[*]) Der König bestand nur
darauf, dass er von den Cortes als König und Oberhaupt über
Alles (sobre todas las cosas y leyes de ellos) anerkannt werde.
Er verzichtete nicht nur auf den Servicio von la Coruña,
sondern auch auf alle weiteren pecuniären Bewilligungen, die
damals gemacht worden waren. Es sollten aber die königlichen
Renten entrichtet, den Predigern Einhalt gethan, dem Don Juan
das königliche Capitanat und er war schon Generalcapitan —
den aufrührerischen Alcalden ihr Amt oder ihre Ländereien
entzogen werden. Es folgte eine Reihe eindringlicher Ver-
ordnungen gegen Ausfuhr und Verschlechterung der Münze,
Ausfuhr von Pferden und dass was sonst in Coruña versprochen
worden war, strenge beobachtet werde, Visitation der Audien-
cias und Chancillarias, die bisher unterlassen worden war, Massregeln gegen Verleihung spanischer Pfründen durch die Päpste,
gegen Durchkreuzung der königlichen Jurisdiction durch die
geistliche und die Betrügereien der geistlichen Richter. Die
geistlichen Ritterorden sollten von Rom nicht bedrückt, nicht
päpstliche Erlasse die Inquisition betreffend ungehindert publicirt
werden. Nichts werde ihm angenehmer sein, als was zur Ehre
und Aufrechthaltung des Santo officio diene, das er beschützen

---

[*]) Que se pardonen todos, hacedlo asi. Quevedo.

und wahren werde. Der Cardinal solle die Aemter desselben mit tüchtigen Männern besetzen, überall seine Spione haben, damit sogleich die mala fé gebessert werde. Wenn durch die Revolution in Kirchen und Klöster eine Neuerung eingedrungen sei, müsse sie abgeschafft und dafür Sorge getragen werden, dass nicht von Rom aus eines der reformirten Klöster von S. Benedict oder S. Bernard in Besitz genommen werde.*)

Der König glaubte das Aeusserste in Betreff der Nachgiebigkeit gethan zu haben. Man kann sich vorstellen, welchen Eindruck es auf ihn machte, als er erfuhr, der Cardinalgobernador sei entsetzt, gefangen, flüchtig, der Consejo nicht vorhanden, der Marques von Denia und die Marquesa vertrieben, Mutter und Schwester in den Händen seiner aufrührerischen Unterthanen und diesen preisgegeben; sein eigenes Königthum hing davon ab, ob eine geistesschwache Frau, auf welche man von allen Seiten hereinstürmte, bei Tag oder Nacht, zu einer verhängnissvollen Unterschrift gebracht werde. Man kann sich vorstellen, dass der Umschlag seiner nachgiebigen Gesinnung in die entgegengesetzte nicht zu lange auf sich warten liess und er, sobald nur seine Mutter und Schwester in Sicherheit gebracht waren, gegen die rebellischen Unterthanen die ganze Strenge eines in seinen Kronrechten wie in seinen Familienbeziehungen auf das Empfindlichste beleidigten Fürsten hervorkehrte.**) War er doch durch die Castillianer der Spott seiner Feinde geworden. Nur mit Hohngelächter sprachen die Franzosen von dem spanischen Könige ohne Land, von dem römischen Kaiser, dessen Tage gezählt seien.

Es hatte sich aber vom 9. September bis zum 15. October gar Vieles verändert.

---

*) Quevedo p. 297—310.

**) Totalmente schrieb K. Karl von Toledo, an quitadome y quitan todo el poder é precminencia real y lo han usurpado y tomado para ellos mismos, cosa nunca vista, oida ni escripta y contra todo derecho divino y humano. Der Brief ist nach dem 15. October geschrieben. Der Kaiser versichert, er wolle en las bruas (?) de Diciembro o Henero primero nach Spanien abreisen. Wie konnte man glauben, dass Karl mit solchen Gefühlen seiner verletzten königlichen Rechte die Hand zu einem Contrato mit den Rebellen bieten werde?

Viel zu lange hat der Name Juan de Padillas, welcher das Werk der Junta im wichtigsten Augenblicke verliess, um sich an die Spitze des castillianischen Adels zu erschwingen und der geträumten Würde eines Grossmeisters nachzujagen, den des Don Pedro Giron verdunkelt. Mag derselbe von tiefem Groll über das, was er Verweigerung der Gerechtigkeit nannte, erfüllt gleichfalls seine ehrgeizigen Ziele im Auge gehabt haben, so viel ist klar, dass er sich, als durch die Ernennung der Gobernadoren und die Gewährung der Cortes Alles in Frage stand, was die Junta beabsichtigte, kühn vor den Riss stellte und durch sein Benehmen in keiner Art und Weise verdiente, der Geschichte als Verräther der Sache überliefert zu werden, die er mannhaft vertrat.

Es wechselten aber seit Mitte October nicht bloss der Schauplatz der Ereignisse, sondern auch die Personen. Mit Vergnügen, schreibt der Cardinal am 21. October dem Kaiser, habe Don Pedro Giron die Stelle eines Generalcapitan angenommen. Man konnte bald bemerken, dass kein blosser Parademensch, sondern ein tüchtiger entschlossener Führer sich der Leitung der Dinge unterzog. Das erste war, wie wir sah'n, dass er sich an den kriegerischen Bischof von Zamora anschloss, gegen welchen fortwährend Bullen in Rom betrieben wurden, der aber jetzt mit seinen bewaffneten Clerikern ausrückte und den zurückgebliebenen Geistlichen seiner Diöcese, um ihre pfarrlichen Verrichtungen zu versehen, Erlaubniss gegeben hatte, 3mal täglich zu celebriren.*) Das Zweite war, dass Giron das Heer organisirte und mit tüchtigen Truppen, nicht mit hergelaufenem Volke, wie es Juan de Padilla that, verstärkte. Mit diesem Heere sollte aber Rio seco belagert werden, wo sich der Cardinal in solcher Noth befand, dass er sein Silber verkaufen musste und mit dem Gedanken sich beschäftigte, wie er am besten mit Ehren Spanien verlassen könne.

Als Hauptmittel aber, die Revolution so recht nach allen Seiten zu entzünden, erschien fortwährend die Absendung von Mönchen, welche durch ihre Predigten die Massen zum Aufstande gegen den König entflammten, wie die deutschen Mönche in

---

*) Schreiben des Cardinals v. 13. Nov. 1520.

gleicher Zeit sich berufen fühlten, die Massen gegen den Papst und die katholische Kirche aufzuregen. Und darin zeigte sich die so merkwürdige Aehnlichkeit und doch so grosse Verschiedenheit der deutschen und der spanischen Zustände jener Tage. Da machte sich der Begleiter des Bischofs von Zamora, der Bruder Alonso besonders bemerkbar, Fray Pablo ward selbst nach Deutschland geschickt, Fray Bernardino aber, nicht minder gefährlich als Fray Alonso und ein Ordensbruder Luthers, wurde aufgegriffen und wie es scheint für immer unschädlich gemacht. Das ganze Reich und auch Andalusien sollten durch die Mönche in Aufregung gebracht werden und sie müssen auch wie in Salamanca sich wie die Rasenden aufgeführt haben. Man sprach nur mehr von ihrer Secte (para que prediquen su seta), von ihrer Häresie.[*])

Ein weiteres Mittel war, den bedeutendsten unter den Granden, den Condestable durch Aufruhr seiner Unterthanen und durch Ueberziehung seiner Besitzungen zu Grunde zu richten, was erreicht werden konnte, wenn der Krieg mit aller Gewalt nördlich von Tordesillas nach Villagarcia, Villalpando geleitet wurde.

Endlich und man möchte sagen vor Allem musste Valladolid genommen werden. Dahin wurde jener Don Juan de Mendoza (Sohn des sogenannten grossen Cardinals Mendoza) abgeschickt, welcher sich später als der grösste Franzosenfreund entpuppte. Dieser sollte Valladolid in Aufstand bringen und die Stadt vollkommen auf die Seite der Junta ziehen. Allein die Einwohner vertrieben ihn, beliessen den Infanten von Granada, einen dem Könige treu ergebenen Granden als ihren Capitan[**]) und unterhandelten mit dem Cardinal in Rio seco, welcher ihre Vorschläge annahm und sie durch Concessionen

---

[*]) Que salgan de la heregia en que estan. Lopez Hurtado im officiellen Berichte an den Kaiser v. 29. Nov. 1520. Zu den ärgsten Predigern der Revolution gehörte Fray Santana im Franciscanerkloster zu Medina del Campo, über welchen Andres de Haro am 6. Dec. 1520 an den Cardinal mit der Bemerkung schrieb: Que nunca ubo revuelta ni escandalo en estos reinos que no fuese el principio dello los predicadores como agora lo comienzan a fazer estos. — Auch Pero Ximenes schreibt in seinem Briefe aus Burgos v. 24. Jän. 1521 von der heretica gente.

[**]) Schreiben des Cardinals v. 1. und 13. Nov.

und Unterhandlungen — welche aber freilich nicht zum Ziel führten, von der Junta zu trennen hoffte.*)

Auch von der Junta selbst erhielt der Cardinal Zuschriften und Anerbietungen, wenn er nur den Titel eines Gobernadors aufgeben wolle, so würden sie ihm „alle Dinge in Tordesillas mittheilen".

Aber Alles lag daran, Valladolid für die Junta zu gewinnen und dadurch einen so mächtigen Stützpunkt auf dem rechten Dueroufer zu erlangen. Als aber Ende October der Bischof von Zamora mit Fray Alonso und seinem Gefolge bis zum Kloster de Prado gekommen war, um im Einverständnisse mit einem Theile der Einwohner in Valladolid aufgenommen zu werden und den Infanten zu stürzen, so hatte dieses nur die Folge, dass der Mützenmacher, welcher im Einvernehmen mit dem Bischofe stand, hingerichtet wurde, ein Anderer demselben Schicksale verfiel, die Thore verwahrt, Wachen ausgestellt wurden und der Infant (aber nicht Don Pedro Giron) Capitan von Valladolid wurde. So stand denn auch Valladolid (bis Mitte November) nicht unter der Junta und da jetzt auch der Condestable nach Burgos zurückkehrte, was zweifelsohne am 1. November statt fand, so bewahrheitete sich vollkommen, was der Cardinal schon am 17. October 1520 dem Kaiser geschrieben, die Junta fühle, dass ihre Sache in Verfall gerathe. Daher denn nun ein neuer Plan, auf welchen scheinbar die grössten Hoffnungen gesetzt wurden. Die Junta entliess den Licenciaten Ximenez, welcher für Polanco das königliche Register führte, aus Tordesillas und schickte nun (20. October) 3 Abgesandte, Don Antonio Vasquez, Sancho Sanchez Zimbron und den Fray Pablo nach Deutschland, dem Kaiser von ihrem Standpunkte aus den Grund des Aufstandes darzulegen und zugleich ihm den Entwurf einer Verfassung Castilliens zu überbringen.**) Die Rechtfertigung dessen, was geschehen war, sollte darin bestehen, dass man sich im Acte der Nothwehr befunden. Der Kaiser möge den königlichen Rath, den Präsidenten und die Gobernadoren ändern, und bis er selbst nach Spanien komme, keiner von diesen Personen die Regierung

---

*) Se aparteria a de la Junta.
**) Haveman S. 174.

auftragen. Er möge sanctioniren, was die heilige Junta — ohne ihn, gegen ihn — seinen und seiner Mutter Namen missbrauchend, sich erlaubte, endlich die capitulos del reyno*) bestätigen, welche eine neue Art der Vertretung und zwar auch der Labradores als Alcalden und eine neue Art der Zusammensetzung des königlichen Rathes und der Cortes enthielten. Das königliche Recht der Herbergschaft wurde beschränkt, der Veräusserung der königlichen Güter gesteuert, den Städten sollten ihre Güter zurückgegeben, Jedermann das Recht Waffen zu tragen, gewährleistet werden. Dem Wesen nach bezogen sie sich auf Beschränkung der königlichen Macht, auf Vermehrung der der Cortes, auf Aufrechthaltung von Recht und Gerechtigkeit und enthielten sie die Möglichkeit einer wahren Besserung der Zustände, auch in Bezug auf den Clerus, selbst die Beschränkung von Ablassverkündigungen. Allein sie waren durch das, was sich daran hieng, von vornher todt geboren.

Von allen Massregeln, welche die Junta in Abwesenheit Don Juans de Padilla ergriff, war diese die wichtigste und schien der Erfolg für sie am zukunftreichsten. Es war ein nach allen Seiten hin auf das Sorgfältigste ausgearbeiteter Entwurf eines Contractes zwischen König und Comuneros mit Aufgebung des Standpunktes italienischer Freistaaten. Er beruhte auf einer ganz ungemeinen Kenntniss der administrativen, financiellen und judiciellen Einrichtungen Castilliens und der gegenwärtigen Schäden. In den 24. capitulos war wohl kein Punkt von Wichtigkeit umgangen, der gebessert werden konnte, zuletzt noch die Bestimmung, dass ein Generalpardon gegeben und die capitulos als unveränderliche Gesetze in Ausführung gebracht werden sollten. War, wie zu vermuthen ist, Don Pedro Laso der Verfasser dieses Entwurfes, den er auch nachher noch auf dem Wege von Unterhandlungen ins Leben zu rufen sich bemühte, so machte derselbe seinem Scharfsinne, seinem Patriotismus, seiner Kenntniss castillianischer Zustände alle Ehre. Allein man konnte auch nicht läugnen, dass sich darin Punkte befanden und Anforderungen gestellt wurden, auf welche K. Karl, selbst wenn er sich nicht über die Gesetze erhaben gefühlt hätte, nie eingehen konnte, am wenigsten nach dem, was unter Juan de

---

*) Sandoval libro VII.

Padilla in den Septembertagen in Valladolid geschehen war. Zu verlangen, dass nur, wer in Castillien geboren war, König werden sollte, enthielt für den in Gent geborenen Karl einen Ausschluss von der Krone. Die Nichtanerkennung seiner Gobernadoren, seines Consejo und dagegen Anerkennung dessen, was die Junta selbst mit Verletzung seines Haushaltes gethan, die Aufstellung eines Heeres, die Vertreibung und Ermordung seiner Diener, so viele revolutionäre Acta, die stattgefunden hatten, zu sanctioniren, das konnte man denn doch erst in Folge eines glänzenden Sieges, einer völlige Niederlage der königlichen Partei verlangen, nicht aber in dem Augenblicke, als letztere sich sammelte, die Granden aus ihrer Passivität hervortraten, Andalusien sich gegen die Junta erklärte und diese selbst durch den Abzug Padillas notorisch gespalten war.*) Ja, wenn dieser noch mit seinem Heer in der Tierra de campos verweilte und vereint mit Don Pedro Giron das Grandenheer im Entstehen erdrückt hätte!

So geschah denn, was sich voraussehen liess. Von den 3 Abgesandten wagte sich nur einer, Antonio Vasquez von Avila nach Worms. Der Kaiser liess ihn in ein Gefängniss werfen, nach Mejia **) enthaupten, nach Sandoval wurde er etwas später freigelassen. Die beiden andern schlugen den Rückweg über Frankreich nach Navarra ein und entkamen, als sie Lopez Hurtado ausgekundschaftet, durch Einschlagung eines andern Pyrenäenweges der Verhaftung. Als aber im November die Heere einander gegenüberstanden, die Entscheidung mit Waffengewalt bevorstand, war es die Junta selbst, die jeden Ausgleich verwarf.

Sie konnte auch von der Aussendung ihrer Agenten sehr bald einen günstigen Erfolg erwarten. Quipuscoa und Biscaya fingen an unruhig zu werden.***) Der Cardinal, welcher fort und fort ein königliches Heer zu schaffen hoffte, musste sich

---

*) Das mehrfach erwähnte Schreiben des Kaisers an Toledo im Apendice zu Alcocer, welches das ganze revolutionäre Treiben der Junta auseinandersetzt und wohl aus der zweiten Hälfte Octobers stammt, enthielt eigentlich schon die Antwort auf das Schreiben der Junta vom 20. October und den Verfassungsentwurf.

**) pag. 390.

***) Schreiben des Condestable vom 21. October.

in Rio seco mit dem Gedanken befreunden, durch ein Grandenheer vertheidigt zu werden. Hatte doch ·K. Karl gleichzeitig
mit der Ernennung der Gobernadoren die Granden zur Dienst-
leistung aufgefordert. Mochte dadurch der ganze Charakter
des Aufstandes sich ändern und der Kampf zwischen den
Städten und den Granden allmälig den Inhalt desselben bilden,
dem Könige konnte es nur erwünscht sein, wenn jetzt der
Graf von Aquilar, nachdem die Bewohner von der Provinz
Soria und des wichtigen Logronnos ihre Treue bewährt, zum
Condestable zog, diesem zur Erringung von Burgos beizustehen
(25. October *). Nur von diesem entschlossenen und unter den
Granden so angesehenen Manne, dem Haupte des mächtigen
Hauses Velasco mochte eine Wendung zum Besseren ausgehen.
Es bedurfte bei dem Grafen von Benavente, dem Marques von
Astorga, dem Grafen von Albadeliste und so manchen Andern
nicht erst einer Aufforderung, für die königliche Sache persönlich einzutreten. Der Condestable reichte dem Herzoge
von Najera die Hand, um die Privatstreitigkeiten zu vergessen,
von ihm Truppen und Artillerie zu erlangen. Das Anerbieten
des Königs von Portugal, Geld vorzustrecken, wurde angenommen; als am 23. October zu Aachen die Krönung K. Karls V
stattfand, war zwar noch nicht eine wesentliche Besserung der
Dinge eingetreten, aber denn doch der Anfang dazu gemacht.
Der Condestable, welcher den den Caballeros verhassten Consejo zu sich berief und zur Vermehrung der eigenen Macht
auch die Anwesenheit des Cardinals betrieb, sah endlich ein,
dass Rio seco der Hauptpunkt sei, von wo aus ein Schlag erfolgen müsse, wo aber auch ein Schlag von der Gegenseite
zuerst zu erwarten war. Am 27. October **) rückte der Graf
von Benavente mit den Seinigen daselbst ein, am 28. der
Marques und der Bischof von Astorga mit dem Grafen von
Altamira. Hundert Lanzen, 500 Mann zu Fuss mit einer beträchtlichen Artillerie hielt (angeblich) der Almirante bereit. Der
Condestable bestimmte selbst Rio seco zum Sammelplatze des
Heeres der Granden. Man erfuhr, dass die Junta fortwährend mit
dem Plane umgehe, die Königin von Tordesillas wegzubringen,

---

*) Schreiben desselben an den Kaiser vom 25. October.
**) Nach einer anderen Nachricht am 30. October.

dass der Procurator von Burgos bei der Junta durchgesetzt habe, dass sie dem Könige den Titel König gegeben und dass Valladolid den kriegerischen Bischof von Zamora nicht in die Stadt gelassen habe. Der Cardinalgobernador schrieb ihr, sie solle nicht dulden, dass die Königin weggebracht werde. Endlich gelangte der Condestable, aber erst, nachdem er zwei Söhne als Geiseln gestellt und 2 Festungen verpfändet, nach Burgos, von wo er dem Kaiser schrieb und sich über den Cardinal beklagte, dass dieser sich nicht mit ihm vereinige.*) Nun gestand aber der Condestable selbst (15. Nov.), er könne es nicht wagen, Burgos zu verlassen **); der Cardinalgobernador aber konnte keinen Beruf fühlen, kaum dass er den Bürgern von Valladolid entronnen, sich der Unzuverlässigkeit von Burgos anzuvertrauen. Sein Platz war bei den Granden, die nichts weniger als einig in ihrem Vorhaben, fortwährend des Gobernadors bedurften, um zusammengehalten, und wie sich zeigte, im entscheidenden Augenblicke zum rechten Ziele gelenkt zu werden.

Wenn die Leiter der Bewegung sich vorgestellt hatten, sie würden die einzelnen Königreiche Castilliens oder gar Aragonien mit sich fortreissen, so konnten sie nach weniger als einem halben Jahre sich vom Gegentheile überzeugen. Von Murcia ist schon lange keine Rede mehr und wenn auch später von Unruhen daselbst die Rede ist, so üben sie keinen Einfluss auf den Gang der Begebenheiten. Andalusien nimmt eine den castillianischen Städten feindliche Haltung an, auch die 7 Merindades von Altcastillien in der Nähe von Burgos zögern sich anzuschliessen. Dagegen wendet sich die Bewegung immer mehr dahin, den Charakter eines Vernichtungskampfes der Städte und des Adels anzunehmen und tritt die ursprüngliche Richtung der Opposition gegen Karl V und sein auswärtiges Regiment in den Hintergrund. Der Anfang ist gegeben, aber die Ursache des Anfangs tritt über den näherliegenden Gegensatz in den Hintergrund, der Streit verliert die anfänglich grossen Dimensionen; er localisirt sich immer mehr, bis er zuletzt sich um die Person Juans de Padilla und

---

*) Sein erster Brief aus Burgos an den Kaiser ist vom 14. Nov. 1520.
**) Se perdiese dende la Sierra morena hasta la mar V. M.

um die Stadt Toledo bewegt. Schon Anfangs November 1520 ist diese Wendung nicht mehr zu läugnen. Die Junta muss der Stadt Valladolid am 2. November das schmerzliche Geständniss machen, Burgos habe sich von der Comunidad getrennt. Tordesillas ward bereits der Mittelpunkt des Kampfes, bei welchem auf der einen Seite die Städte, auf der anderen die Granden stehen, welche die Städte wohl „zu Kleinen" zu machen hofften, die jetzt aber der Condestable zur kriegerischen Entscheidung drängt, während der Almirante, welcher endlich am 15. October sich von Blancos nach Castillien begeben wollte *), noch lange nicht den Gedanken einer Concordia aufgibt. Am 15. November erhielt Don Pedro Giron von der Junta seine und der übrigen Capitane Instruction in Bezug auf ihr kriegerisches Vorgehen gegen Villalpando.**) Aber wie kläglich lauteten die Berichte ihrer Agenten, um Geld aufzubringen***), wie jämmerlich in Betreff ihrer Artillerie, ihres Mangels an Pulver, während die Entscheidung heranrückte; das war die Folge der Politik Toledos.

Zum Frieden war jetzt weniger als je Aussicht vorhanden. Die Junta besass eine unangreifbare Stellung. Auf dem linken Dueroufer war ihre Autorität anerkannt; auf dem rechten gewährte ihr der Besitz von Tordesillas den Vortheil einer Ausfallspforte. Die Feste selbst konnte als uneinnehmbar betrachtet werden, da sie der geistlichen Cohorte des Bischofs anvertraut war, natürlich und künstlich befestigt war und einem Handstreiche um so mehr spottete, als das Heer der Granden kaum mit leichtem Feldgeschütze ausgerüstet eine mehrtägige Belagerung gar nicht unternehmen konnte. War aber Villalpando genommen, so war nicht blos die schönste Besitzung der Granden verloren, sondern auch Benavente †) bedroht, der Weg nach Leon eröffnet, die Verbindung mit Zamora gewonnen, Rio seco aber um so mehr isolirt

---

*) Schreiben des Condestable vom 21. October.

**) Das dem Condestable gehörte.

***) Reg. von November 1520 Luis de Cinelcar an die Junta.

†) Dass der Zug gegen Benavente fortgesetzt werden sollte, sagt der Comendador Aguilera im Schreiben an den Kaiser vom 9. December ausdrücklich. Was aber entscheidend ist, ist, dass die Junta, welche der Königin 2 Tage vor Einnahme von Tordesillas

als Villagarcia, Villabraxima, Tordelumos im Angesichte der letzteren Stadt bereits von dem Heere der Junta besetzt waren. Torre de Lobadon, Mormojon hatte bereits Juan de Padilla, ehe er nach Toledo zog, gewonnen.*)

Es ist nicht leicht, bei den einander so widersprechenden Angaben und der Unbestimmtheit so mancher officiellen Berichte, Ordnung und Klarheit in diese Verwirrung zu bringen. Am 12. November war der Almirante in Cigales eingetroffen, nicht mit der Absicht Feindseligkeiten mit der Junta zu beginnen, sondern vielmehr durch Unterhandlungen einen Ausgleich zu schaffen. Er wollte deshalb selbst nach Tordesillas gehen, wurde aber nicht in die Feste gelassen, was ihn jedoch nicht hinderte, aufs Neue Unterhandlungen anzuknüpfen. Am 14. November traf er mit dem Cardinal in Rio seco zusammen, vermehrte aber durch sein Benehmen eher die Rathlosigkeit, als dass er sie beseitigt hätte. Die Granden sahen das Königreich für verloren an; sie meinten, der König müsse auf der Basis unterhandeln, als wenn er in Castillien gar nichts besässe. Sie machten die unangenehme Erfahrung, dass sie sich für den Fall eines offenen Streites auf ihre Vasallen nicht verlassen konnten; der Almirante, anstatt der Rathlosigkeit zu steuern, erklärte die Regentschaft nur dann zu übernehmen, wenn der König das bestätige, was er ihm von Catalonien aus über die beste Regierungsform geschrieben habe und ihm volle Gewalt zu bestrafen und zu verzeihen gewähre. Er machte aus seinem Widerwillen gegen die königliche Regierung gar kein Hehl. Als die Unterhandlungen sich als fruchtlos erwiesen, was man denn doch vom 20. November an als gewiss ansehen konnte, und das Heer der Junta heranrückte, erklärte Don Fadrique Henriquez noch am 24. November im Consejo, dass, nachdem die Gobernadoren nicht mehr das Recht hätten, denen zu verzeihen, die es verdienten oder die zu bestrafen, welche gestraft werden müssten, so halte er die Rathschläge, welche dem Kaiser zu

---

gedroht hatte, ihr und der Infantin die Speisen zu entziehen, wenn sie nicht unterschreibe, sie nach dem Schlosse von Benavente bringen wollte. Schreiben des Cardinals vom 20. December an den Kaiser.

*) Alcocer pag. 47.

Theil geworden, für bösartig, unnütz und kindisch und denen ganz entgegengesetzt, welche in jenen Königreichen gegeben würden, die man weise regiere.

So häufte die Ankunft des Almirante eher die Schwierigkeiten als dass sie sie vermindert hätte. Er ging von der Ueberzeugung aus, dass alle Granden und alle Kleinen (todos los grandes y pequeños del reino) sich in der Sache der Comuneros derart verfangen hätten und sie so sehr begünstigten, dass er nicht blos das Königreich für verloren, sondern auch sich selbst nicht mehr für sicher erachtete. Er schien selbst gewillt zu sein, den König bis zum Aeussersten zu treiben, als er in Gegenwart des Cardinalgobernadors, des Comendador Mayor von Castillien, der königlichen Räthe Zapata und Vargas erklärte, zuerst müssten die von ihm dem Kaiser gestellten Anträge diesem 2 Male vorgelesen und von ihm beantwortet sein, ihm selbst aber die ausgedehntesten Vollmachten zum Bestrafen und Verzeihen zugewiesen werden, wenn nicht, könne von einer Annahme der Gobernadorstelle keine Rede sein. Als der Cardinal ihm das Beispiel des Condestable vorhielt, welcher die Würde eine Gobernadors angenommen, erwiederte der Almirante, Don Inigo Velasco habe durch den Aufstand alle seine Ländereien verloren und sehe keine Möglichkeit vor sich, sein Ansehen wieder zu erlangen, als durch Annahme dieser Würde. Er aber sei dem Feuer nahe, besitze kein festes Schloss als Medina de Rio seco und würde wohl alles verlieren, wenn er sich gegen die Comunidades erkläre.

Er entfernte sich bereits am 17. November, um die Unterhandlungen zu betreiben, welche zwar nicht in Tordesillas, aber zu Torrelobaton (19. November) statt fanden, kaum aber über den 20. November hinaus stattgefunden haben und auch dann resultatlos waren. Ist es klar, aus welchen Beweggründen der Almirante handelte, so verleitete ihn noch sein Hass gegen den Consejo, der aus einem verlorenen Process hervorgegangen zu sein scheint, zur äussersten Rücksichtslosigkeit auch gegen diese Regierungsbehörde **); mit dem Condestable

---

*) Th. Rocha.

**) El Almirante, schrieb der Präsident des Consejo am 18. December 1520 an den Kaiser, no ha perdido la pasion de la sentencia que el consejo dia sobre lo del contado de Rivadeo.

stand er auf dem gespanntesten Fusse. Aber auf welcher Basis konnte denn der Almirante unterhandeln? Wer ertheilte ihm dazu die Vollmachten und welche Bürgschaften besass er, dass, was er versprach, auch die königliche Genehmigung erhalte?*) Die Procuratoren der Junta waren klug genug, einzusehen, dass nur mit dem Cardinal Unterhandlungen gepflogen werden konnten, nur diese zu einem Resultate führen konnten. Sie wünschten dieses auch, aber nur um die Granden aus der Regierung zu treiben, da diese alles nur zu ihrem Vortheile und zum Nachtheile des Königreiches wenden wollten. Die Regentschaft sollte mit Beseitigung des Consejo den Procuratoren übertragen werden. Der Cardinal, dessen einziger Gedanke war, wie er die Procuratoren von Tordesillas und aus der Umgebung der Königin entfernen könne, erwiederte, er sei bereit zu Allem, was ohne Beleidigung des Kaisers geschehen könne. Er schrieb deshalb àn den Kaiser und benachrichtigte ihn, wie jetzt die Königin zu einem Ausgange nach S* Clara vermocht worden, damit das Volk sie als gesund ansehe und um so mehr ihren angeblichen Befehlen Gehorsam leiste. Der Gobernador wusste damals noch nicht, welchen Frevel sich die Procuratoren gegen die Königin erlaubten und wie nahe die Gefahr einer gewaltsamen Entführung gestiegen war.

Die Lage der Dinge war geradezu heillos. Der Condestable sah in dem Fernebleiben des Cardinalgobernadors und des bei diesem befindlichen Consejo einen persönlichen Schimpf, der ihm angethan wurde; der Almirante ging unbekümmert

---

*) Offenbar sind die 19 Versprechungen, welche der Almirante machte, und die Quevedo p. 320—322 veröffentlichte, die Basis seiner Unterhandlungen zu Torrelobaton. Er nannte sich hiebei nicht Gobernador, zweifelsohne weil die Junta die königlichen Gobernadoren nicht anerkannte und verlangt hatte, dass diese ihr Amt einstellen sollten. Mit welchem Rechte konnte er aber im Namen des Königs Versprechungen machen (prometo que su Magestad darà etc.)? Die Junta hatte ganz Recht, wenn sie auf diese nicht einging. Für den Almirante aber war es eine schwere Erfahrung, dass, als er an die Junta die Aufforderung stellte, sie solle 1. die Königin freilassen, 2. dem Könige die von ihr usurpirte Regierung zurückgeben, 3. dem Grafen von Baendia, dem Marques von Moya und dem Don Hernando de Bobadilla ihre Güter restituiren, alle seine noch so weit gehenden Verheissungen verworfen wurden.

um den Condestable und den Cardinal seine eigenen Wege und nahm seine Vollmachten zu einem so rücksichtslosen Auftreten aus seiner Stellung als Gobernador, die er weder annahm noch definitiv ablehnte, so dass er Alles in Schwanken versetzte. Seine eigenen Brüder, die Grafen von Benavente und Alba de Liste, wie der Marques von Astorga aber waren in Rio seco entschlossen, wenn das Heer der Junta sich dahin wende, demselben eine Schlacht zu liefern. Der Almirante schrieb jedoch nach Valladolid, nach Toledo und wohl auch an andere Städte, um eine Absendung von Procuratoren zu verlangen. Er wollte eine Vereinigung der Caballeros mit den Städten anbahnen, worauf der König gemeinsam um „Libertad del reino" gebeten werden sollte. Ein Gobernador, welcher bisher der Entwicklung der Dinge ferne gestanden — vielleicht aber auch an der ursprünglichen Verwicklung wesentlichen Antheil genommen, wollte sich selbst an die Spitze der Bewegung stellten. Es handelte sich darum, wie Thomas Rocha sagt, ohne Blutvergiessen die Aufständischen zum Gehorsam zu bringen.

Und dazu schien denn wirklich jetzt der beste Zeitpunkt gekommen zu sein, denn wohl standen sich, als nun am 20. November das Heer der Junta über die Ortschaften sich ausbreitete, welche zwischen Rio seco und Tordesillas liegen, zwei feindliche Heere einander gegenüber. Allein während das eine von den Granden und ihren Mannen zusammengesetzt war, fortwährend neuen Zuwachs von Granden und deren Vasallen, namentlich das Eintreffen des Grafen von Haro (Sohn des Condestable) erwartete, stand das Heer der Comunidades unter Don Pedro Giron, Prätendenten des Herzogthums Medina Sidonia und nach den etwas vergilbten Rechten des Hauses Cerda selbst der Krone; unter Don Pedro Laso de la Vega y Guzman, unter dem Bischof von Zamora aus dem Hause Acuña, unter einem Neffen des Grafen von Benavente aus dem Hause Pimentel (Francesco Maldonado), unter dem Sohne des grossen Cardinals Don Pedro Gonzales de Mendoza neben Gonzalo de Guzman (Capitan von Toro), unter Don Juan de Figueroa, Bruder des Grafen von Arcos. Ein sonderbares Heer von Comuneros, die sich die Vertilgung der Granden zum Ziele gesetzt hatten und selbst von Granden befehligt

wurden. Nur Spanien konnte derartige Zustände aufweisen.
Man sieht deutlich, was Don Pedro Laso und Don Pedro Giron —
im Gegensatze zu Don Juan de Padilla wollten. Es verliert
auch die Erzählung von der geselligen Zusammenkunft der
Führer der beiden Heere, welche die Gräfin von Modica, Gemahlin des Almirante, in Villabraxima veranstaltete, an Un-
wahrscheinlichkeit. Beide, der Bischof von Zamora, der Graf
von Benavente, Don Pedro Giron hätten zusammengespeist,
der Graf von Benavente das Begehren der Junta gerecht gefunden, ja es sei selbst auf Andringen des Almirante in Rio
seco — seinem Schlosse — das Panier für die Königin, den
König Don Carlos und die Comunidad erhoben worden, doch
fügte man bei, sei letzteres nur Kriegslist gewesen, um das
Heer der Junta von einem Sturme auf Rio seco abzuhalten.*)

Dass die Gräfin von Modica sich wirklich in die Unterhandlungen einmischte, ist aus den Briefen des königlichen
Rathes P. Martyr de Angleria sicher.**) Ebenso gewiss ist
aber auch, dass, als der Almirante mit D. Pedro Giron unterhandeln wollte, dieser sich weigerte, ohne Erlaubniss der Junta
mit ihm zusammenzukommen, worauf diese ihm die Freiheit
liess, es zu thun oder nicht zu thun***); ein Benehmen, das
für die Ehrenhaftigkeit Don Pedro Girons spricht.

Mitten in dem Wirrwar dieser einander berührenden und
denn doch wieder durchkreuzenden Anschauungen und Richtungen fällt nun, was Don Antonio de Guevara, der Ordensbruder,
Historiograph und Epistolograph über Unterhandlungen mit
den Junteros erzählt, an welchen er sich persönlich betheiligt
habe und deren Abschluss er offenbar ganz irrig auf den
2. November setzt, den Tag nach Allerheiligen, an welchem
(1. November) er in Medina de Rio seco den Gobernadoren
gepredigt, von welchen nur der Cardinal damals in Rio seco
war. Der Historiograph, welchen wir freilich auch darauf er-
tappen, dass er Karl IV, den Luxemburger, den König von
Böhmen, zum Nachfolger Kaiser Karls des Grossen macht und
sich einen Einfluss auf Don Pedro Giron zuschreibt, der Ferrer

---

*) Sandoval.
**) Ep. 705.
***) Ep. 704.

del Rio zu einer ganz falschen Auffassung des Benehmens des Generalcapitans verleitete, erzählt, wie er am 2. November, nachdem er in 16. Tagen sieben Mal zu dem feindlichen Heere nach Villabraxima gegangen, endlich mit einer von den drei Gobernadoren (!) ausgerüsteten Vollmacht versehen worden, die Sache zum Abschlusse zu bringen. Wenn irgend Jemand die Schwächen der Junta und ihre Anführer kannte, so war es Guevara, welcher bereits auf Padilla zu wirken bemüht gewesen und mehr als ein Anderer mit den Tendenzen der Häupter des Aufstandes vertraut war. Er wusste sehr genau, dass Hernan de Avalos aus Rache gegen Chièvres den Aufstand in Toledo angestiftet und jener Mittel sich bedient hatte, durch welche mit Hilfe der Frayles und der Aprilprocessionen die Stadt, ehe sie sich selbst dessen bewusst war, in offenen Aufruhr gerathen war. Er wusste, dass Hernan seinen Neffen Juan de Padilla in denselben hineingezogen hatte, wie auf den unbesonnenen jungen Mann seine Frau einwirkte, welche sich mit der Hoffnung trug, Alteza zu werden, wenn es ihm gelang, Grossmeister von San Jago zu werden, was, wie es scheint, ihm prophezeit worden war und von ihm begierig geglaubt wurde. Dass der Bischof von Zamora nach dem Erzbisthume von Toledo strebe, der Abt von Compluto nach dem Bisthume Zamora, der Prior von Valladolid nach dem von Plasencia, war ihm so wenig unbekannt, als dass Pedro Giron sich an die Bewegung angeschlossen hatte, um das Herzogthum Medina-Sidonia zu erwerben, das ihm seiner Meinung nach K. Karl widerrechtlich vorenthielt. Der unerschrockene Prediger und Geschichtschreiber war somit von nichts weniger als grosser Achtung für die Häupter der Junta erfüllt, als er sich, wie er angiebt, am Tage nach aller Heiligen (2. Nov. 1520) von Rio seco nach Villabraxima*) aufmachte, den Heerführern, die ihm Rebellen und Verräther waren, die 12. Concessionen vorzulegen, die im Namen des Königs die Gobernadoren**) an die Junta

---

*) Villam braximam oppidum Almirantis Episcopus Zamorensis praeter voluntatem magnifici Petri Gironis ingreditur. Thomas Rocha, hist. Ms.

**) Darin liegt vor Allem das Bedenkliche der Angabe. Der Condestable-Gobernador war damals in Burgos und gab Guevara keine Vollmacht. Der Almirante hatte die Würde eines Gobernaders nicht

richteten, und mit deren Annahme oder Verwerfung die Frage über Frieden und Krieg entschieden war. Die Würde eines Abgesandten, schützte ihn aber so wenig wie seine geistliche Würde vor Misshandlungen durch Larez, Capitan der Junta. Dies, sowie die Ueberzeugung von der Selbstsüchtigkeit der Absichten der Männer, denen er gegenüber stand, gab seinen Worten eine Schärfe, die dadurch nicht gemildert wurde, dass er ihnen den unglücklichen Zustand vormalte, in welchen Castillien durch den Aufstand versetzt wurde, und selbst Chièvres und die Habsucht der Flamänder in Schutz zu nehmen schien, als er den Spaniern und ihrer Habsucht noch grössere Schuld beimass, als dem ersten Minister K. Karls. Er führte ihnen die Gräuel eines Bürgerkrieges sowie die Nothwendigkeit eines Ausgleiches vor Augen und rückte endlich mit dem Punkte heraus, der die Basis desselben bilden sollte, und mit Ausnahme einer neuen Vertretung bei den Cortes dem Wesen nach mit den Anforderungen übereinstimmte, die in la Coruña und noch später gestellt worden waren. Das Anerbieten konnte denn auch auf gemässigtere Persönlichkeiten nur einen tiefen Eindruck machen und es darf uns daher nicht wundern, wenn von dieser Zeit an Don Pedro Giron mit sich selbst zu Rathe ging, ob die Partei, welche er ergriffen, die rechte sei. Allein im gegenwärtigen Augenblicke war der ungestüme und kriegerische Bischof von Zamora die Seele des Aufstandes. Er wusste die Handwerker der Städte, die Massen an sich zu ziehen, die jetzt über die Regierung der Ciudades verfügten, die ja Señorias wie die italienischen Städte werden sollten. An seinem Tische speisten die Capitane der Junta, vor seinem Hause war die einst königliche Artillerie aufgefahren. War Don Pedro Giron Generalcapitan der Junta, der eigentliche Leiter der kriegerischen Bewegung war doch Don Antonio de Acuña. Er erhielt auch den Auftrag, den Eindruck zu verwischen, den die Rede des Mönches hervorgerufen. Er wies ihn zurecht, er sei zu jung, zu unerfahren, er wisse nicht, wie die Castillianer tyrannisirt worden waren; er erklärte, ohne den Befehl

---

angenommen und war am 2. November noch gar nicht in Castillien eingetroffen. Im Anfang November aber stand das Heer der Junta noch gar nicht in Villabraxima.

der Junta könne nichts geschehen. Diese aber verwarf alle Anerbietungen und der Unterhändler erhielt Befehl, wenn ihm sein Leben lieb sei, sich im Lager der Junta nicht mehr blicken zu lassen.

Man konnte sich jetzt über die Lage der Dinge kein Hehl machen, wenn auch der Almirante noch immer auf sein persönliches Ansehen pochte und andererseits bei den Granden die nur zu gegründete Besorgniss herrschte, sie könnten sich auf ihre eigenen Leute nicht verlassen; nach der Verwerfung der Vorschläge von Villabraxima*) konnte Niemand mehr eine gegründete Hoffnung auf den Erfolg neuer Unterhandlungen setzen, vorausgesetzt, dass sie wirklich statt fanden!?

Ich glaube, man wird es nun natürlich finden, wenn wir den chronologischen Angaben Don Antonio de Guyaros nur sehr bedingten Glauben schenken, hingegen aber daran festhalten, dass nach dem Schreiben des Cardinals vom 20. Nov.**), das sich selbst auf Mittheilungen des Almirante bezog, die Unterhandlungen, welche die Abgesandten der Junta von Torre-Lobaton aus führten, an ihrer Hartnäckigkeit scheiterten. Noch mehr. Valladolid, welches sich bis daher noch schwankend erwiesen, trat in diesen Tagen ganz offen auf die Seite der Junta, vertrieb die Caballeros aus der Stadt und erwählte den Bischof von Zamora zu ihrem Generalcapitan. 2000 M. welche nachher zum Heere der Junta stiessen, waren keine geringe Verstärkung. Don Pedro Giron war durch seine Verbindung mit dem Almirante in den Verdacht gekommen**), als meine er es nicht ehrlich mit der Junta; dieser aber schrieb

---

*) Die Entscheidung, dass nunmehr die Waffen und nicht Unterhandlungen eintreten dürften, erfolgte nicht Anfang, sondern Ende November, wie aus dem Briefe des P. Martyr (non. Decembr.) unwiderleglich hervorgeht. Guevaras Zeitangaben sind fast sämmtlich irrig.

**) Dice me, schreibt der Cardinal vom 20. November, que D. Pedro Giron se quiere ver con el (dem Almirante, von welchem aber die Sache ausging), pero mucho lo dudo segun anda metido en el favor de las comunidades y deseos de levantamientos que de dia y de noche jamas procura otra cosa. Auch Mejia behauptet, dass Giron und der Almirante zusammenkamen und daraus Verdacht gegen den ersteren entstand, die Junta damals von D. Pedro Laso geleitet wurde.

dem Cardinal, er wolle selbst nach Tordesillas gehen, der
Junta zugestehen, was recht sei und nahm endlich den Antrag
an, dass gegenseitig die Heere zurückgezogen und aufgelöst
würden. Gerade jetzt erfolgte aber ein Umschlag der Dinge,
den der Almirante nicht erwartete. Die Junta sprach im Namen
des Königs und der Comunidades die Acht über den Condestable
und den Grafen von Alba de Liste — den Gegner des Bischofs
von Zamora — aus, weil diese den Krieg gegen die Vertreter
der Rechte des Königreiches begonnen, und das Heer der
Junta, weit entfernt sich aufzulösen, rückte vielmehr nach
Villabraxima und gegen Rio seco vor. Es war dieses, wenn
man einem späteren Berichte*) des Grafen von Haro Glauben
schenken darf, acht Tage ehe er selbst in Rio seco ankam,
(27. Nov.), also ungefähr am 20. November. Die Anführer der
Junteros, Don Pedro Giron, der kriegerische Bischof, Don Pedro
Laso, erkannten sehr wohl die Wichtigkeit des Momentes und
dass Rio seco angegriffen werden müsse, ehe das Heer der
Granden sich vollständig vor der Stadt sammelte. Nach einer
gar nicht verächtlichen Quelle**) war es die Absicht Giron's
es zur Schlacht kommen zu lassen, während der Almirante
den kriegerischen Muth der in Rio seco Versammelten zügelte.
Es ist möglich, dass damals jene Unterhandlungen statt fanden,
von welchen Antonio de Guevara berichtet, die aber den
Gang der kriegerischen Ereignisse nicht aufzuhalten im Stande
waren.

Auch in Tordesillas war man nicht müssig. Halfen die
Aerzte nicht, so griff man jetzt zum Exorcismus! Die Stadt
Valladolid liess die Königin bitten, von Tordesillas herüber zu
ziehen. Sie erklärte, wenn sie Tordesillas verlassen wolle, so
werde sie es zu wissen machen. Man musste sich sagen, dass
nur eine gewaltsame Entfernung der Königin möglich sei. Nach
Valladolid wollte sie nicht, nach Toledo sie zu bringen, hiess
die ganze Bewegung der Dᵃ Maria de Pacheco überweisen.
Man trug sich eben deshalb mit dem Gedanken, zu dem äusser-

---

*) Vom 15. Januar 1521.
**) Relacion de lo que pusó en Castilla despues que el ejercito de la
Junta movio hacia Rio seco hasta que tomó Tordesillas al 5. De-
cember 1520.

sten, bis zur Aushungerung zu schreiten und dann die Königin
eventuell nach dem Norden zu schleppen.

Die Unterhandlungen müssen längst bis zum 27. November
abgebrochen worden sein. An diesem Tage rückte der Graf
von Haro mit den Caballeros, den Infanteristen und der Artillerie des Condestable bis auf eine Stunde vor Rio seco, das
Gleiche thaten. der Graf von Luna und Diego de Rojas mit
ihren Truppen, der Graf von Miranda und der Marques von
Denia wurden erwartet, so dass das Heer auf 2000 Lanzen
und 8000 Mann zu Fuss angeschlagen wurde, gross genug, wie
Thomas Rocha meinte, das der Junta zu vernichten.

Dieses hatte nach den genauen Berichten des Juan und
Alonso Vozmediano an den Kaiser noch am 28. November
Villabraxima inne. Don Pedro Giron, der Bischof von Zamora,
Don Pedro Laso *), Alonso Saravia von Valladolid, Diego de
Guzman, Don Hernando de Ulloa hatten sich vereinigt, Don
Juan de Mendoza das Contingent von Valladolid herbeigeführt;
das von Avila war auch eingetroffen und dennoch zählte das
Heer nur an 4000 Infanterie, meist unnützer Leute **) und
etwa 400 Lanzen.

Ein Waffenherold der Königlichen verkündete den Granden,
die zu Don Pedro übergetreten waren, Verzeihung, wenn sie
zurückkehrten; ebenso wurden alle Hidalgos und Caballeros
bei Verlust ihrer Aemter, Besitzungen und Güter aufgefordert,
das feindliche Heer zu verlassen ***); der König von Portugal
hatte 50.000 Ducaten geliehen, mehrere Grosse ihr Silber zu
geben sich bereit erklärt. Man konnte nach dem Schreiben der
beiden Vozmedianos auf einen günstigen Ausgang rechnen. Der
Almirante war endlich zu der Ueberzeugung gekommen †),
dass die Junta alle Vorschläge zurückweise und nur die Entscheidung mit Waffengewalt wolle. Die feierliche Verkündigung, dass Alle, welche auf Seite der Junta kämpften, Hoch-

---

*) Dieser war nach einem Schreiben des Diego de Vera schon am
12. November von Tordesillas nach Medina del Campo gegangen.

**) La mayor parte de gente inutil. Copiae numero plures rusticanos
vomeribus et ligonibus pertractandis aptiores quam armis. Opus
Epist. n. 705 (II id. Dec.). Nach Thomas Rocha 1000 Lanzen,
10000 z. F.

***) P. Martyr ep. 704.

†) l. c.

verräther seien *), bildet den Wendepunkt in der Anschauung des Almirante. Die Kugeln, welche der Bischof von Zamora nach Rio seco sendete und von denen eine beinahe den Bischof von Oviedo, als er sein Brevier betete, getroffen hatte, war die Gegendemonstration von Seite der Junta. **) Ihr Heer befand sich bereits auf den Gütern der Granden, der Zug nach Villalpando war beschlossen, er stand in der Don Pedro ertheilten Instruction. ***) War Villalpando gefallen, so konnte man um so sicherer gegen Medina de Rio seco operiren. Nur ein gänzliches Verkennen der factischen Verhältnisse aber konnte Don Pedro Giron daraus einen Vorwurf machen, dass er nicht gleich anfänglich Rio seco stürmte, das Mittelpunkt und Sammelplatz des Grandenheeres geworden war, ehe das Heer der Junta schlagfertig dastand. Hingegen war es im Lager der Königlichen kein Geheimniss, dass in Tordesillas nur 200 Mann — geistliche Soldaten des Bischofs — lagen. Lopez Hurtado schrieb es am 29. November dem Kaiser und zwar mit dem Bemerken, Zapata, der Tesoriere und die Vozmedianos seien Ursache, dass sich die Grafen sammelten, weil sie wussten, dass in Tordesillas eine so geringe Besatzung liege.

Die Bildung des Heeres der Junta war, Dank der Selbstsucht Juan de Padilla's, doch nur langsam vorgegangen; am 13. November †) hatte Giron erst 700 Lanzen, erwartete aber nun die Contingente der Städte, die allmälig einrückten.

Nachdem aber der Almirante bei der Junta nicht durchgedrungen, wandte er sich aufs Neue an den Kaiser und verlangte eine ganze Kiste mit Blanquetten. ††) Es kam endlich im Rathe der Granden †††) zu einem äusserst heftigen Wortwechsel mit dem Almirante. Als Eintracht vor Allem Noth that, herrschte nur Zwiespalt.

---

*) Ep. 707.

**) Schreiben des Condestable an den Kaiser vom 30. November bei Sandoval pag. 391.

***) Schreiben des Cardinals vom 28. November.

†) Schreiben des Cardinals von diesem Datum.

††) P. Martyr ep. 705.

†††) Der Cardinal schrieb am 28. dem Kaiser: Que el almirante — los ofreció on general cosas tan recias como las quel Condestable prometió y concedió a Burgos y no jelas quisieron acceptar. Der

Mit voller Klarheit überblickte Lopez Hurtado (29. November) die Verhältnisse. Als er nach Rio seco gekommen, sei es bereits unmöglich gewesen, dass der Cardinal und der Comendador mayor de Castilla sich mit dem Condestable verbänden, da die Feinde nur eine Stunde von Rio seco entfernt, die Grafen von Benavente und d'Alba, der Marques von Astorga, der Prior D. Diego schon eingerückt waren und die Ankunft des Grafen von Haro und seiner Freunde erwarteten. Nun drang der Cardinal darauf, dass sogleich der Zug nach Tordesillas unternommen würde; allein die anwesenden Granden wollten erst den Zuzug aus Burgos erwarten. Unterdessen aber trat Valladolid ganz auf die Seite der Junta, diese verstärkte sich durch andere Städte und ihr Heer bemächtigte sich nun Villabraximas, Urueñas, Tordelumos, dann boten sie am 28. November den Königlichen eine Schlacht an und beschossen 4 oder 5mal die Stadt. Auf dies kam der Graf von Haro, der sich $1\frac{1}{2}$ Stunden von Rio seco entfernt gehalten, herbei, worauf sich die Junteros zurückzogen (600 Lanzen, 7000 Mann zu Fuss und 2000, welche am 29. von Valladolid zu ihnen stiessen).

Das Heer der Realisten bestand aus 1600 Lanzen und 5000 Fussvolk. Am 29. November wurde Kriegsrath gehalten, der unerfahrene Graf von Haro als Sohn des Condestable zum Generalcapitan gemacht und da der Ort für eine Schlacht ungünstig war, 400 Lanzen nach la Mota, San Pedro de la Farca, Castro monte und Torre de Lobaton, Orte, welche die Strasse beherrschten, gesandt und Massregeln über die Aufstellung getroffen, wenn es zur Schlacht käme. Allein weder der Condestable noch sein Sohn waren dafür, dass eine Schlacht geliefert werde. Es sprach für sie, dass dem Heere der Junta eine Verstärkung von 3000 Mann *) zugekommen war, dafür standen aber Valladolid °und Tordesillas leer. Der Cardinal, der Comendador mayor, Zapata und der Consejo waren daher

---

Almirante aber am 30. November an den Condestable: Tanto habemos justificado la parte que les he ofrescido mas capitulos que se ofrecieron a Burgos. — Estos quieron ser Reyes ya no hay nombre de Rey.

*) Nach dem Comendador mayor (1. December 1520) 1500 von Valladolid und 400 von Leon. So widersprechen sich die Nachrichten!

dafür, diese Gelegenheit zu benützen und, wenn dann das Heer der Junta nachrücke, diesem eine Schlacht zu liefern. Hier in Medina de Rio seco seien sie eingeschlossen, während die Feinde täglich Verstärkung an sich zögen.

Lope Hurtado fügte hinzu, der Almirante wünsche, was für den königlichen Dienst sei, aber nicht den Schaden der Gegenpartei und wolle, während er dem König diene, die Comunidades befriedigen. Noch immer zögere er die Würde eines Gobernadors anzunehmen und werde sich nur in der äussersten Noth dazu verstehen. Diese dürfte aber wohl angebrochen sein. Seine eigenen Brüder, der Cardinal, die Caballeros seien in Verzweiflung*), dass er zu keiner Entscheidung komme. Der Admiral hatte aber den Kriegsrath, welcher aus ihm, den Grafen von Benavente, Alba de Liste, Luna, dem Marques und dem Bischof von Astorga und dem Comendador mayor de Castilla bestand, vom Cardinal getrennt, so dass dieser keinen Einfluss darauf nehmen konnte.**)

Unter diesen Verhältnissen konnte Don Pedro Giron's Zug nach Villalpando verhängnissvoll werden. Einerseits schienen die Granden es nicht zu wagen, mit ihm einen offenen Kampf zu bestehen, was die Zuversicht ihrer eigenen Partei schwächte. Denn was Thomas Rocha behauptet, die Granden hätten das Heer der Junta vernichten können, wenn sie es bei Villabraxima angegriffen hätten und nur der Almirante, welcher das Blutvergiessen scheute, habe sie davon abgehalten, ist nicht so leichten Kaufes anzunehmen. Der Graf von Haro war gar nicht der Mann einen Sieg so im Fluge davonzutragen und die übrigen Granden klug genug, so lange sie ihrer Sache nicht ganz sicher waren, nicht alles auf eine Karte zu setzen.

Giron's Marsch nach Villalpando,***) welches selbst dem Condestable gehörig, zwischen den Besitzungen dieses Gobernadors und denen des Grafen von Benavente und des Marques von Astorga

---

*) Desesparados.
**) Schreiben des Cardinals vom 4. December.
***) Th. Rocha hebt die Wichtigkeit von Villalpando sehr hervor, so dass man sieht, es war der Plan sehr gut ausgesonnen, abgesehen von der Absicht der Junta, die Königin von Tordesillas weg und nach Benavente zu bringen, was erst geschehen konnte, wenn Villalpando genommen war.

lag, den Weg nach Leon beherrschte, hatte aber noch eine andere Bedeutung. Das Kriegsvolk der Junta, nicht gewöhnt an die Beschwerden eines langen Feldzuges und noch dazu eines Winterfeldzuges, bedurfte der Winterquartiere. Indem aber diese in der reichen Besitzung des Gobernador Condestable gesucht wurden, ward nicht blos dem beutesüchtigen Proletariate im Heere Giron's und des Bischofs von Zamora Gelegenheit gegeben, sich auf Kosten der Granden zu bereichern und zu erhalten, sondern die Sache hatte auch einen tieferen politischen Grund. Die Granden, welche sich so lange im Hintergrunde gehalten, waren jetzt aus ihrer Passivität hervorgetreten. Die Manrique's und Velasco's hatten sich versöhnt. Die Grafen von Salinas, Oñate, Falces, Osorno, Miranda, Benavente, Alba de Liste, Luna, Rivadavia, Fuentes, die angesehensten Marques und Señores hatten sich an den Gobernador Condestable angeschlossen. Es war nicht sowohl das Heer des Königs als das der Granden, welches sich um Rio seco sammelte; das eigene Interesse verlangte, dass die Herren zur Vertheidigung ihrer Besitzungen ins Feld rückten. Geschah in diesem Augenblicke ein rechter tüchtiger Schlag nach der Seite hin, wo sie am meisten verwundbar waren, so konnte man hoffen, die ganze Coalition zu zersprengen, die Granden dahin zu bringen, dass sie zur Vertheidigung ihrer Güter sich zerstreuten und dann gab es nur Ein Heer mehr, das der Junta, und Don Pedro Giron konnte die Leitung der Dinge in seine Hände nehmen. Allein auch er musste seiner Partei ein gewisses Pfand der Aechtheit seiner Gesinnungen geben, und das bestand eben darin, dass er die Seinen nach den reichen Besitzungen seines Oheims, des Condestable, führte, sie auf den Gütern des Vicekönigs überwintern liess und damit den Granden zeigte, was ihrer wartete. Don Pedro Giron und der Bischof von Zamora waren, ungeachtet das Heer der Granden in Medina de Rio seco stand, doch Herren der Tierra de campos und hätte nicht Don Juan de Padilla versäumt Simancas zu nehmen, so wäre Medina vollends ein verlorener Posten gewesen. Es ist auch gar nicht unwahrscheinlich, dass Giron von der Meinung der Granden, das Heer in die Castelle zu verlegen, Kenntniss hatte und durch den Schlag von Villalpando die Ausführung zu beschleunigen hoffte.

Am 29. November wurde in Rio seco Kriegsrath ge-halten; man war Willens, das Heer der Junta aus seiner gün-stigen Stellung zu locken. In Wahrheit aber befanden sich die Granden in arger Klemme. Sie standen jetzt der Volks-partei als Feinde gegenüber und konnten von dieser Seite auf keine Schonung rechnen. Ihre ganze Stellung hatte sich ver-ändert und kam es zu einer Schlacht, so war vollends von einem Vertrage, von einem gemeinsamen Auftreten gegen den König zur Rettung der Freiheiten Castilliens keine Rede. Nun aber trieb sie eigentlich die Noth zur Entscheidung. Die Er-haltung des Heeres kostete täglich mehr als 1000 Dukaten. Es war nicht blos Ebbe in der Casse, sondern man stand auch auf ganz durchwühltem Boden. Man musste einen Aufstand der Soldaten befürchten, wie der Almirante am 30. November an den Condestable schrieb. Man wusste seit Anfang No-vember aus einem Schreiben des Grosskanzlers, dass Toledo in Verbindung mit den Franzosen stehe und Hilfe von einem Einfalle derselben in Navarra erwarte. Mehr wie einmal ist in den Briefen der leitenden Staatsmänner davon die Rede, dass man sich nur auf die Treue von Truxillo verlassen könne. Man war nicht einmal Medina's de Rio seco sicher.

Der Condestable wollte jetzt selbst, als die Entscheidung drängte, von Burgos abziehen*), allein die Einwohner er-klärten, sie würden ihm die Thore verrammeln, wenn er weg-gehen wolle, und zwangen ihn so Zuschauer der Ereignisse zu werden, die sich in Rio seco abspinnen würden. Allein hier hatte seit der Ankunft des Grafen von Haro die Einsicht in das, was zu thun sei, nicht zugenommen. Fortwährend wurde bis in den 1. December disputirt, ob man eine Schlacht wagen oder das Heer als Besatzung in die festen Plätze legen solle. Der Cardinalgobernador bestand aber darauf, dass durch-aus eine Schlacht stattfinden müsse. Er sprach deshalb mit dem Almirante und dem Grafen von Benavente und anderen Caballeros, die er bei dem Ehrenpunkte fasste, ohne sich um die spitzigen Worte zu kümmern, zu welchen namentlich der Graf von Benavente rasch bereit war, man solle zu jeder

---

*) Schreiben des Condestable an den Kaiser vom 1. December.

Schwadron einen Doctor oder Licenciaten thun*), der entscheide, ob eine Schlacht geliefert werden solle. Endlich
entschied man sich für die Ansicht des (abwesenden) Condestable, für jetzt keine Schlacht zu liefern, der Graf von Haro
schloss sich dem Almirante an**), der es für zweckmässig
hielt, das Heer in Garnisonen zu vertheilen, nach S. Pedro de
la Farza, la Mota, Torre de Lobaton, Castromonte — während
Tordehumos, Villabraxima, Villagarcia ***) und Villaflahor von
den Junteros besetzt waren. So noch am 2. December. Ganz spät
begab sich der Cardinal in das Haus des Almirante, wo der
Kriegsrath stattfand, und setzte nun den Granden das Unge-
schickte ihres Beschlusses auseinander. Das Heer in Garnisonen
zu vertheilen, hiesse den Krieg verewigen; sie müssten T o r d e -
s i l l a s nehmen. Als jetzt noch die Nachricht eintraf, das Heer
der Junta ziehe (2. Dec.) von Villabraxima nach Villalpando
(wo auch Don Pedro Giron mit grossen Freudenbezeugungen
am 3. December aufgenommen wurde †), beschloss der Kriegsrath, das königliche Heer sollte am 3. December früh nach
C a s t r o v e r d e aufbrechen; d. h. die Richtung nach Villalpando
nehmen, um die Ländereien des Condestable zu schützen
(Castroverde lag nur 2 Stunden von Villalpando), statt wie der
Condestable noch am 4. December schrieb, nach Valladolid
oder Tordesillas zu ziehen. So lange Don Pedro Giron in
Villabraxima, eine Stunde von Medina de Rio seco stand,
schreibt der Cardinalgobernador am 4. December an den Kaiser,
wollten ihn die Granden nicht angreifen; jetzt aber, als sie
sahen, dass es sich um ihre eigenen Interessen ebenso handle
als um das Königreich, hätten sie sich entschlossen ihm zu folgen.
Der Graf von Haro, obwohl jung und ohne Erfahrung, sei Generalcapitan geworden, durch die fruchtlosen Unterhandlungen des Al-

---

*) Bericht des Comendador mayor vom 1. December und P. Martyr
n. 705.
**) Schreiben des Grafen von Haro von Sonntag (2. Dec.) 10 Uhr Nachts.
Anfänglich war dieser auch für den Zug nach Tordesillas.
***) Schon im October hatten Gonzalo de Guzman und Francesco Maldo-
nado die Procuratoren auf den schlechten Zustand des benachbarten
Villagarcia aufmerksam gemacht.
†) Schreiben des Cardinals vom 4. December: Como son de la emsma
secta.

mirante viel Zeit unnütz verloren gegangen, die Caballeros seien
darüber unwillig geworden, da sich die Entscheidung nun weiter
hinausschob. Als er aber am 2. December in den Kriegsrath
gegangen war, überzeugt, dass die Granden nur ihre Ländereien
schützen und nichts gegen die Feinde unternehmen wollten,
habe er ihnen den Satz des Aristoteles vorgehalten, dass man
in einen Kriegsrath Niemanden wählen solle, der in der Nähe
des Feindes Ländereien besitze. Ihm scheine das Beste zu
sein, Tordesillas zu nehmen und die Königin zu befreien. Da
erwiederte der Almirante, er habe schon gesagt, warum er die
Regentschaft nicht annehme; ob sie ihre Köpfe verlieren
sollten, damit der König sein Geld spare? Es bezog sich diese
Rede auf die Darlegung des Cardinals, dass jeder Tag schon 1500
Ducaten koste. Der Gobernador erwiderte, er habe nur sagen
wollen, dass viele Tage diese Ausgaben nicht mehr stattfinden
könnten; die Herren aber setzten ihm auseinander, warum
sie bei Villabraxima sich nicht schlagen dürften.*) Viele seien
der Meinung, die Granden wollten den Krieg verlängern, ihre
Ländereien schützen und nicht einen Maravedi daran setzen.
Da sei seine Anwesenheit unnütz. Wenn doch nur, setzte er
in Chiffern hinzu, der Kaiser wüsste, wer Urheber dieser
Revolution gewesen sei und wer sie fortwährend fördere, er
würde sich nicht den Männern anvertrauen, welchen er gegen-
wärtig sein Vertrauen schenke. Er könne es aber dem Kaiser
nicht schreiben, da in seiner Kanzlei das Geheimniss nicht
bewahrt werde.

Endlich am 3. December früh Morgens kam der Almirante
zum Cardinalgobernador, ihm zu eröffnen, dass der Kriegsrath
beschlossen habe, was er gerathen, zu vollführen, und nach
Tordesillas zu ziehen; dass aber der Aufenthalt in Rio seco
dann für den Consejo nicht sicher sei und man einen Aufstand
befürchte. Er bot dem Cardinal 50 Lanzen zur Bedeckung an.
Der Gobernador befrug den Consejo, was zu thun sei, und
erhielt die Antwort, die Räthe seien bereit fortzugehen, wenn
nur er mitginge. Er selbst wollte ganz fortgehen, liess sich
aber bestimmen, noch einige Tage zu warten. Jetzt aber über-

---

*) Dass die Stellung der Granden zu einer Schlacht ungünstig war,
scheint keinem Zweifel zu unterliegen.

stürzten sich die Ereignisse. Noch am 3. December wurde Villagarcia genommen und zwar in der fruchtlosen Hoffnung, es werde sich Villalpando halten, wenn es das königliche Heer in der Nähe wisse. Als man aber erfuhr, dass Villalpando sich schon am 3. dem Don Pedro Giron ergeben, wurde am 4. in Villagarcia Kriegsrath gehalten und der Sturm auf Tordesillas beschlossen. Das Heer brach am 4. December dahin auf*), zog über Torrelobaton, Peñaflor nach Castromonte, das 4 Stunden von Valladolid und ebensoweit von Tordesillas liegt; am 5. Dec. wurde die Richtung nach der letzten Feste eingeschlagen, jedoch mit solcher Vernachlässigung aller Vorbereitungen, dass erst unterwegs ein Wagen mit Bauernleitern mitgenommen wurde. Als nun Don Pedro Giron in Villalpando, westlich von Rio seco Nachricht von dem unvermutheten Zuge des königlichen Heeres erlangte, schickte er wohl schleunigst Don Luis de Herera zur Verstärkung der Besatzung ab. Aber nach fünfstündigem Kampfe war Tordesillas bereits genommen, die Königin in dem Augenblicke befreit, in welchem man sie wegbringen wollte, 10 Procuratoren gefangen. Don Luis musste sich unverrichteter Dinge zurückziehen. Das Heer schlief in Waffen in der eroberten und ausgeplünderten Feste. Der Cardinalgobernador aber feierte den Triumph, dass sein Rath der beste war, die rasche Ausführung desselben der Sache der Comunidades einen entsetzlichen Schlag versetzt habe.

Und da gefallen sich die spanischen Geschichtschreiber zu sagen, der Cardinalgobernador sei für nichts gewesen, während der Condestable in Burgos weilte, sein Sohn der Generalcapitan, Tordesillas von der festesten Seite stürmte und der Sturm mit grossem Verluste abgeschlagen wurde, der Almirante aber und so viele Andere mit aller Zähigkeit darauf bestanden, statt nach Tordesillas zu ziehen, das Heer in Garnisonen aufzulösen oder gegen Villalpando zu ziehen.

Die Kenntniss dieser geheimen Vorgänge weist auch von selbst nach, nicht nur, wie die Beschlüsse entstanden, sondern

---

*) Wie so oft das Datum irrig ist, so auch jetzt. Das Schreiben des Almirante an den Kaiser über die Wegnahme von Tordesillas trägt das Datum vom 4. December. Lope Hurtado gibt die Bewegung der Heere vom 3.—5. an. (Peñaflor v. 5. Dec.)

dass auch von einem geheimen Einverständnisse Giron's, von einem Verrathe desselben keine Rede war. In Bürgerkriegen zumal ist jeder Feldherr, welcher den Erfolg nicht für sich hat, ein Verräther. Auch Padilla ist diesem Schicksale nicht entgangen. Die Einwohner von Valladolid bezeichneten Giron nach dem Verluste von Tordesillas als solchen, während der Almirante die Ungeschicklichkeit hatte, von der Königin zu verlangen, sie solle Giron befehlen, die Güter der Granden nicht feindlich zu überziehen. Wer war der Verräther?!

Nachdem aber Tordesillas erobert worden, folgten die Schreiben über das so bedeutende Ereigniss nach. Noch am 4. December hatte Vargas an den Kaiser aus Burgos geschrieben, es gäbe in Castillien kaum einen Ort, der nicht revoltirt habe. An demselben (!) Tage berichtete der Almirante an den Kaiser, nannte ihm die Granden, welche zum Sturme nach Tordesillas zogen und die Feste nahmen. Am 5. December berichtete Lope Hurtado, welcher aus Rio seco mitgezogen war, dass den Tag vorher das königliche Heer über Torre de Lobaton, Peñaflor und Castromonte nach Tordesillas zog, wobei, wie der Tratado berichtet, das königliche Banner mit dem Bilde des hl. Jacob auf grün und rothem Grunde entfaltet wurde. Lope schrieb aber aus Peñaflor, ohne zu wissen, dass Tordesillas schon am 5. gefallen war. Der officielle Bericht setzt weitläufig auseinander, nachdem das Heer der Junta schon gegen Rio seco aufgebrochen war, habe man nach dem Willen des Almirante noch 8 Tage lang gewartet, bis der Graf von Haro mit seinen Truppen (der Infanterie von Navarra) gekommen war. Der Almirante, der Graf von Benavente, der Marques de Astorga, die Grafen von Alba und Luna entschlossen sich, ihre Ländereien dem Feinde preiszugeben. Während das Heer der Junta Torre de Lobaton wegnahm, nahmen die Königlichen Villa de Castromonte und erst dort sei beschlossen worden, Tordesillas anzugreifen und wurden nun auf einem Bauernwagen Leitern fortgeschafft, Tordesillas aufgefordert sich zu ergeben; die Stadt habe gezögert zu antworten, sich unterdessen mehr befestigt, so dass erst durch eine kleine Bresche, als die Hoffnung, die Stadt zu nehmen, bereits geschwunden war, ein Alferez des Grafen de Alba hineinkroch, dann ein zweiter, endlich ein Thor geöffnet wurde und die Cavallerie hineindrang.

Zehn Procuratoron der Junta seien gefangen. Der Bericht verschweigt, was er nicht sagen mag, erwähnt auch nicht, was der Condestable an den Kaiser am 4. December schrieb, als das Heer dem der Junta nachfolgend nach Castroverde gekommen war, habe er einen Courier von Burgos abgeschickt, sie möchten sich um seine Besitzungen nicht kümmern, sondern nach Tordesillas ziehen. Der Beschluss dahin zu ziehen war schon am 3. December gefasst worden und der Courier des Condestable kam jedenfalls zu spät. Am 6. December berichtete der Cardinalgobernador aus Medina de Rio seco an den Kaiser: Er habe schon Samstag den 1. December gerathen, nach Tordesillas zu ziehen, dessen Eroberung ihm soeben der Almirante und der Graf von Benavente berichtet. Rio seco sei unterdessen in grosser Gefahr gewesen, da sich das Heer der Junta dahin gewendet, um es im Rücken der Königlichen wegzunehmen. In der Nacht vom 4. December floh der Consejo von dannen und liess den Gobernador allein. Der Condestable forderte ihn auf, sich zu ihm an einen sicheren Ort zu begeben. Am 6. December schrieb Lope aus Tordesillas, der Cardinal habe durch seine Anrede im Kriegsrath viel zu diesem Erfolge beigetragen, der Comendador mayor de Castilia die Granden bewogen, dieser Meinung beizupflichten, was freilich der officielle Bericht verschweigt. Er sollte die Kriegsleute verherrlichen.

Ausdrücklich setzt aber der officielle Bericht, welcher nicht vor dem 7. December, dem Tage, an welchem Don Pedro Giron nach Valladolid zurückkehrte, verfasst wurde, hinzu, dass letzterer sich anschickte, Medina de Rio seco zu erobern. Da aber warfen sich der Graf von Castor mit 100 Lanzen und der Capitan Vadillo mit 150 Musquetieren und ebenso vielen Pikenträgern in die bedrohte Stadt und retteten sie so vor weiteren Angriffen. Aus einem fälschlich April 1520 datirten Briefe des Cardinals ersieht man *), dass auch die Procuratoren von Simancas es unternommen hatten, Rio seco vor einem Handstreiche zu sichern. Es war daher sehr müssig, Giron als einen Verräther zu bezeichnen; wenn dieses aber durch eine Stelle des Guevara begründet werden solle, der von

---

*) Reg.

delicaten Unterhandlungen spricht, die er mit Pedro Giron
gehabt und die sich dann bei dem Zuge nach Villalpando
geoffenbart, so steht dieses geradezu mit allem Anderen, was
wir wissen, in Widerspruch und vor Allem damit, dass der
Zug nach Villalpando längst beschlossen war. Das loyale Benehmen Girons wurde später selbst in einem officiellen Documente erhärtet. Jetzt aber konnte er wohl Castromonte plündern,
allein Simancas, Torre de Lobaton, Arevalo und Portillo wurden
von den Königlichen besetzt und so alle Strassen nach Tordesillas verwahrt.*)

Man glaubte anfänglich, Don Pedro Giron habe sich nach
Toro gewendet.**) Er hatte, wohl gewarnt, den Marsch über
Villalpando hinaus nicht fortgesetzt, sondern war, mit Zurück-
lassung von 1000 Mann in Villalpando, nach Villagarcia zurückgekehrt, als ihm das königliche Heer nicht nachgefolgt war.
Hier erfuhr er das Schicksal von Tordesillas; nun wurden
zwar einige Schüsse auf Rio seco abgefeuert***), allein Don
Pedro hielt es für gerathsamer, sich nach Castromonte zu begeben, wo Beute gemacht wurde und dann über Villanuebla
nach Valladolid zu ziehen, dort sich wegen des Verlustes
von Tordesillas zu verantworten und dann sich zu verab-
schieden. Bereits hatte Don Pedro Laso die Junta nach Valladolid †) berufen und zwar an der Spitze der Artillerie und
der Truppen des Juan Bravo und Luis de Herrera. Allein
nun kam einer der in Tordesillas gefangenen Procuratoren,
Gonzales von Avila ††), um im Namen der Anderen Don Pedro
Giron und den Bischof aufzufordern, ihre Truppen zu entlassen. Die Granden hatten die Königin gebeten, diess der
Junta zu befehlen und namentlich der Almirante sich dies zur
Aufgabe gestellt. Don Pedro hatte jedoch eine Aufforderung
an alle Städte erlassen, ihre Contingente einzuschicken, Valladolid jedoch von ihm verlangt, dass er sein Heer ausserhalb
der Stadt lasse.†††) Die Junta de guerra befand sich seit dem

*) Schreiben des Comendador mayor vom 8. December.
**) Schreiben Lope Hurtado's vom 6. December.
***) Schreiben vom 7. December.
†) Schreiben aus Valladolid vom 7. Sept.
††) Schreiben des Gomez de Santillana vom 8. December.
†††) Erst in Villanuebla, dann in Zaratan.

10. December in Zaratan. Man hatte in Tordesillas eine ganze Kiste mit Schriften Don Pedro Laso's gefunden und einen Brief aufgefangen, welchen dieser von Villalpando an Juan de Ayala nach Tordesillas geschrieben, der die Ankunft des Heeres in Aussicht stellte und Unzufriedenheit mit dem Benehmen Don Pedros aussprach, sowie über Geldmangel klagte. Lope Hurtado, welcher dieses am 10. December dem Kaiser schrieb, erwähnt nicht das Mindeste von einem Einverständnisse Girons mit den Granden, wohl aber, dass er den Städten verdächtig wurde und sie ihn als Verräther bezeichneten. Ebenso wenig der Graf von Haro, welcher über Giron am 16. Januar 1521 sehr ausführlich berichtet. Nach dem Schreiben des Comendador mayor de Castilla*) vom 12. December war bereits nach Juan de Padilla gesandt worden und glaubte man, wenn er komme, werde er statt Giron's Capitan general. In der That hatte auch Juan kaum von dem Verluste von Tordesillas gehört, als er sogleich mit der Truppenabtheilung, mit welcher er ausgerückt war, nach Toledo zurückkehrte und sich bereit machte, mit einer grossen Truppenmasse sich an den Duero und die Pisarge zu wenden.**)

Giron musste fühlen, dass er eine ganz verfehlte Stellung eingenommen hatte. Valladolid hatte sich seit Mitte November ganz und gar an die Revolution angeschlossen. Don Juan de Mendoza war zurückgekehrt; er und Don Pedro de Bazano waren damals nach Tordesillas gezogen, der Königin die Huldigung von Valladolid darzubringen. Die Stadt führte jetzt erst recht den Kampf gegen die Granden und während sie Anfang November noch von der Junta verlangt hatte, sie sollte weder Don Pedro Giron noch den Bischof oder den Bruder Alfons nach Valladolid schicken, war sie jetzt das geworden, was Toledo im Süden war, der Heerd des Aufruhrs. Don Pedro Giron musste sich überzeugen, dass, selbst wenn auch wieder ein Umschlag in den Gemüthern zu seinen Gunsten stattfände, derselbe nicht von Dauer sei. Er stand damals, wie wir dieses genau wissen, mit Don Pedro Laso in gespanntem Ver-

---

*) Y asi abra D. Pedro comenzado y acabado aguel buen cargo que tomo saliendo del con honra y provecho.
**) Schreiben des Condestable vom 14. December.

hältnisse. Der Pöbel misstraute ihm als einem Granden, der Erfolg, von dem die Popularität abhängt, war gegen ihn, die conservative Partei sah ihn als einen Abtrünnigen an, der königliche Rath Petrus Martyr de Angleria arbeitete nach seinem eigenen Geständnisse, den Don Pedro Laso und den Bischof auf die Seite der Granden zu ziehen, zu welcher Giron seiner Geburt und seinem Range nach gehörte und gewiss auch nach seinen Sympathien. So vielen Einflüssen konnte Don Pedro Giron in die Länge um so weniger widerstehen, als er sich, je mehr er Einblick in die inneren Verhältnisse der Junta gewonnen hatte *), desto mehr auch von dem blinden Hass gegen die Granden überzeugte, sonst aber die grösste Getheiltheit der Interessen und Anschauungen hervortrat. Auf den Schlag von Tordesillas beruhigte sich bis auf Tolosa, Segura, Mondragon und Villafranca die Provinz Guipuscoa. Jetzt wurde freilich in Valladolid bestimmt, dass alle Ländereien der Granden mit Feuer und Schwert verwüstet **), die Contingente von Toledo, Segovia, Madrid, Salamanca, Toro, Avila, Medina aufgeboten werden sollten. Allein wenn selbst ein Zug zur Wiedereroberung von Tordesillas versucht werden würde, so war das Gelingen, so lange Simancas, Torre de Lobaton, Villalar, Arevalo durch Besatzungen gedeckt waren, selbst einem Grafen von Haro und dessen notorischer Unfähigkeit gegenüber noch immer sehr zweifelhaft. Auch Medina de Rio seco war geschützt und nur auf dem offenen Lande konnten die Truppen der Junteros ihre Plünderungszüge versuchen.

So wurde denn wohl das Heer der Junta unter Don Pedro Giron und dem Bischof von Zaratan in Valladolid zusammengezogen, um am 14. mit der Artillerie gegen Simancas auszuziehen.***) Allein die Feste war zu gut verwahrt, als dass sie ohne regelmässige Belagerung hätte genommen

---

*) Is videns juncteros esse in particularis oppidi potestate — vom Pöbel von Valladolid abhängig, sineque consilio atque viribus regi, secessit ab eis. P. Martyr, p. 597.
**) Schreiben des Cardinals vom 10. December. So verloren z. B. die beiden Vozmedianos all das Ihrige in Madrid. Schreiben vom 17. December.
***) Schreiben des Cardinals vom 15. December aus Rio seco.

werden können. Was war aber auch mit einem Heere auszurichten, dessen Anführer offen des Verrathes beschuldigt
wurde *) und der wusste, dass man ihm das Commando entziehen wolle? Schon am 15. Abends erfuhr der Cardinal **),
dass der Auszug aus Valladolid eine ganz andere Wendung
genommen habe, als man besorgte, Don Pedro Giron habe
sich mit der Reiterei von der Junta getrennt und sei nach
Portillo oder Tudela gegangen. Die Truppen der Junta ver-
liefen sich jeden Tag mehr und die von Valladolid seien
deshalb mit der Artillerie in die Stadt zurückgekehrt, die voll
Unwillen über den Verräther Giron sei. Vargas schrieb bereits
am 18. December von Burgos aus, Giron sei mit 3—400 Lanzen
zum königlichen Heere übergegangen. Doch war es noch nicht
so weit gekommen, sondern nach dem Schreiben des Cardinals
vom 23. December war Don Pedro Giron (am 16. December)
mit 300 Lanzen (muy buenas) nach Peñafiel gegangen und
hatte um Verzeihung für seinen Abfall zur Junta bei dem
Kaiser nachgesucht. Nach einem späteren Briefe des Grafen
von Haro war es (in Zaratan) zum völligen Bruche (revuelta)
zwischen den Truppen von Valladolid und Don Pedro Giron
gekommen ***), der von jenen geradezu als Verräther bezeichnet wurde, der die Junteros den Granden verkauft habe;
da sei er mit der Cavallerie davongeflohen. Der Bischof von
Zamora, weit entfernt, seinem Beispiele nachzufolgen, hatte
die Artillerie nach Valladolid zurückgeführt und bot Alles auf,
die Junta zu stärken. Don Pedro Maldonado war von Salamanca mit 40 Pferden und 600 Mann zu Fuss (aunque no
may lucidos) in Valladolid angekommen. Man erfuhr ferner,
dass Don Juan de Padilla mit 100 Lanzen und 2000 Mann zu Fuss
auf dem Marsche nach Valladolid begriffen war, um sich mit
dem Bischofe zu vereinigen und dass er bereits sich Arevalo
nähere. Die Absicht der Junta war nun, sich aller königlichen Renten zu bemächtigen, einerseits um zu verhindern,

---

*) Que por el debdo que tiene con el Condestable dejo perder a Tor-
desillas. Schreiben des Vargas an den Kaiser vom 13. December.

**) Schreiben vom 16. December.

***) Schreiben vom 16. Januar 1521.

dass der König komme, da er kein Geld aus Spanien bezog, andererseits damit, wenn er komme, er sich nicht halten könne.

Ruhig liess der Graf von Haro den Toledaner über den Duero kommen, statt ihm mit aller Macht entgegen zu eilen und ihn vor seiner Vereinigung mit dem Bischofe zu erdrücken. Er redete sich nachher damit aus, sein Volk sei nicht bezahlt gewesen und der Almirante habe sich in Unterhandlung mit den Rebellen befunden. Allein in Tordesillas fehlte es an Allem, an einem tüchtigen Feldherrn, an Geld, an Munition, an Salpeter, an Artillerie, an Kriegsmitteln, an Einheit unter den Granden, an Verständniss unter den Gobernadoren und dem Consejo real. Es war von K. Karl die Schmach genommen, dass seine Mutter und Schwester sich in den Händen rebellischer Unterthanen befanden, wie es einst seinem Grossvater Maximilian in Flandern ergangen; dass man sie aushungerte und fortschleppte; sonst aber war Alles so ziemlich in demselben Geleise und lauteten die Briefe der Gobernadoren nach wie vor unerfreulich im höchsten Grade.

Was hatte es Mühe gekostet, die Granden dahinzubringen, dass sie, fast möchte man sagen wider ihren Willen siegen mussten? Es schien an das Wunderbare zu gränzen, dass die nothwendigen Geldmittel durch ein portugiesisches Anlehen, zum Theile auch dadurch, dass einzelne Granden ihr Silberzeug hergegeben hatten, aufgebracht wurden. Jetzt aber schien sogleich die alte Rathlosigkeit wieder einzutreten. Der eine Gobernador sass wie festgenagelt in Burgos, der andere in steter Gefahr für Freiheit und Leben in Medina de Rio seco, der dritte der Almirante, welcher erst Ende December sich dazu entschloss, die Gobernadorstelle anzunehmen, in Tordesilas, aber noch immer beschäftigt neue Unterhandlungen auszuhecken, während die Armee der Junta sich reorganisirte und Juan de Padilla auf einen Schlag sann sich seiner Berufung würdig zu erweisen. Die Zögerung des Almirante, sein Amt anzutreten, hatte die Erhebung des Grafen von Haro veranlasst, der aber nach der Eroberung von Tordesillas sich den Zeitumständen noch weniger gewachsen zeigte als vorher. Schon am 13. December meldete der Condestable dem Kaiser, es gingen in Tordesillas Dinge vor, welche gefährlich werden könnten, wenn er auch hiebei

den Almirante*) meinte und nicht seinen Sohn, den er
zum Generalcapitan des Königreiches zu erheben suchte. Er
drang fortwährend in den Cardinal, zu ihm nach Burgos zu
kommen, das er nicht verlassen könne, so lange der Kaiser
seinen Vertrag mit den Einwohnern nicht bestätige; der
Cardinal wollte es jetzt auch thun, als der Nuntius, der portugiesische Gesandte, geistliche und weltliche Grosse ihm vor-
stellten, wie er das thue, so sei das ein Signal für die Granden,
Tordesillas zu verlassen und auseinander zu gehen. Der Condestable bat den Kaiser, die 3 verhasstesten Personen des Consejo
nach Hause zu schicken. Zu den verhasstesten Personen gehörte
aber der Condestable selbst, so dass der Cardinal dem Kaiser
die bezeichnenden Worte schrieb, die Comunen würden eher
un rey moro (einen Mauren) anerkennen als sich durch den
Condestable regieren lassen.

In Tordesillas selbst war Streit. Die Grafen von Benavente
und Haro stritten sich über den Besitz der Feste. Die Granden
und der Almirante, welcher bis zum 16. Dec. die Regentschaft
noch nicht übernommen hatte, wandten sich endlich an den
Cardinal, baten ihn nach Tordesillas zu kommen und der Almirante versicherte ihn, es werde ohne seinen Rath und seine
Zustimmung nichts geschehen. Nun trat aber erst die Spaltung
recht hervor. Der Condestable, selbst verhasst, berief den
Consejo zu sich, dessen Präsident der Erzbischof von Granada
dem Almirante bis in den Tod verhasst war. Der Cardinal
sagte zu, nach Tordesillas zu gehen, um dem Zerfall der
königlichen Sache zu steuern. Wie er es that, gab es zwei
königliche Regierungen und da der Almirante fortwährend
hinter dem Rücken des Consejo mit der Junta unterhandelte,
wandte sich nun dieser mit Klagen an den Kaiser, da sie sich
seit 10, 15, 20 Jahren der Unterdrückung der Unterthanen
durch die Granden widersetzt, seien die Mitglieder des Rathes
dem Almirante verhasst. Aber auch der Cardinal fand die
Zugeständnisse, welche der Almirante der Junta machte, viel

---

*) Insbesondere weil dieser die Königin zu bewegen gesucht, der Junta
zu befehlen, auf den Gütern der Grossen keinen Schaden anzu-
stiften und ihr Heer zu entlassen, was der Comendador mayor in
einem Schreiben an den Condestable vom 8. December sehr tadelte.

zu weit gehend. Die Granden besorgten, es möchten sich jetzt erst ihre Leute gegen sie erheben und sie ihre Länder verlieren. Der Kaiser hatte von Worms aus am 12. December 1520 ein grosses Achtedict über 249 Personen als Hochverräther erlassen. An ihrer Spitze prangten der Bischof von Zamora, Don Pedro Laso de la Vega, Don Juan de Padilla, Don Pedro de Ayala, Don Hernando de Avalos, Don Juan de Mendoza, immer bezeichnet als Sohn des Cardinals Don Diego Gonzalez de Mendoza, Don Pedro Maldonado, Francesco Maldonado, Juan Bravo, Juan Zapata, mehrere Guzman. Die Weltlichen waren zum Tode verurtheilt. Andererseits blieb die Bestätigung des Ausgleiches von Burgos, der Capitulos, trotz des steten Drängens des Condestable aus und befand sich dieser den Burgalesen gegenüber, welche ihn nur auf diese Bedingung hin friedlich in ihre Stadt aufgenommen, in einer peinlichen Lage. Die Absicht der Junta, den König durch Vorenthalt seiner Einkünfte in die äusserste Noth, die Granden durch Verwüstung ihrer Länder in Verzweiflung zu stürzen, trat immer unverholener hervor. Der Kampf wurde seit der Einnahme von Tordesillas, seit dem Wormser Edicte, das auf einmal an den Strassenecken von Valladolid zu lesen war — der Condestable hatte dafür gesorgt — nur heftiger. Die Junta wurde von dem Könige von Portugal abgewiesen; aber die Franzosen, die ihre Agenten überall hatten, rüsteten sich zu einem Einfalle in Navarra und die beiden Aechter, Juan de Padilla und Don Antonio de Acuña, Bischof von Zamora, zu einem Feldzuge für den Frühling. Glücklicher Weise war das wichtige Simancas zwischen Valladolid und Tordesillas gedeckt. Man vermuthete, dass es vor Allem dieser Feste gelte und sorgte wenigstens dafür, dass der Platz nur durch eine regelmässige Belagerung, nicht aber durch einen Handstreich genommen werden könne. Im G a n z e n war wohl die Bewegung in ein a n d e r e s Stadium getreten. Die Granden, welche anfänglich keine Hand für den König erhoben hatten, hatten endlich Partei genommen gegen die Comunidades, wenn auch die Capitulos von Burgos und das Benehmen des Almirante sehr wohl bewiesen, dass sie zu sehr weitgehenden Concessionen bereit waren, theils um ihre „haziendas" zu retten, deren Plünderung sich namentlich der Bischof von Zamora sehr angelegen sein liess, theils aus Besorgniss, der

Aufstand möchte erst jetzt Gebiete ergreifen, die er bisher unberührt gelassen hatte, theils weil die Lust der Erhebung sich ihrer eigenen Vasallen und Unterthanen bemächtigte. Dazu kam noch etwas Anderes. Während die Achturkunde nach Spanien unterwegs war, ging der Brief des Cardinalgobernadors nach Deutschland ab, in welchem es wörtlich hiess: Grosse und Kleine in diesem Königreiche beschwerten sich sämmtlich über den Kaiser, dass er sie behandelt habe, als wären sie Türken und nicht seine Unterthanen. Die Granden wollten schon dem Könige dienen, aber auch ihre Ländereien erhalten, und lieber durch einen Vertrag mit den Pueblos diese sich sichern als durch den königlichen Dienst sie in Gefahr bringen. Der Almirante wolle noch immer nicht den Titel eines Gobernadors annehmen, wohl aber von dem Rechte desselben Gebrauch machen. Die Grafen von Benavente, Osorio und Luna zögen wieder nach Hause. Der Cardinalgobernador befinde sich in äusserster Noth, er könne das Heer nur noch wenige Tage erhalten und sah die traurige Nothwendigkeit vor sich, Castillien verlassen zu müssen, weil er sich daselbst nicht mehr erhalten könne. Er drang fortwährend in den Kaiser, ihn von seinem Amte zu entheben, das für ihn, wie Lope Hurtado selbst sagt, zum Martyrium geworden war. Er kam Vesper vor Sct. Johann (26. December 1520) von Rio seco nach Tordesillas, dort seinen bleibenden Aufenthalt zu nehmen. Am 28. December schrieb der Condestable an den Kaiser, er sei in Burgos völlig abgeschnitten, der Vicekönig von Navarra solle sein Heer ausrücken lassen. Am 31. December *) zog Don Juan de Padilla mit 55 Lanzen und 1700 Mann zu Fuss in Valladolid ein mit einem Jubel, „als wenn Gott vom Himmel herabgestiegen wäre"; er wurde als der Erlöser Castilliens begrüsst. Das Volk hatte erreicht, was es wollte, die Gobernadoren gleichfalls, was sie nur wünschen konnten, als

---

*) Am 24. December schrieb Francesco de Rojas an die Junta, Juan de Padilla werde in wenig Tagen mit 4000 Mann abgehen; man hoffe das Heer auf 20000 Mann zu bringen; am 25. December der Condestable aus Burgos, Padilla sei mit 9 Kanonen und 1200 Mann angekommen. Er war über Medina del Campo, wo er sich Artillerie holte, im Anmarsche. Schreiben des Cardinals vom 4. Januar 1520.

Don Pedro Giron, der noch die militärische Leitung zusammen-hielt, beseitigt war. In Valladolid träumte man nur von Be-strafung der Feinde. Jetzt konnte man Gomez de Avila ab-weisen, der von Seiten der „Realistas" Friedensunterhandlungen anknüpfen wollte. *) Von Don Pedro Giron, der fortwährend in Peñafiel war, sprach man nicht mehr.**) Der Bischof von Zamora war Weihnachten in Palencia und schleppte die kö-niglich Gesinnten von Hechilla weg.

Der Marques von Denia war nach Tordesillas zurück-gekehrt, hatte sein Amt als Obersthofmeister wieder angetreten, aber mit der ganzen ihm eigenthümlichen Leidenschaft sich gegen die arme Infantin gekehrt, diese bei dem Kaiser ver-klagt, so dass von letzterem Schreiben abgingen, der Marques möge seinen Eifer zügeln. Die Königin hatte nur ihre Dränger gewechselt.

Damit schloss das Jahr 1520.

*) Reg.
**) Er stand jetzt in Unterhandlungen mit dem Almirante. Schreiben des Condestable vom 2. Januar 1521.

Viertes Capitel.

Streit um das Generalcapitanat in Valladolid. Don Juan
de Padilla wird nicht Generalcapitan. Fortschritte der Junta
in der Tierra de campos. Der Condestable Herr von Burgos
und die Hauptstadt Altcastilliens von der Junta getrennt.
Wachsende Gefahr eines französischen Einbruchs in Navarra. Unterhandlungen wegen eines Ausgleiches. Trost-
loses Schreiben des Cardinals, das der Bischof von Zamora
auffängt. Streit mit den Granden. Juan de Padilla erobert
Torre de Lobaton. Wiederaufflammen des Aufstandes. Unfähigkeit des Grafen Haro. Der Almirante unterhändelt
fortwährend. Don Pedro Laso de la Vega. Bemühungen,
Spanien eine bessere Verfassung zu geben. Don Pedro Laso
verlässt die Partei der Junta. Der Bischof von Zamora wendet
sich nach Toledo. Folgen seines Abzugs. Vorbereitungen
des Condestable zur Entscheidung gegen Padilla. Zögern
des letzteren, während die Gefahr näher rückt. Schreiben
Don Antonio de Guevara's an Padilla. Schlacht von Villalar.
Padilla und die anderen Anführer gefangen und am 24. April
1521 hingerichtet.

Die Junta hatte es bisher immer auf das Aeusserste ankommen lassen. Aus Avila war der Comendador Hinestrosa
vertrieben worden, der wie es scheint Vorschläge zur Aus-
gleichung gemacht hatte. Die beiden Bischöfe, die im Namen
des Cardinals und Consejo's Vorschläge nach Tordesillas zu
überbringen hatten, wurden zurückgewiesen, der Almirante
nicht eingelassen, die Unterhandlungen Guevara's scheiterten.
Ende December unternahm es auch der königliche Rath Peter
von Angleria mit Pedro Laso und dem Bischof von Zamora in
Valladolid Besprechungen zu halten, die auf den Vorschlag

hinausliefen, den Papst als Vermittler anzurufen; der Vorschlag wurde der Junta sowie dem Cardinal und dem Nuntius, die sich noch in Rio seco befanden, mitgetheilt. Der Nuntius erbot sich nach Valladolid zu kommen, als der Cardinal mit ihm nach Tordesillas ging, Juan de Padilla aber in Valladolid einzog, das von Simancas aus so blockirt wurde, dass Niemand die Stadt verlassen noch Feldarbeiten übernehmen konnte.*) Als dann der Nuntius nach Valladolid kommen wollte, machten ihm erst noch die Einwohner Schwierigkeiten, weil sie fürchteten, er möchte den Bann über den Bischof aussprechen. Sie wollten ja nur, dass die Gesetze des Königreichs beobachtet würden. Endlich wurde er doch in die Stadt gelassen und ebenso der Botschafter des Königs von Portugal**), welche beide in der nächsten Zeit der königlichen Sache wesentliche Dienste leisteten. Grössere Hoffnung als auf Unterhandlungen, deren Anfang schon in Valladolid auf den entschiedenen Widerwillen des Volkes und dessen unbesiegbaren Argwohn stiessen, setzte der Cardinal auf Aussöhnung Don Pedro Girons mit dem Könige; selbst der Bischof von Zamora — so hiess es am 4. Januar, würde, wenn er schriftliche Versicherung erhalte, gerne sich unterwerfen. Allein vor der Hand war die grösste Schwierigkeit, zu irgend einem Verständnisse, überhaupt zu einem Erfolge zu kommen, in Tordesillas vorhanden. Schon ehe der Graf von Haro nach Medina de Rio seco gekommen war, machte der Cardinal-Gobernador den Almirante und die anderen Caballeros aufmerksam, dass der Graf keine Erfahrung habe, und nur die ungestümen Bitten derselben hatten ihn vermocht, den Grafen als Generalcapitan zu bestätigen. Jetzt aber hatte er so viele Beweise seiner Unfähigkeit gegeben, dass der Cardinal den Marques von Astorga, den Grafen von Alba de Liste oder Ruy Diaz de Rojas an seine Stelle dem Kaiser wenngleich vergeblich vorschlug. K. Karl hatte keinen Grund den Condestable noch mehr gegen sich aufzubringen. In Tordesillas herrschte gänzlicher Zwiespalt zwischen der Partei des Grafen Haro (des Condestable) und des Almirante. Jeder Grande wollte Mitglied des Consejo sein, alle Geheimnisse erfahren, so dass es schon gar keine geheime

---

*) Opus epistolarum. Letzter Brief des XXXIII. Buches.
**) P. Martyr op. 710.

Angelegenheiten mehr gab. Ungemein aber schadete es, dass der Kaiser den Gobernadoren die Macht im Allgemeinen und Besonderen zu vergeben entzogen hatte; sämmtliche Gobernadoren sind wenn in Nichts doch hierin einig.

Damals beruhte die Junta auf Don Pedro Laso. Er hatte, man kann wohl sagen, ihre Trümmer in Valladolid wieder vereinigt,*) wo sich 3 Procuratoren von Toledo, je 2 für Salamanca, Toro, Segovia, Cuenca, Valladolid, einer für Leon, Murcia, Avila, Zamora befanden. Er suchte den gesunkenen Muth zu heben, den Verlust von Tordesillas als einen unberechtigten Ueberfall einiger Granden darzustellen, die Junta fortwährend mit der Autorität der Königin zn decken und ihre Arbeiten als die der Pacification des Reiches hinzustellen. Ihm gebührte denn auch die militärische Oberleitung und sollte überhaupt aus dem Aufstande etwas werden, so war mehr als je die Concentrirung der Gewalten nothwendig. Im Vereine mit Don Hernando de Ulloa, Diego de Guzman und Sarabia hatte Laso denn auch in der Abwesenheit Padillas die Angelegenheiten so weit geführt, als sie gekommen waren; nun zeigte sich aber der Verlust von Tordesillas mit seiner ganzen Schwere. Dort hatte die Junta geherrscht, sie war die Herrin der Stadt, sie beherrschte den Palast und was sie von ihrem Verhältnisse zur Königin bekannt machen wollte, war ihre Sache und wurde geglaubt. Dadurch, dass sie nach Valladolid zog und Don Pedro Giron sich nicht mehr im Obercommando erhalten konnte, war die Junta selbst von der Bevölkerung der Stadt abhängig geworden, die sich darin gefiel, den Herrn zu spielen. Die Verabschiedung Girons war nicht bloss Aufgebung einer Person, sie war auch Aufgebung eines Princips. So lange er an der Spitze des Heeres stand, konnte man doch noch immer hoffen, es werde zwischen den beiden grossen

---

*) D. Pedrum Gironem et D. Petrum Lasum, solos in hoc vasto gurgite viros graves jam proditores appellant quod ineptos esse Junctae cogitatus ambo intelligunt. P. Martyr op. 710. XVI cal. Febr. Der Condestable schrieb am 2. Januar 1521 ziemlich aufgebracht über Girons Zug nach Villalpando, er höre, Giron unterhandle in Peñafiel mit dem Almirante. Con migo agora no se habla. Bei den königlich Gesinnten findet sich keine Spur, dass sie an einen Verrath Girons glaubten.

Parteien nicht zum völligen Vernichtungskampfe kommen. Von Don Pedro Laso konnte man annehmen, dass er das Princip der Autorität zu wahren suchen werde; er selbst erwies sich Unterhandlungen nicht abgeneigt. Seine Absicht war es gewiss nicht, dass der Aufstand diese Wendung genommen. Er war einen bedeutenden Schritt weiter gegangen als Dr. Zumel, welcher jetzt auf Seiten der Regierung aushielt, aber mit den Franzosen zu unterhandeln und es zum Kampfe auf Leben und Tod in Castillien selbst kommen zu lassen, lag ihm ferne. Wurde er Generalcapitan, so war noch immer anzunehmen, dass Macht gegen Macht stehend zuletzt einen Ausweg finden werde und der Almirante war ja unermüdlich diesen ausfindig zu machen, es zum Vertrage zu treiben und dann den König zu vermögen, die ohne ihn zu Stande gebrachte Thatsache anzuerkennen, die Freiheit Castilliens so durch einen Compromiss zu sichern. Allein die Revolution hat auch ihre Logik und ihr Recht. Als Don Juan de Padilla mit 2000 Toledanern, deren Capitan er war, heranzog, hatte die Junta gut Don Pedro Laso zu ernennen. Don Juan de Padilla war Caballero genug zu erklären, dass er sich dem neuen Generalcapitan fügen wolle. Aber die Stadt Valladolid wollte auch ein Wörtlein reden. Es genügte ihr nicht, dass ihre Procuratoren in der Junta sassen, sie gedachte, den richtigen Generalcapitan ausfindig zu machen und fand ihn in Don Juan, welcher als zweite Person gewiss vortrefflich am Platze war, als erste Niemanden genügte. Man konnte seine Bescheidenheit Laso gegenüber für ächt oder für unächt halten. Er war, als Giron Generalcapitan wurde, nach Toledo gegangen und hatte so an der üblen Wendung der Dinge seinen redlichen Theil. Jetzt nahm er aus den Händen der Menge, die ihm blindlings ergeben war, die oberste Militärgewalt an. Er herrschte jetzt in Valladolid, in der Tierra de campos; Doña Maria de Pacheco in Toledo. Allein mit vollem Rechte sagte schon damals ein Don Juan nahestehender Beobachter der Verhältnisse der Junta· er wisse nicht, wohin er ziele und werde bald kopfüber stürzen; obwohl er wenig Klugheit besitze (parum sapiens), fühle er doch bereits, wie wenig man auf die Volksgunst bauen könne.*)

*) Per levissimos et nullius pensi vulgares homines res agitur, quos hujusmodi tempestas alit. Op. epist. n. 711.

Petrus von Angleria, der dieses Mitte Januar 1521 schrieb, bezeichnet in einem Briefe an den Marques von Mondejar, Bruder der Doña Maria de Pacheco, diese als den Mann ihres Gemahls. Sie war sein böser Engel und trieb ihn in eine Stellung hinein, der er nicht gewachsen war. Es ist nicht nothwendig viele Worte zu machen, um den Eintritt eines neuen Stadiums in der Geschichte des Aufstandes der Comunidades darzuthun. Das Volk von Valladolid hatte über die Junta gesiegt, die Herrschaft der in Toledo dominirenden Partei schien auch im Norden sicher gestellt, die Junta factisch auf die Seite geschoben. Sie mochte sehen, wie sie wieder Oberwasser gewann.

Peter von Angleria beschreibt weitläufig die wilde Scene in Valladolid, als auf einmal der Pöbel sich bewaffnete, selbst Frauen mit Waffen auf die Strasse drangen, Don Pedro Laso, kurz zuvor als Erhalter des Vaterlandes begrüsst, nun als Verräther bezeichnet, Padilla aber nur halb angekleidet und ohne Hut aus seinem Hause geschleppt und zum Heerführer ausgerufen wurde; damals habe Padilla erklärt, er fühle sich zu dieser Würde nicht kräftig, man möge sie Laso geben. Das Geständniss machte Padilla alle Ehre. Dann aber gelang es der Junta doch noch ihr Ansehen insoferne wieder herzustellen, dass sie das Commando unter dem Bischofe von Zamora, Don Gonzalez Guzman von Leon, Neffe des Grosscomendators von Calatrava, Pedro Nuñez und Jacob Guzman von Salamanca theilte.*) Aber wenn sie auch nach der Angabe des königlichen Rathes damals weder Laso noch Padilla zum Generalcapitan machte, so ward es Padilla doch in den Augen der Einwohner von Valladolid. Vorderhand aber wurde ein Kriegszug beschlossen, weil die Granden 24 Tage mit Absendung ihrer Procuratoren zum Ausgleichsgeschäfte warten liessen und die Junta dadurch geäfft worden sei. Dem Grafen von Benavente wurde jetzt Cigales abgenommen und sein Schloss mit allen Vorräthen den Flammen übergeben. Im höchsten Grade aufgebracht, dass die Granden ihn so preisgegeben, habe damals der Graf erklärt, er werde sich an die Junta anschliessen, wenn nicht bessere Sorge getroffen werde.

---

*) Opus epist. p. 402.

Sie hatte wieder einen Erfolg erlangt und in der That schien es, als hätten die Granden in Tordesillas sich nur die Aufgabe gestellt, ihre Güter Schloss für Schloss in die Hände der Junta fallen zu lassen.

Mochten sich die Gobernadoren rühmen, dass sie durch geheime Anhänger die Spaltung im Schoosse der Junta zu nähren vermöchten *); es war gewiss, dass in Valladolid selbst nur der Pöbel herrschte und wo er konnte, seinen unverständigen Terrorismus über die ihm missfälligen Persönlichkeiten ausübte; die Granden arbeiteten der Junta fortwährend in die Hände und die Theilung des Commandos, die Uebergabe eines selbstständigen Oberbefehles an den nie ruhigen, zu allen kühnen Unternehmungen aufgelegten Bischof von Zamora erwies sich als eine ebenso glückliche That, als die Uebergabe des Obercommandos des königlichen Heeres an den Grafen von Haro ein Unglück für die königliche Partei war.

Vorderhand tritt Don Pedro Laso, unstreitig die bedeutendste Persönlichkeit unter den Communeros, mehr in den Hintergrund, allein er bleibt doch, soweit dies unter so vielen widerstrebenden Elementen überhaupt möglich war, der Leiter des Ganzen. Er ist es, der später den Bischof vom Norden nach dem Süden dirigirt, so dass Doña Maria an dem Bischofe einen Pfahl im Fleische erhält. Man kann als sicher annehmen, dass Don Pedro Laso Kunde von den französischen Unterhandlungen in Valladolid und Toledo besass; um so wichtiger tritt sein Streben hervor, zwischen der Junta und den Granden einen Abschluss herbeizuführen und zwar nicht blos ohne die Franzosen, sondern auch ehe die Franzosen in Spanien eindrangen.

Der Feldzug der Comuneros hatte schon am 2. Januar begonnen, als Padilla in Duennas stand. Nach dem Berichte des Condestable an den Kaiser vom 25. Januar hatte sich der Bischof von Valladolid nach Duennas begeben, hierauf nach Plasencia, wo er möglichst viel Uebles gestiftet hatte, und

---

*) Zu diesen gehörte nach Carramolino hist. de Avila (III, p. 152) Sancho Sanchez Zimbron, einer der Abgesandten der hl. Junta zu K. Karl (nach Worms), welcher von ihm sagte, er habe ihm in der Junta zu Tordesillas eher gute, als schlechte Dienste geleistet.

war, nachdem er Magaz geplündert*), dann wieder nach
Valladolid zurückgekehrt. Das muss Ende 1520, Anfang 1521
geschehen sein. Dann brach er noch einmal auf und nahm
Fuentes, eine der besten Festungen Castilliens, eine Stunde
von Palencia, wo er den Dr. Fello, Mitglied des Consejo, gefangen nahm und seine Habe plünderte, und nun durchzog er
die Ortschaften de campos und die Behetrias; dann nahm er
im Vereine mit Juan de Padilla den grossen Ort Ampudia
und die Torre de Mormojon. 21. Januar.**) Diese Bewegung,
welche die Absicht verrieth, die Besitzungen aller treuen Diener
des Königs zu zerstören, stand aber wohl in Verbindung mit
dem Aufruhr, welcher in Burgos am 21. gegen den Condestable stattfand und durch die Verbindung der Aufständischen
mit dem Grafen von Salvatiera, der bis Oñate (10 Stunden von
Burgos) herangerückt war und durch einen Heranmarsch des
Bischofs und Don Juan de Padillas äusserst gefährlich werden
konnte.***) Abgesehen von anderen und geheimen Motiven hatte
diesmal die Beschränkung des königlichen Einquartierungs-
rechts — man wollte nur 100 Herbergen, posadas — dem
Könige gewähren, Anlass oder Vorwand zum Aufstande in
Burgos gegeben. Bald nahm dieser noch grössere Dimensionen
an. Der Condestable erfuhr, dass der Bischof und der Graf
von Salvatiera von den Aufständischen zu Hilfe gerufen worden
seien und traf deshalb Vorkehrungen zu einem Kampfe auf
Leben und Tod. Auf dieses wurde aber dem Condestable der
Alcazar sammt der königlichen Gerichtsbarkeit übergeben und
war die Stadt seit dem 23. Januar 1521 vollkommen in den
Händen des Condestable und seiner adeligen Verbündeten, der
Grafen von Aquilar, Nieva, Salinas, des Marques von Elche
uud des Adelantado de Castilla. Er selbst schreibt nichts
Näheres über den Versuch des Bischofs†) und Padillas sich

---

*) Garcia Ruiz de la Mota aus Magaz an den Condestable vom
24. Januar und vom 25. Januar.
**) Schreiben des Cardinals und des Lic. Vargas vom 22. Januar, des
Comendador mayor vom 24. Januar.
***) Ausführliches Schreiben des Condestable vom 25. Januar.
†) Der Bischof von Zamora stand, als der Cardinal am 26. Januar an
den Kaiser schrieb, in Trigueros und scheint sich somit nicht nach

ın Burgos festzusetzen, aber aus dem Schreiben des Licenciaten Vargas geht klar hervor, dass die Anhänger beider am 23. Januar bereits drei Thore von Burgos besetzt, die Besatzung des Alcazar verstärkt und in S⁺ Maria la Blanca Truppen gelegt hatten, den Grafen — von Salvatiera — erwarteten und eben so die Merindades, welche mit diesem verbunden waren. Allein der Anschlag misslang durch die Festigkeit des Condestable sowohl wie dadurch, dass Vargas ihn ausgekundschaftet hatte und der Condestable dadurch in die Möglichkeit versetzt worden war, seine Massregeln zu ergreifen. Diese Sache war aber von der äussersten Wichtigkeit, da nicht nur Burgos erhalten wurde, dessen Verlust bei dem Hereinbrechen der Franzosen geradezu entsetzlich gewesen wäre, sondern auch der Condestable sich jetzt in den Besitz des Alcazar setzte, Burgos von der Junta abwendig machte, so dass die Stadt bereits dem Grafen von Salvatiera mit Krieg drohte*), und Altcastillien auf die Seite des Königs trat. Von diesem Augenblicke an war es möglich, dass der Condestable sich aus Burgos entfernen konnte, um, wo die Umstände es nöthig machten, persönliche Hilfe mit dem vollen Gewichte seines Ansehens und seiner Macht zu bringen. Dagegen hatte freilich der Graf von Salvatiera sich für die Junta erklärt und wie man behauptete, die Würde eines Generalcapitans in der Provinz Alava angenommen. Der Uebertritt dieses Granden war von grosser Bedeutung, wenn sich die Junta nicht die Aufgabe stellte, mit den Granden einen Krieg auf Leben und Tod zu führen. Er besass ein sehr grosses Ansehen in Alava, war in Viscaya (in Orduña) begütert und Herr von Ampudia **) in der Tierra de campos. Allein die Junta war wohl bereit, die Dienste eines Granden anzunehmen, verfolgte aber Zwecke, die denen der Granden gänzlich entgegen waren. Es diente ihr, wenn der Graf Guipuscoa aufwühlte, gegen Burgos vordrang und An-

---

Burgos auf den Weg gemacht zu haben, was mit dem Briefe des Condestable vom 29. übereinstimmt. Doch stand er diesem zufolge in Dueñas und Padilla in Cigales.

*) Schreiben des Condestable vom 29. Januar.

**) Die nächste Folge für ihn selbst war der Verlust von Ampudia, dessen sich Don Francesco de Beamonte bemächtigte, der es freilich nicht behaupten konnte.

stalten traf, dort Juan de Padilla und dem Bischof von Zamora die Hand zu reichen. Ihr Hauptzweck aber war und
blieb Untergang der Granden und Erleichterung der Städte
wie des Königthums, von der Adelsherrschaft.

Ueberblicken wir, soweit unsere Materialien reichen, die
Thätigkeit der Junta seit dem Anfange des Jahres 1521, so
macht sich die obenangedeutete Veränderung recht bemerkbar.
Toledo tritt in den Hintergrund, von den andern Städten ist
nur mehr in Verbindung mit Valladolid die Rede und der
Aufstand der Comuneros von Ende 1520 bis zum 24. April
1521 identificirt sich völlig mit Valladolid. Dieses schiebt, wo
es kann, die Junta bei Seite. Valladolid hat die Städte Avila,
Segovia, Salamanca, Toro und Zamora aufgefordert *), ihre
Contingente zu schicken, der Stadt Palencia für die gute
Aufnahme gedankt, die der Bischof von Zamora dort gefunden,
Beceril, Sᵃ Maria del Campo, Presencio, Trechille, Mahamud,
Villamediana, Mazueros, Fuentes de D. Beamudo, Cisneros,
Nueve Villas, Capillas, Palacios, Brada, Bradilla, Valdegenate
zum Ausharren aufgefordert, die Vorstellungen der Goberna-
doren zurückgewiesen. Als Padilla zögerte, den Oberbefehl des
Heeres zu übernehmen, wurde an Toledo geschrieben, man
möge ihn dazu bewegen, Don Pedro Giron aber erhielt den
Dank für sein loyales Benehmen. **) Cuenca wurde auf-

---

*) Reg.

**) Que se halla satisfecha de su leal modo de proceder. Reg. vom
2. Januar. Leider sind diese Auszüge unendlich kurz. Am 4. Januar
verlangte der Cardinal von K. Karl eine Cedula de perdon für
D. Pedro Giron in Pennafiel und zwar schleunigst. Junta und Königliche scheinen sich jetzt um den nichts weniger als unbedeutenden
Mann bemüht zu haben. — Am 26. März schrieb auf Bitten der
Dᵃ Mencia, Gemahlin Girons, die Herzogin von Frias an den Kaiser,
er möge Giron statt nach Oran zu verweisen, ihm seine Strafe in
Castillien anweisen. Ob aber dieses Schreiben nicht in das Jahr
1522 zu setzen sei, wie das bei mehreren Schreiben des Registers
ad 1521 nöthig ist, besonders, da sich noch ein Schreiben Don
Pedro Girons an den Cardinal von Puente de la Reina vom 9. Juli
1521 vorfindet? Dazu kommt noch ein späteres Zeugniss. Carta
de Valladolid à Don Pedro Giron vom 4. Febr. Contestando à su
carta en que manifiesta su decidida voluntad en beneficio de aquella
poblacion y de todo el reino, en cuyo buen proposito le ruegan
continue siempre pues si bien ha sufrido algunos daños por las

gefordert, zur Junta einen Procurator zu schicken, dem nicht zu glauben, was die Caballeros von Tordesillas ihnen schrieben, und den Markt von Valladolid und nicht von Villalon und Rio seco zu besuchen. Carrion wurde aufgefordert, alle Verdächtigen zu vertreiben. Soria wurde gedankt, dass es seine Procuratoren sandte, der Herzog von Infantado um Hilfe gebeten *), Quadalajara aufgefordert, Procuratoren zur Junta zu senden, Segovia, den Markt von Valladolid zu besuchen.

Mitten unter diesen Bestrebungen Valladolids, die Junta zu erneuern und das Heer zu verstärken, traf aus Worms vom 8. Januar die Nachricht ein, der Cardinal von Toledo, Primas von Spanien, sei gestorben, nachdem er seinen Primatialsitz an seinen Bruder, den Erzbischof von Cambray abgetreten habe, weshalb bereits Couriere nach Rom abgegangen seien. Man konnte sich nach dem grossen Sturme gegen die Ausländer kaum eine schlimmere Botschaft denken als diese, dass aufs Neue die reiche Kirche von Toledo einem Fremden, einem der verhassten Niederländer übergeben werde. Für die königliche Sache brachte sie aber unvermuthet den Gewinn, dass sie, als sie mehr und mehr bekannt wurde, Hoffnungen **) rege machte, die den Bischof von Zamora zuletzt veranlassten, seine eigenen Wege zu gehen und sich in Toledo selbst um den Primatialsitz zu bewerben. Ehe es aber dazu kam, traten die Bemühungen Juan's de Padilla, Grossmeister mindestens Eines der drei Ritterorden an der Stelle K. Karls zu werden, offen hervor. Man erfuhr, dass er sich um Aufhebung der päpstlichen Bullen bewarb, die diese dem Könige zusprachen.***)

---

sugestiones de los que han hablado mal de el à S. M., esperan que al fin se podrà en claro quienes han sido sus buenos servidores, y obtendrá el galardon que por su acendrada lealtad merece. Register.

*) Der Almirante schrieb am 23. Januar 1521 dem Kaiser, er möge dem Herzoge von Infantado, dem D. Francesco Enriquez, dem Don Pedro de Bazano verzeihen.

**) Der Bischof von Cordova war einer der ersten Bewerber. Reg. Der Consejo sprach sich für D. Antonio de Rojas, Erzbischof von Granada aus.

***) Y elegir por Maestre à este ultimo (Juan de Padilla). Reg. vom 14. Januar 1521. Nach einer Nachricht habe er seinen Bruder mit einem der Grossmeisterthümer bedacht.

Die Offensivstösse (correrias) leitete damals der kriegerische
Bischof *), welcher wie ein Irrlicht hin- und herzog, wohin er
aber kam, mit brennenden Kerzen empfangen wurde, predigte, das Volk aufhetzte, aber auch gelegentlich die Kirchen
plünderte. **) Er hatte verabsäumt, zur rechten Zeit dem
Grafen von Salvatiera vor Burgos die Hand zu reichen und
als Burgos so sich von der Junta ganz abschloss, war das ein
Schlag, der nicht mehr gut gemacht werden konnte. Fortwährend stand Padilla mit 600 Lanzen, 5000 Mann zu Fuss
und der ganzen königlichen Artillerie in Cigales, um sich mit
800 Mann von Segovia zu vereinigen, um dann, wie man
glaubte, nach Simancas zu ziehen. ***)

Während im Norden der kleine Krieg geführt wurde,
welcher den ganzen Aufstand in eine endlose Reihe von Ge-
fechten, Ueberfällen und Kriegszügen ohne entscheidenden
Erfolg aufzulösen drohte, waren auch im Süden Verwicklungen
entstanden, indem es in dem volkreichen S e v i l l a zu Streitigkeiten zwischen den Herzogen von Arcos und Medina-Sidonia
gekommen war. Im Königreiche Granada befürchtete man für
den Frühling einen Angriff von Seite der Moren. Allein der
Streit der Herzoge liess sich in Sevilla wieder ausgleichen †),
da es sich doch nur darum gehandelt hatte, dass keiner dem
andern das Uebergewicht in der Stadt gönnte. Man musste
es aber für eine Sache von äusserster Wichtigkeit ansehen,
als sich am 8. Februar 1521 die Städte von Andalusien zu
R a m b l a vereinigten und eine den Comunidades Castilliens
geradezu feindliche Erklärung erliessen. Dieser neue Bund

---

*) Die Eroberung von Ampudia erfolgte durch den Bischof allein.
Sogleich zog Padilla àus Valladolid, vereinigte sich in Trigueros
mit dem Bischofe und beide zogen nun nach Mormojon (media
legua de Ampudia) 16. Januar und eroberten es (Brief des Lic.
Vargas an den Kaiser .vom 22. Januar); dann zogen beide nach
-Campos, 20 Stunden von Burgos! Nach dem Schreiben des Cardinals vom 22. Januar erfolgte die Eroberung von Ampudia erst
am 21. Januar, was sich wohl auf die Eroberung der eigentlichen
Feste bezieht und nicht des früher schon gewonnenen Ortes.

**) Bericht des D. Garcia Ruiz de la Mota vom 25. Januar. Reg.

***) Bericht vom 29. Januar (des Condestable) und des Grafen von Haro.
Register.

†) Hierüber eine weitläufige Correspondenz in den Papeles.

setzte nicht bloss dem Umsichgreifen des Aufstandes nach dem Süden — vom Tajo zum Guadalquivir ein Ziel; er hinderte eine Verbindung der Comunidades mit der Germania. Noch mehr, K. Karl konnte bereits eingeladen werden, wenn ihm der Norden Spaniens seine Thore verschliesse, vom Süden aus einzudringen und vom Guadalquivir zum Tajo, vom Tajo zum Duero zu ziehen. Damals war aber bereits durch die Anstrengungen des Condestable, welcher mehr wie einmal in den Kämpfen mit Burgos sein Leben mit grossem Heldenmuthe wagte, die Hauptstadt Altcastilliens zum Gehorsam zurückgebracht, so dass der 23. Januar für den Norden, der 8. Februar für den Süden den Anfang einer besseren Aera bezeichneten.

Es that Noth, indem eine neue, ja die grösste Gefahr erst im Anzuge war. *)

Die Nachrichten, welche schon im Spätherbst von dem kaiserlichen Hoflager nach Castillien drangen, dass es sich um eine Verbindung der Aufständischen mit Frankreich handle, waren nicht aus der Luft gegriffen. Der Versuch, den König von Portugal auf ihre Seite zu ziehen, war gescheitert; es blieb als letzter Hoffnungsanker nur noch französische Hilfe übrig. In der That zog sich in Bearn im Winter 1521 ein französisches Heer unter Mr. de Labrit langsam zusammen und erwartete den Zeitpunkt, welcher zu einem Einfalle in Navarra am tauglichsten erscheinen möchte.**) Es hiess, K. Franz denke, es einrücken zu lassen, sobald der Kaiser den Feldzug in Italien beginne. Es konnte dem französischen Könige nichts dienlicher sein, als sich auf die inneren Wirren Spaniens zu stützen. Nun besitzen wir in Bezug auf die Betheiligung Don Juan de Padillas an den Plänen der Franzosen gegen den König von Spanien keine Untersuchungsacten wie das Verhör der Agenten der Donna Maria, seiner Gemahlin, welche diese nach Frankreich sandte***); er wurde nicht, wie nachher der

---

*) Crea V. M., heisst es in einem chiffrirten Schreiben an K. Karl vom 22. Januar, que esta Señora de España siempre le porne cuernos con este enamorado de comunidades o con otros galanes y competidores de nuovas inventiones.

**) Pero Ximenez an den Kaiser vom 22. Januar nach Mittheilungen der durchreisenden savoyischen Gesandten.

***) Guerra de Navarra Ms.

Bischof von Zamora, aufgefangen, als er sich nach Frankreich flüchten wollte, noch erklärte er sich wie der Sohn des grossen Cardinals in den Strassen von Valladolid für den König von Frankreich. Dass aber dieser einen Agenten in Valladolid unterhielt, während Don Juan de Padilla Generalcapitan daselbst war, ist sichergestellt. Dass Don Juan, als er nach den Maestrazgos griff, sich einen hochverrätherischen Eingriff in die Kronrechte erlaubte, dessen ganze Bedeutung, dessen unausbleibliche Folgen, wenn die Sache fehlschlug, ihm vollständig klar sein mussten; dass er so weit gegangen war, um nicht mehr zurückzukönnen, das ist alles unwiderleglich. Als Ende Januar neun Mitglieder der Junta für Waffenstillstand und Unterhandlungen (treugas) waren, gehörte Padilla zu den Zweien, die nichts davon wissen wollten. Er beharrte fortwährend auf dem Kriege, im Gegensatze zu Don Pedro Laso, welcher sich die Concordia zum Ziele setzte. Er pochte auf seine gute Artillerie, mit welcher er Tordesillas zu nehmen hoffte und koste es 2—3000 M. Dann sollte die Königin, welche er durch seinen Abzug im Stiche gelassen, befreit und bei dieser Gelegenheit zur Hinrichtung einiger Granden geschritten werden.*) War aber Don Juan, welcher so ganz und gar von seiner Gemahlin und deren sehr selbstständiger Politik abhing, so weit gegangen, als er wirklich gegangen war; hatte er die Brücken völlig hinter sich abgebrochen, so ist denn auch wohl die Frage erlaubt, mit wem unterhandelte der französische Kammerherr wegen der französischen Diversion nach Navarra, die zu ihrem Unglücke nur 3 Wochen zu spät kam, und warum hüllte sich Don Juan de Padila im März und April in eine seiner nächsten Umgebung räthselhafte Unthätigkeit ein, wenn es nicht in Folge der Verabredungen geschah, die der Kammerherr während seines wochenlangen Aufenthaltes in Valladolid gepflogen hatte?

Davon erwähnen freilich die spanischen Geschichtschreiber nichts. Allein selbst ein Mejia weiss nicht, warum Padilla im

---

*) So nach dem Berichte des Generals der Dominicaner, dem man comunerosfreundliche Gesinnungen zuschrieb, und des portugiesischen Botschafters, die am 30. Januar 1521 von Valladolid nach Tordesillas kamen.

October nach Toledo ging und die Angaben Guevaras werden als sichere Thatsachen ohne Kritik angenommen!

Während so eine Intrigue gesponnen wurde, welche Spanien mit Hilfe der Comuneros vernichten sollte und vernichten konnte, blieben die Gobernadoren von einander getrennt und die Zwietracht unter den Granden gleich gross; das aber ist, schreibt Fray Beltram an den Kaiser (am 13. Februar 1521), die Hauptursache der Zerstörung des Königreiches.

Wie die Granden den Toledaner ruhig nach Valladolid hatten kommen lassen, liessen sie, in ihre Streitigkeiten verstrickt auch ruhig geschehen, dass Anfang Februar die Contingente von Avila, Segovia und Salamanca sich in Medina del Campo sammelten, Padilla sie an sich zog und so in ihrem Angesichte sich verstärkte, um einen Schlag gegen sie zu führen.*) Nur Don Pedro de la Cueva, Bruder des Herzogs von Albuquerque, griff die Segovianer und Salamantiner 2 Male an und fügte ihnen bei Villa Zarca einen Verlust von 700 Mann zu.**)

Der Bischof hielt sich Ende Januar in Duennas 6 Stunden nördlich von Valladolid***) und eroberte dann Cordevilla, das dem Grafen de Castro gehörte. †) Er führte den Krieg mit den Granden auf eigene Faust und fügte ihnen Böses zu, wo er konnte. Einem so ungemein thätigen Feinde gegenüber trat die Unfähigkeit des Grafen von Haro, welcher sich Cigales, Dueñas, Ampudia, Mormojon, Fuentes, jetzt auch Cordevilla wegnehmen liess, so dass kaum noch Portillo, Arevalo, Rio seco, Simancas, Torre de Lobaton behauptet werden konnten, recht klar hervor. Schreiben auf Schreiben ††) gingen aus Tordesillas an den Kaiser, er möge den Generalcapitan entfernen; er sei gar zu unfähig. Der Cardinal dachte selbst (22. Januar) nach Rio seco zurückzukehren, um dasselbe in Sicherheit zu bringen.

Nun waren wohl Unterhandlungen wieder auf das Tapet gebracht worden. Der Nuncius und der portugiesische Botschafter bemühten sich in Valladolid endlich die Junta dazu

---

*) P. Martyr n. 712. id. Februar.
**) l. c. n. 713.
***) Schreiben des Cardinals vom 30. Januar.
†) Schreiben des Condestable vom 2. Februar.
††) Vom Cardinal, vom Lic. Alarcon in Chiffern (20. Januar).

zu bewegen, und es war bereits im Januar dahin gekommen, dass von beiden Seiten Abgeordnete delegirt werden sollten; der Cardinal befand sich in grosser Verlegenheit, da er nicht über taugliche Personen verfügte. Die Junta aber erhielt einen Wink aus dem kaiserlichen Hoflager, nur auszuharren, Geld zu sammeln, um dann sich den Generalpardon zu erkaufen. *) Trotz aller seiner Versprechungen wollte der Kaiser doch nicht nach Spanien kommen. Auf der Seite der Junta aber stand Don Pedro Laso, welcher 117 (nach Anderen 118, 119) Artikel als Basis der Unterhandlungen ausgearbeitet hatte und nun von der Gegenpartei verlangte, sie solle erklären, mit welchen sie einverstanden sei oder nicht. Als nun auch dem Präsidenten und den Auditoren des grossen Gerichtshofes zu Valladolid der Befehl zukam, die Chancellaria und die Universität (studio) zu suspendiren **), wurde der Stadt aufs Neue klar, wie wenig von diesen Unterhandlungen zu halten sei. Es war die Absicht, die Stadt für ihren Anschluss an die Junta empfindlich zu strafen und die Sache wurde auch so von den Einwohnern aufgefasst; es war zugleich der Anfang noch anderer Massregeln, mit welchen die ungehorsamen Städte heimgesucht werden sollten. Valladolid wurde dadurch ebenso ein Vorrang vor anderen Städten als eine Einkommenquelle entzogen. Es war noch mehr. In dem Augenblicke, als dort mühsam die Friedenspartei Boden gewann, erschien die Massregel als offene Kriegserklärung von Seiten des Königs. Die Einwohner waren in Verzweiflung. Sie widersetzten sich am 24. Januar 1521 mit Gewalt dem Abzuge des Gerichtshofes; ihre Erbitterung kannte seitdem keine Gränzen.

Im Ganzen genommen musste man sagen, wenn nicht der Abfall von Burgos gewesen wäre, stand die Junta Ende Januar eher besser und kräftiger da als im Monate December 1520. In Cigales sammelte Padilla die Contingente, um dann über Tordesillas herzufallen — wie man fürchtete, und der Almirante und Cardinal waren gezwungen, sich bei der Untüchtigkeit des Grafen von Haro an den Vicekönig von Na-

---

*) Schreiben des Cardinals vom 30. Januar.
**) Schreiben des Präsidenten und der Oidores an den Kaiser vom 1. Februar 1521.

varra, Herzog von Najera, um Hilfe zu wenden, wohl wissend, dass derselbe im Familienzwiste mit dem Hause Velasco (dem Condestable) begriffen, letzterem sie eher verweigern als gewähren würde. Dazu hasste der Almirante auch den Condestable und wollte mit diesem sich nicht vereinigen, während wieder der letztere den Kaiser aufmerksam machte, wäre gleich von Anfang ihm oder seinem Sohne (dem untauglichen Grafen von Haro) das königliche Generalcapitanat übertragen worden, die Dinge stünden besser. Anders wohl — ob besser, war die Frage.

In der Tierra de campos spielte der Bischof von Zamora den Herrn. Wohin er kam, wurden dem Könige keine Steuern mehr bezahlt, weder Servicio noch Cruzada, und verloren die Granden ihre Schlösser und Habe. Ihm gehorchte Alles. Nach allen Seiten gingen die geheimen Aufforderungen, sich an die Junta anzuschliessen, nach Asturien, Galizien, zu den Merindades und Moriscos. Kaum dass in den Schlössern, wie in Paredas Don Pedro Manrique, in Magaz Garcia Ruiz de la Mota, sich die Caballeros hielten, die Städte waren für ihn. Er predigte und plünderte, that, als stünde er auf Seite des Königs und führe nur den Krieg gegen die Granden, die ihn als Teufel bezeichneten. Die Anhänger des Königs waren schutzlos, die früheren Oppositionsmänner bei den Cortes, welche wohl die gesetzliche Freiheit Castilliens zu vertheidigen bereit waren, aber nicht die Revolution wollten, gewaltsam auf die Seite geschoben wie ihre damaligen Gegner.

Dass unter diesen Verhältnissen die Friedensbemühungen des Nuntius und des portugiesischen Botschafters kaum zum Ziele führen würden, war bald vorauszusehen. Dass Don Pedro Laso, welcher jetzt in der Junta die Stelle einnahm, die einst Dr. Zumel bei den Cortes eingenommen, mit den 118 Artikeln der neuen Verfassung kaum glücklicher sein werde, als Zumel, war auch bald einzusehen; je mehr die kriegerische Partei an der Wuth der Valladolesen Nahrung fand, desto weniger war für die Männer des Ausgleichs (Concordia) ein Erfolg zu erwarten. Ein Streben durchkreuzte das andere.

Es war noch im Monate Januar 1521, dass der Bischof von Zamora einen eigenen Triumph zu feiern vermochte. Der königliche Rath Peter von Angleria theilt in seinem Brief-

wechsel ein vertrauliches Schreiben des Cardinals an den
Kaiser mit, das in die Hände des Bischofs gefallen und seines
merkwürdigen Inhaltes wegen öffentlich in Valladolid, wahrscheinlich auch in anderen Städten der Junta vorgelesen
worden war. Das Schreiben enthielt schwere Wahrheiten. Das
grosse Uebel, das Castillien betroffen, stamme von der Umgebung des Kaisers her. Man könne die Völker nicht so sehr
anklagen, da aus Sorglosigkeit oder Habsucht keine Abhilfe
gewährt werde. Der Aufstand werde nur aufhören, wenn man
fühle, dass K. Karl selbst herrsche und Spanien nicht den Wölfen
preisgebe. Der Freimuth ging so weit zu sagen, dass seine
Mutter klüger sei als er, da sie nichts unterschreiben noch gewähren wolle. Karls Freigebigkeit sei Verschwendung, die
ihn und sein Reich in den Abgrund ziehe.*) Die Granden
dächten nur an ihren Vortheil und trügen, wenn sie sähen,
dass das Feuer der Junta zunehme, noch Holz zum Brande,
obwohl klar sei, dass die Junta nur ihren Untergang beabsichtige. Aus sich selbst gäben sie keinen Pfennig, sondern
verlangten, dass die Krone Alles bezahle, selbst ihre Stall-
knechte und Köche, und fürchteten nur, dass ihre eigenen
Leute wegen der Hoffnung, Freiheit zu erlangen, von ihnen
abfielen. Es wies auf die Aeusserungen des Grafen von Benavente, auf die Klagen des Almirante hin, dass der König von
schlechten Leuten verleitet den Gobernadoren das Recht der
Gnadeverleihung entzogen. Der Almirante habe versichert,
dass, wenn, wie man behauptete, von Toledo 4 Procuratoren
kämen, um Vergebung des Geschehenen zu bitten, so werde
er sich um das kaiserliche Decret nicht kümmern. Der Cardinal erklärte sich gegen den Kauf und Verkauf von Corregi-
dorenstellen, welcher so viel übles Blut erzeugt, sowie gegen
die Verleihung von Städten etc. an die Granden.**)

---

*) Op. epist. p. 713. — VII non. Mart.

**) Nicht blos dass Spanier nach Brüssel gingen, dort spanische Aemter
zu kaufen, sondern auch der Handel mit Kirchenpfründen ging offen
vor sich. Als der Bruder des Secretärs Garzola starb, der Contador
der Inquisition war, gab man dieses Amt einem anderen Bruder,
der Dechant von Besançon war und dieser verkaufte es wieder.
Y no fue buen exemplo, setzt der Cardinal am 6. Februar 1521
hinzu.

Man kann sich vorstellen, welches Aufsehen die Bekannt-
machung dieses gewiss nicht für die Oeffentlichkeit bestimmten
Schreibens machte. Wir wissen nun, was auch die Glaubwürdigkeit
des Berichtes Peters von Angleria erhöht, dass der Cardinalgobernador dem Kaiser am 26. Januar schrieb, sein Schreiben
vom 16. Januar sei von dem Bischofe von Zamora aufgefangen
worden. Am 30. sandte der Cardinal dem Kaiser eine Copie
des letzteren. Man sieht daraus, dass der Auszug, welchen
Peter de Angleria von dem merkwürdigen und ausführlichen
Schreiben gibt, für die Wichtigkeit desselben nicht erschöpfend
war. Nicht nur dass offen die Befürchtung ausgesprochen
wurde, die Granden möchten sich an das Volk anschliessen
(se concertaren con el pueblo), der Cardinal erinnerte den
Kaiser auch an seine Unterredung zu San Jago, wo er ihm
auseinander gesetzt habe, dass alle Granden nur vom Interesse
geleitet würden, sie wollten nichts von dem verlieren, was sie
von der Krone besässen, nur neue Besitzungen gewinnen, und,
wenn nicht als Endzweck der Comunidades sich herausgestellt
hätte, dass diese der Krone das Verlorene wieder verschaffen
wollten, um nur von jedem Servicio frei zu sein und nicht
mehr Alcabala zu zahlen als zur Zeit der Königin Isabel, so
hätten sich die Granden schon mit den Comuneros vereinigt.
Der Almirante denke nur daran, Medina, Torre de Lobaton
und Castromonte nicht zu verlieren; deshalb unterhandle er
fort und fort und komme es zu keiner Schlacht, welche die
Städte zum Gehorsam bringe. Dann fehle es an Geld, die
Truppen zu bezahlen und ohne Geld schlügen sie sich nicht;
bekämen sie aber eines, so gingen sie von dannen. Dazu ge-
selle sich die Unfähigkeit des Generalcapitan und wenn auch
seine Freunde, der Marques von Denia, der Graf von Miranda, der Comendador mayor und der Cardinal selbst in ihn
drängen, so geschähe doch nichts. Der Condestable verlange
Truppen von Tordesillas und dort verlange man Geld und
Truppen vom Condestable, was beide Theile in Verzweiflung
bringe. Nach der Aeusserung eines sehr angesehenen Religiosen
von Segovia herrsche die Meinung, der König habe sich selbst
um alle Autorität und die Krone gebracht und wenn sich
fände, dass der König sich wegen der stattgehabten Erpres-
sungen rechtfertigen könne und fähig (abile) sei zu herrschen,

so würden Alle sehr gerne zum Gehorsam zurückkehren. Da habe man denn die Parallele zwischen ihm und seiner Mutter gezogen, dass der König weniger klug sei (menos prudente) als sie, er unterzeichne und die Königin klüger unterzeichne nicht. Der König möge ihm glauben, wenn er sich nicht mit mehr Eifer der Geschäfte annehme, um ein Verständniss derselben zu erlangen und nicht Andern sie zu überlassen, so werde er niemals Liebe und Ansehen in Spanien gewinnen.

Der Brief, welcher in seiner ganzen Ausdehnung vor uns liegt, liess wirklich an Aufrichtigkeit nichts zu wünschen übrig. Es kam noch stärker.

Er wundere sich, fuhr der Cardinalgobernador fort, dass der Kaiser ihm die Briefe nicht mittheilte, in welchen er selbst als Urheber der Unruhen dargestellt worden sei, weil er nach dem Kampfe um Medina de Campo die Entlassung der Truppen Fonseca's angeordnet habe. Allein dieser Befehl sei ertheilt worden, nachdem der ganze Consejo einstimmig dafür gewesen sei und in ihn gedrungen habe, das zu thun, um was Valladolid bat, nämlich das Generalcapitanat Fonseca zu nehmen und sein Volk zu entlassen. Es habe sich damals um des Fonseca Leben gehandelt, er aber die mildeste Form gebraucht, die Sache durchzuführen. Nicht ohne eine gewisse Bitterkeit setzte der Cardinal hinzu, es sei nun einmal sein Schicksal, dass er wegen seiner Sünden oder aus Bosheit einiger Neider beständig von dem Kaiser getadelt werde und während er viele Dienste geleistet, erhalte er statt einer Würdigung derselben nur Vorwürfe und Verachtung.*)

Da sich damals Ampudia noch in der Gewalt des Don Francesco de Benavente befand, rieth der Cardinal **), den wichtigen Punkt nicht mehr Anderen zu verleihen, sondern den Anfang zur Incorporation der verwirkten Ländereien an

---

*) Pero mi ventura es tal que por mis pecados (nämlich gleichsam zur Bestrafung seiner Sünden), o con malicia de algunos emulos siempre soy reprehendido de nostro Señor (dem Kaiser) por haberle fecho muchos servicios y en lugar de serme agradecido alcanzo la paga de ellos en afruentas y desprecio.

**) Der Brief enthielt aber noch die Nachricht von dem Verluste von Ampudia (Empudia).

die Krone zu machen. Wie auch Petrus de Angleria bereits mitgetheilt, bezeichnete der Cardinal die Unfähigkeit so vieler Corregidoren als eine der Ursachen des Aufstandes. Da der Kaiser ihn in Betreff seines Verfahrens zur Behauptung Truxillos getadelt, rechtfertigte er sich, warum er seine Vollmacht überschritten und bemerkt, dass, wenn er auch beschränkte Vollmachten habe, e r s i c h d i e, d i e W a h r h e i t z u s a g e n, n i c h t b e s c h r ä n k e n l a s s e. Eben deshalb müsse er auch den Kaiser bitten, zu verhindern, dass die Spanier nach Flandern gingen, sich Aemter zu kaufen, er möge die Capi-tanien und Schlösser nur denen übergeben, welche persönlich dienten und Einem nie mehr als Ein Amt. Da der Admiral bereit sei, wenn vier Deputirte von Toledo kämen, zu unter-zeichnen, was nach seiner Meinung zur Pacification des Königreichs gehöre, welches der Almirante für verloren gebe, so bleibe ihm (dem Cardinal), welcher nicht unterzeichnen würde, nur übrig, das Reich zu verlassen, um nicht als Stören-fried angesehen zu werden. So oft habe er vergeblich ge-schrieben, wenn er das Recht des Pardons habe, könne er den weniger Schuldigen verzeihen und dadurch einige Städte gewinnen. Es sei der Bischof von Audicia von Valladolid im Auftrage des Ordensgenerals der Dominicaner nach Tordesillas gekommen, um die Freilassung der gefangenen Procuratoren zu erlangen, sowie mit dem Auftrage von Seite Don Pedro Laso's, es möge der Kaiser binnen einer gewissen Zeit die Vertragspunkte (capitulos) bestätigen. Thue es aber der Kaiser nicht, so sollen die Gobernadoren sich der Regierung ent-schlagen; damit könne man einen A u s g l e i c h gewinnen. Der Bischof habe zugleich darauf hingewiesen, dass Ferdinand und Isabel im Anfange ihrer Regierung den Cortes in Madrigal noch viel mehr versprochen hatten, dann aber hätten sie in wenigen Jahren Alles durch die Cortes zu Toledo zurück-genommen. Das letztere war wie aus Schamgefühl in Chiffern geschrieben. Der Cardinal erklärt die Bedingung, sich der Regierung zu entschlagen, für leicht und sehr wenig präjudi-cirend. Eben sei ein Brief des Condestable eingelaufen, dass für Burgos Alles zu besorgen sei; er verlange Hilfe, die nicht gewährt werden könne. Viele drängen in ihn, den Kaiser zu bereden, die Capitel zu bekräftigen und zwar mit solchem

Eifer, dass, wenn dies binnen drei Monaten nicht geschähe, die Gobernadoren ihr Amt einstellen sollten. Der Kaiser möge gute Artillerie, Zugpferde, Piken senden.

Der Bischof von Zamora, welcher diesen Brief auffing und veröffentlichte, mag sich nicht wenig über den Fang gefreut haben. Sein Inhalt war nicht angethan, dem Kaiser Freunde, den Gobernadoren Achtung und am wenigsten ihnen Vertrauen und Gehorsam zu verschaffen. Er musste eher Oel in das Feuer giessen und die Aufgestandenen in ihrem Beginnen bestärken.

Aber auch die nächsten Briefe lauteten nicht besser. Namentlich wurde die finanzielle Lage mit den düstersten Farben geschildert. . In Oran, Bugia und Algier schulde man der Besatzung 23 Monate, in Navarra eilf. Der Cardinal wies fortwährend zum grossen Verdrusse der Granden ihre Ansprüche auf Entschädigung zurück. Der Aufstand war noch immer im Wachsen begriffen. In Segovia gab die Geistlichkeit Kreuze und Kelche aus den Kirchen her. *) Leon erklärte am 25. Januar den Granden den Krieg mit Feuer und Schwert. Es erklärt sich, warum die Junta den Zug nach Villalpando unternehmen liess, das den Weg nach Benavente und Leon eröffnete! Die Stellung um Tordesillas mit Simancas, Villalba, Portillo, Castromonte, Rio seco, Torre Lobaton glich einer Insel mitten im Meere der Revolution. Cigales, Mormojon, Ampudia waren schon wie von den Wellen verschlungen und ob nicht in der nächsten Zeit wieder neue Städte weggerissen wurden, musste sich erst zeigen. Der Almirante hatte Recht zu sagen, er fürchte, dass das Reich verloren gehe. **) Polanco, Mitglied des königlichen Rathes, beschwor den Kaiser (17. Januar) nach Spanien zurückzukehren.

---

*) Ueber die Haltung der Geistlichkeit schrieb Polanco am 17. Januar 1521 an den Kaiser: Los sermones y trabajos del obispo de Zamora levantan muchos coraçones y por pecados de los que aca estamos es mucho numero de los creyentes, porque de los labradores es la mayor parte de hidalgos y escuderos muchos. Los clerigos en especial de gente de labradores estan obstenados mucha y la major parte dellos; en parte de Campos y Behetrias donde ha andado el obispo hay muchas voluntades dañadas.

**) Teme que se perderà el Reino.

Die wahre Arzenei für Spanien und, wie er sich mit Anspielung auf den Vertrag des Condestable mit Burgos und die Unterhandlungen des Almirante mit Valladolid ausdrückt, die wahren Capitulos seien K. Karls glückliche Rückkehr, zu welcher er durch göttliches und menschliches Gesetz genöthigt werde.

Obwohl man sich in Betreff der Wirksamkeit des Consejo zwischen Tordesillas und Burgos (der cabeza de Castilla) auseinandergesetzt hatte, standen die Dinge für die Königlichen doch möglichst schlecht. Die Ausgaben des Condestable, um Tordesillas zu erobern, hatten sich auf 80.000 Dukaten belaufen.[*] Der Cardinal wäre nicht ungern in Burgos gewesen, wie der Kaiser, von dem Condestable gedrängt, fortwährend von ihm verlangte und auch der Consejo wollte. Aber Adrian war der Ueberzeugung, dass, wenn er nach Burgos zu den der Junta so sehr verhassten Personen gehe, auch von Unterhandlungen gar keine Rede mehr sein könne und der Consejo deshalb so sehr auf seine Uebersiedelung dringe, weil sie fürchteten, er möchte sonst mit dem Almirante, der sie hasse, oder mit dem Kaiser sich dahin einigen, dass die meisten ihre Stellen verlören. Der Cardinal machte übrigens dem Kaiser bemerklich, dass, wenn er selbst nach Burgos zöge, wo ihm der Aufenthalt persönlich lieber sei, der Almirante hoch und theuer sich verschworen habe, sobald er den Weg nach Burgos einschlage, sogleich bei dem andern Thore wegzureiten. Die Junta erfahre übrigens aus dem königlichen Cabinete die geheimsten Sachen.[**] Lope Hurtado wird bestimmt zum Grafen von Aranda nach Saragossa zu reisen, damit dieser Truppen schicke; ob aber die Massregel, Aragonesen in die castillianischen Wirren hineinzuziehen, gut sei, war eine andere Frage. In Tordesillas hauste der Marques von Denia mit ungezähmter Strenge, so dass die Infantin sich durch Hurtado an den Kaiser wandte, damit er dem Marques befehle, ihr doch ihre Amme, deren Tochter und Mann (als camerino) zu belassen. Auch der Cardinal wandte sich an den Kaiser und bat ihn, den Marques zur Mässigung zu vermögen. Er selbst wies jede

---

[*] Schreiben des Lic. Vargas vom 22. Januar.
[**] Schreiben vom 30. Januar und Lope Hurtado vom 22. Januar.

Besoldung aus den spanischen Einkünften zurück, um als Flamänder den Hass der Spanier gegen seine Person nicht zu
vermehren, und erklärte dem Kaiser, wenn er das Seinige und,
was seine Freunde ihm liehen, verbraucht habe, werde er sein
Silber angreifen und wenn auch dieses verbraucht sei, Spanien
ganz verlassen. Der Kaiser möge doch, wenn er ihm befehle,
nach Burgos zum Condestable zu ziehen, bedenken, wie verhasst dieser und die Mehrzahl des Consejo seien und dass er
selbst dadurch in diesen Hass verwickelt werde. Ein neuer
Anlass zu Zerwürfnissen bildete sich, als der Graf von Benavente sich anbot, mit 100 Lanzen und 2000 Mann zu dienen,
aber verlangte, es solle ihm der seit der Einnahme von Tordesillas erlittene Schaden ersetzt werden, namentlich als er durch
die Rebellen Cigales und Mormojon verloren. Der Cardinalgobernador war jedoch ganz gegen das Princip des Schaden-
ersatzes durch die Krone, welche, wenn dasselbe angenommen
würde, ganz verarme. Er befürwortete, wo er konnte, wie z. B.
als es sich später um Salvatierra handelte, das System des
Rückfalles der verwirkten Lehen an die Krone. Es sei Pflicht
der Vasallen, welche so viele Güter erlangt, umsonst zu dienen.
Allein dieser Satz, welcher ganz mit den Grundsätzen des
Cardinals Jimenez übereinstimmte, erregte den allgemeinen
Unwillen und wurde namentlich von dem Almirante auf das
Heftigste bekämpft. Der Licenciat Vargas rieth dem Kaiser
fortwährend zu strengen Massregeln gegen Valladolid, das
seine Gerichtshöfe, gegen Medina del Campo, das seine Märkte
verwirkt habe. Nur Strenge könne den Trotz der Städte
beugen. *) Vor Allem aber müsste über die Güter der Rebellen die Confiscation verhängt werden. Das Königthum erschien bereits als herrenloses Gut. Nicht blos Padilla wollte
ihm eine · seiner Hauptzierden, das Grossmeisterthum von
San Jago entreissen **), sondern der Graf von Ureña strebte
auch danach, Grossmeister des Calatravaordens zu werden.
Schon wollte man wissen, dass ein Bruder Don Juan's zum
Erzbischofe von Toledo ***) bestimmt sei; später hiess es, sein

---

*) Burgos 2. Februar 1521.
  **) Schreiben des Cardinals vom 6. Februar. Wo nicht das von Cala-
      trava. Schreiben vom 8. Januar 1521.
 ***) Der Condestable an den Kaiser vom 6. Februar 1521.

Schwager, ein Bruder der D⁑ Maria de Pacheco, der sich in Rom aufhalte *). Daneben betrieb der Almirante die Unterhandlungen, um eine Vereinbarung der Comuneros mit den Granden anzubahnen, sandte den Bruder Gonzalo de la Peña nach Segovia **) und wohl auch nach anderen Städten und gab ihm 15 Punkte als Basis der Unterhandlungen mit. Sie waren aber schon durch die von Don Pedro Laso ausgearbeiteten 118 Punkte überholt worden und in der That wurde jetzt die Aufnahme von Unterhandlungen durch je 3 (2) Bevollmächtigte bestimmt.

So hatte denn der Januar 1521 wenig Besserung gebracht. Die Königlichen waren auf die Unterstützung des Königs von Portugal angewiesen. Blieb diese aus, so fehlte es an Geld, Pulver und Artillerie und triumphirte die Revolution an allen Ecken und Enden. Kein Schreiben an den Kaiser wurde abgesandt, das nicht in seiner schleunigen Ankunft die einzige Rettung erblickt hätte. Er möge Deutschland sich selbst überlassen; es war damals durch den ungeheueren Abfall des Clerus von Rom nicht minder in Aufregung gesetzt, als Spanien durch den niederen und was den Bischof von Zamora betraf, auch durch den höheren in die Revolution hineingeschleudert worden war. Gerade aus dieser Zeit, als Cigales bereits gefallen und geplündert worden war, Mormojon gleichfalls in die Hände Padillas gefallen war und ein Angriff auf Simancas erwartet wurde, ist uns ein (undatirtes) Schreiben des Admirals erhalten, das Angelo de Buso dem Kaiser vorlesen sollte. Er führt zuerst an, dass das Heer so gross gewesen, dass die Feinde eine Feldschlacht nicht wagten — eine Behauptung, die durchaus nicht unbedingt anzunehmen ist. Jetzt aber sei für Simancas eine Besatzung nothwendig von 700 Soldaten und 250 Lanzen, für Portillo 50 Musquetiere und 200 Lanzen, für Torre 50 Lanzen und 300 Soldaten, für Arevalo 200 Lanzen

---

*) Schreiben des Cardinals vom 28. März.

**) Interessant ist, dass auf die Nachricht vom Tode des Erzbischofs la iglesia de Toledo provejó del Adelantamiento de Cazorla a Juan de Padilla su cuñado (doch wohl des Marques von Mondejar, der dieses am 22. März schrieb), worauf der letztere sogleich ein Verbot ergehen liess.

***) Gamero Beil. n. III.

und 300 Soldaten, für Torre 50 Lanzen, für Castromonte 50 Lanzen, für Villalba 50 Lanzen und 200 Soldaten, für Burgos 300 Soldaten und die Einheimischen (continos) als Wache. Es ist eine Frage, ob die Behauptung richtig war, er, der Almirante habe in Medina zweimal gerathen, eine Schlacht zu liefern, jetzt aber sei das Heer zerstreut. Gewiss war, dass seit der Eroberung von Tordesillas von einer Offensive durch die Granden keine Rede war. Der Almirante hatte auch insoferne Recht, wenn er auf die Nothwendigkeit hinwies, den Vertrag des Condestable mit Burgos zu bekräftigen (los capitulos de Burgos); nur wenn der Condestable Burgos verlassen konnte, war daran zu denken, dass die Offensive wieder ergriffen würde.

Ein anderer Grund der Sorge des Almirante, der übrigens auch mit manchen sehr unnöthigen Besorgnissen sich trug, bestand in den Zerwürfnissen in Sevilla und dem Benehmen des Herzogs von Arcos, wobei er selbst noch mit dem Condestable in Zerwürfnisse gerieth. Bei dieser Gelegenheit erfahren wir nicht blos, dass der Herzog wider den Willen des letzteren in Sevilla einzog, sondern auch Don Pedro Giron (Xiron), welcher plötzlich hier auftaucht, und dass der Herzog von Arcos Feind der Conversos sei, von denen bei dieser Gelegenheit unvermuthet wieder die Rede ist, gleich einem Gespenst, dessen man nicht los werden kann. In Toledo sei in Betreff der Besetzung des Erzbisthums Streit, da die Einen den Don Francisco de Mendoza, die Anderen dem Könige die Wahl überlassen wollten. Der Almirante rühmte sich des Erfolges seiner Schreiben an Toledo und andere Städte und besteht fortwährend auf Nachgiebigkeit, wie er mit aller Entschiedenheit darauf dringt, dass K. Karl spätestens bis Monat Mai komme, sonst sei Alles verloren. Er erwähnt der grossen Rüstungen in Toledo, das jeden Tag 200 Dukaten an Löhnung verwende, auf je 10 Männer einen Musquetier, auf jede Pfarrei eine Kanone bestimme. Padilla habe ein Heer von 5000 Soldaten, 500 Lanzen, 7 grosse Kanonen; der Bischof stehe mit 2000 Mann in Campos und ziehe mit 200 Lanzen von Ort zu Ort, habe Fuentes dem Dr. Fello, Cordevilla dem Grafen von Castro, Paredes dem Diego de Roxas genommen, ihm selbst bedeutenden Schaden zugefügt, dem Don Gutierre de Robles das Schloss Triqueros abgenommen. Es sei für christliche Fürsten eine Infamie, das zu dulden, was die Moren nicht dulden würden.*) Juan de Padilla bereite einen Angriff auf Simancas vor — was sich als irrthümlich erwies. Der Mangel an Geld bringe mit, dass die Truppen, wenn sie nicht bezahlt würden, zum Feinde übergingen und sie selbst nicht mehr als 2500 Mann zu Fuss hätten, während die Anderen die königlichen Renten mit Beschlag belegten und überall Geld nähmen, wo sie es fänden. Der portugiesische Gesandte beklage sich, dass trotzdem der König 50000 Dukaten lieh, der Kaiser ihm niemals ein Wort des Dankes zukommen liess. Der Almirante rechtfertigt sich sodann wegen seiner Bemühungen, Frieden herbeizuführen, nachdem 2000 Mann geblieben und 600000 Dukaten ausgegeben seien. Er meldet dann die Zwistigkeiten wegen Badajoz, das einen Corregidor verlange, dass der Condestable und der Consejo in Burgos mit Achtserklärung gegen die Rebellen vorangehen wollen, ohne sich um seine Meinung zu kümmern. Alle Städte würden dies als gegen sie. gerichtet ansehen und ihre Hoffnung nur auf die Waffen setzen. Der König möge suchen, die verlorene Liebe seiner Unterthanen wieder zu gewinnen. Unter der Junta sei Zwietracht ausgebrochen und diesen Umstand hätten der Nuntius und der portugiesische Botschafter benützt, um Unterhandlungen einzuleiten, es solle jedoch nichts festgestellt werden, bis nicht die Entscheidung des Königs eingetroffen. Nachdem die Capitulos von Burgos nicht bestätigt worden, könne auch der Condestable nicht die Stadt verlassen und den Königlichen zu Hilfe eilen. Man sage, Burgos sei mehr bezwungen als unterworfen **) und dass von dem, was sie (die Gobernadoren) versprachen, nichts geschehen, während was dem Könige und was den Granden gehöre, zu Grunde gehe. Er habe den Herzog von Infantasgo, von dem es hiess, dass er besonders die Comuneros unterstütze, auf den rechten Weg gebracht; er bedürfe cartas blancas zum Verzeihen. Nur in Rio seco könnten der Cardinal und der Consejo sich aufhalten. Wenn der Kaiser

---

*) Wörtlich: Es infamia mui grande entre principes christianos que moros no lo sufriran.
**) Forçada i no reducida.

glaube, der Marques von Denia reiche hin, um Tordesillas zu erhalten, so brauche er das Doppelte an Mannschaft, da er die verhassteste Person sei. Der Almirante wisse, was man über ihn berichte. Wenn aber er nicht in das Königreich gekommen wäre, so wäre Tordesillas nicht genommen worden, gäbe es auch dem Namen nach keinen König; er habe Sevilla und Andalusien durch fortwährende Schreiben auf den rechten Weg gebracht, auf Toledo eingewirkt, wie auch andere Städte mit ihm zu unterhandeln wünschten. Er läugne nicht, dass es besser wäre, wenn alle Gobernadoren in Burgos vereinigt wären, allein jetzt handle es sich um den Schutz der Königin und könne man nicht nach Burgos gehen und 5—6000 Mann in Valladolid belassen. Er erwähnt seiner Missheligkeiten mit dem Condestable und kommt endlich darauf zu sprechen, dass der **Kaiser eine grosse Feindschaft gegen Spanien hege.** Das aber wäre ein grosses Unglück, wenn zum Danke für ihre grossen Verluste und Verdienste der Kaiser ihnen noch feind sei. Man spreche in Flandern mit Vergnügen von den Schäden, die sie erlitten, und dass das Königreich zu Grunde gehen könne *), indem, wenn die Granden siegten, der König thue, was er wolle, wenn die Gemeinen (pueblos), so werde der König sich mit ihnen vertragen. Man möge bedenken, wie viele Granden sich ganz ferne hielten, wie das Königreich von Neuem erobert werden müsse, wenn der König nicht bis zum Mai komme. Castillien könne nicht ohne König sein. Als der König die Liebe verloren, mit der man ihn empfing, habe er auch das Königreich verloren. Lealtad (Loyalität) sei für das Königreich Sache der Natur, das Gegentheil (deslealtad) eine Neuerung; der König möge kommen und sich die Liebe aufs Neue erwerben. Halte er aber sein Wort nicht und komme er nicht bis zum Mai, so verliere er in Spanien allen Credit. Je weniger sie seien, welche sich jetzt (für ihn) vereinigten, um so mehr sei der König verpflichtet, sie nicht zu vergessen. Die allgemeinen Briefe, welche der Kaiser schreibe, seien ein Fehler, wo es sich um besondere Verdienste, wie des Grafen von Benavente handle, und um Ersatz des erlittenen Schadens. Dazu gesellte sich dann noch eine besondere Aufzeichnung in

---

*) Que el reino puede perder.

13 Punkten, gleich einem Auszuge aus einer grösseren Schrift, die dem Kaiser vorgelegt werden müssten. 1. Er möge bis zum Mai kommen; 2. wie sehr die Macht der Feinde, die Schwäche der Königlichen zunehme; 3. die Grösse der Uebelstände, 4. die Absicht, die Alcavalas, die Cruzada, die Servicios; die Albaquias, die Auflagen, die Inquisition*) und das Herbergrecht abzuschaffen. 5. Erlangung der Freiheit wie der italienischen Freistaaten. 6. Erhebung sämmtlicher Granden (wenn der König käme). 7. Dass Diejenigen unsterblich seien, welche, wenn sie auch tausendmal irrten, zurückkehrten, ihre Pflicht zu thun.**) 8. Dass sie selbst an ihren eigenen Leuten keine Sicherheit besässen. ***) 9. Der erlittene Verlust, was man an Granada habe und die geringe Hoffnung auf die Marine. 10. Aragon, Valencia, Catalonien seien verloren. 11. Geringe Hoffnung, die auf die Hilfe der christlichen Fürsten zu setzen sei. 12. Leiden des Volkes durch die gewaltthätigen Auflagen und Plünderungen. 13. Elend der Weiber, Kinder, Waisen, Klöster, Kirchen (que todo esta perdido †).

Es ist mehr als wahrscheinlich, dass das Schreiben auf den Kaiser nicht mehr Eindruck machte, als die beredten Briefe des Almirante an die Muy magnificos señores, an die Junta. Es entschieden nur mehr die Ereignisse, da keine Partei mehr vor noch rückwärts konnte; allein die Schreiben selbst bieten ein Bild der eingetretenen Verwirrung und der Höhe der Uebelstände.

Nach den Berichten, die wir aus dem Lager der Königlichen besitzen, hatten der Bischof und Padilla ihre Aufgabe getheilt ††); der erstere hatte Burgos im Auge, der zweite Medina del Campo, um dort die Städtecontingente an sich zu ziehen. Bereits am 3. Februar hatte sich Padilla mit den

---

*) Von dieser ist nur im (bis zur Unverständlichkeit kurzen) Auszuge (advertencia), aber nicht in dem Schreiben selbst die Rede.

**) Que estos son imortales que aunque los desvaraten mill veces luego tornan a hacer su exercito.

***) Porque la conque nos defendemos son de ellos mismos.

†) Diese 13 Punkte erweisen sich als Auszug eines anderen späteren Schreibens des Almirante an den Kaiser s. d., passen aber ihrem Inhalte nach ganz hieher.

††) Armijo de Sosa an den Condestable s. d.

Truppen von Avila und Salamanca vereinigt und als diesmal der Graf von Haro sie an der Brücke von Valdestillar erwarten wollte*), verhinderte es der Almirante. Damals war es, dass nach der Aussage des Don Pedro Laso ein Kammerherr des Königs von Frankreich sich mehr als 14 Tage in Valladolid aufhielt und der Junta eine Unterstützung von 800 französischen Lanzen anbot, welche über Navarra einrücken sollten. **) Valladolid wurde jetzt der Sammelplatz einer Armee, die vorzüglich aus den Städten auf der linken Seite des Duero bestand. Die Revolution selbst nährte sich von Confiscationen der Güter der Königlichen, die dadurch in Elend und Verzweiflung gestürzt wurden.

Als das Heer auf ungefähr 6000 Mann zu Fuss und 5—600 Lanzen gebracht worden war, wurde ein Schlag vorbereitet. Allein man fühlte in Valladolid zu gut, dass jetzt Alles auf den Erfolg ankomme, und dass die Junta verloren sei, wenn dieser nicht stattfinde. Schon am 10. Febr. glaubten die Königlichen in Simancas, dass es gegen diese Feste gehe und erwarteten sie stündlich das Signal ihrer Spione, welche sie vom Heranmarsch der Junteros benachrichtigen sollten.***) Doch besorgte der Cardinal schon am 11. Febr., es werde nicht Simancas, sondern Torre Lobaton gelten; derselben Meinung war auch der Condestable. Der Comendador mayor schrieb dem Kaiser über die drohende Gefahr, der Cardinal wie der Condestable. Wie Padilla das Schloss des Grafen von Benavente in Cigales (gegen den Vertrag) zerstört hatte — selbst die Bäume wurden umgehaut, hatte es der Bischof mit dem Schlosse von Cordovilla gemacht, dann die Villa Fromosta des Marschall Don Gomez de Benavides gebrandschatzt, alles Silbergeräthe aus der Kirche weggenommen und sich endlich mit Padilla in Valladolid vereinigt. Hier wurde nun der Plan entworfen, nicht Simancas, das zu gut verwahrt war, sondern Torre de Lobaton zwischen Rio seco und Tordesillas, von wo die Schiffe

---

*) Schreiben des Grafen von Haro an seinen Vater vom 3. Februar.

**) No se sabe lo que han respondido. Setzte der Cardinal in der Depesche vom 5. Februar hinzu.

***) Hernando de Vega, Comendador mayor de Castilla an den Kaiser aus Simancas vom 10. Februar.

nach letzterem Orte gingen, anzugreifen. Alles das wusste man in Tordesillas wie in Burgos und hoffte da und dort auf wirksame Unterstützung von Infanterie und Artillerie aus Navarra, die man ja hinwegziehen könne, da das Königreich — dem ein Einfall der Franzosen drohte — ruhig sei! Der Graf von Oñate hatte es übernommen, mit 850 M. Simancas zu decken. Er liess sich zwar dafür zahlen, hatte aber nur 500 M. in der Festung. Da begaben sich der Comendador mayor, Don Beltran de la Cueva, der Graf von Alva, Don Juan de Ulloa in die Feste und sorgten für bessere Vertheidigungsanstalten. Der Betrug des Grafen von Oñate war offenbar *); allein er war ein Bruder des Grafen von Haro, der Graf von Haro der Sohn des Condestable, letzterer hielt seinen Sohn, der Sohn seinen Bruder. Der Cardinal hatte gut schreiben, dass der Graf von Haro vom Generalcapitanate entfernt werden solle. Er blieb, um noch grössere Thorheiten zu begehen oder geschehen zu lassen.

Bereits machte man Don Juan Vorwürfe, dass er mit seinem Volke so lange still gelegen. Er antwortete, es sei dasselbe noch nicht kriegstüchtig. Es war die Frage, ob er nicht auf die Ankunft der Franzosen rechnete. Allein es fehlte noch an Geld und die Junta nahm deshalb das Silber im Kloster S. Pablo **) in Beschlag. Endlich als es soweit gekommen war, dass das Heer ausrücken sollte, entstand erst noch ein gewaltiger Streit in Valladolid selbst. Nach der Mittheilung des Condestable (v. 22. Febr.) wollte die Junta den Don Pedro Laso zum Generalcapitan und die Stadt Valladolid den Don Juan de Padilla, worauf der Streit dahin geschlichtet wurde, dass der Bischof von Zamora, Gonzalo de Guzman Sohn des Ramir Nuñez de Guzman und Diego de Guzman von Salamanca Capitane, Padilla aber über alle sein sollte. Dann habe Padilla eine lange Rede gehalten und die Einwohner zum Auszuge nach Simancas entflammt, worauf der Auszug nach Zaratan (19. Febr. ***) erfolgte. Allein diese Darstellung scheint

---

*) Depeschen vom 6. Februar.
**) Und San Benito. Schreiben des Marques von Denia vom 21. Februar. Ebenso alle Depositen. Schreiben des Condestable vom 22. Februar.
***) Am 18. zog die Artillerie aus. Schreiben des Cardinals vom 21. — Auch jetzt noch meinte man, es gelte Simancas. Am gleichen Tage

die früheren Zwistigkeiten um das Generalcapitanat Laso's
und Padilla's in diese Zeit zu verlegen, während jene nach
Peter de Angleria, welcher sich in Valladolid aufhielt, in dem
Januar 1521 stattgefunden haben müssen. Viel glaubwürdiger
erscheint daher der Bericht der beiden Vozmedianos aus
Tordesillas vom 23. Febr., dass es sich mit der angeblichen
Wahl eines Generalcapitan so verhalte, Juan de Padilla wurde
Capitan von Toledo und Valladolid, und jeder der 3 Anderen
Capitan seines Contingentes. Dagegen aber wurden noch
3 Proveditoren, die das Heer wie Consuln regieren sollten,
erwählt, und diese waren der Bischof*), Gonzales de Guzman
und Diego de Guzman.

Dann als diese Organisation vollendet war, zog das Heer
nach Zaratan, von wo es Rio seco, Simancas und Torre de
Lobaton zugleich bedrohte, den Gegner in Unwissenheit lassend,
welchem Orte der Zug gelte. Anstatt aber sich nach den
ersten beiden zu wenden, zog Juan de Padilla mit den Toledanern, Madrigalesen und 500 M. von Valladolid, nach Torre
de Lobaton und eroberte den festen und wichtigen Ort nach
kurzer Beschiessung am 23. Februar 1521 zum unermess-
lichen Jubel der Junteros und zur wirklichen Schmach der
Königlichen, des Generalcapitans und der beiden Gobernadoren.

Sie hatten diese Züchtigung vollkommen verdient.

Lassen wir zuerst die authentischen Berichte über die Zustände in Tordesillas und unter den Granden sprechen. Es war
Don Juan's glänzendste, es war auch seine einzige eigentliche
Waffenthat, zu der ihm der Almirante und der Graf von Haro
verholfen. Schon am 11. Febr. erklärte der Condestable, er habe
gehofft, dass wenigstens der Cardinal und seine Kanzlei nach Burgos
kommen würden, damit er die Stadt verlassen und in den Krieg
ziehen könne. Da das nicht geschehen, so werde er sich mit
dem Herzoge von Najera verbünden, Burgos verlassen und
mit den Rebellen kämpfen, der vernünftigste Gedanke, der
gefasst werden konnte, dessen Ausführung aber noch grosse

---

wurden Don Pedro Laso und der Bachiller von Segovia von der
Junta zu Conferenzmitgliedern ernannt.
*) El santo Obispo de Zamora.

Hindernisse entgegen standen, so lange Burgos nicht ganz
sicher und die Artillerie, welche der Condestable von Fuentarabia kommen liess, nicht eingetroffen war. Bei allen Unternehmungen der Königlichen trat das Unglück von Medina
del Campo hemmend entgegen, während Padilla dort Artillerie
und Munition für sich holte. Man wiegte sich noch in den
Gedanken ein, dass unter den Rebellen grosse Zwietracht
herrsche; sie war nirgends grösser als unter den Königlichen.
Namentlich ward der Almirante zur Plage der Granden. Bald
wollte er die Königin curiren *), dann sollte sie Decrete unterschreiben, was Mota zu dem Ausspruche verleitete, die Königin
von Fez möge es thun, aber nicht die Königin von Spanien.
Zwanzig Mal lieber, schrieb der Marques von Denia an K. Karl,
wolle er mit den Rebellen kämpfen, als den Almirante ertragen. Ein über das andere Mal wurde in K. Karl gedrungen,
er möge doch an den König von Portugal und dessen Gemahlin,
die Infantin Leonora, schreiben. Der König handle wie ein
Vater, leihe 50.000 Dukaten, gebe Pulver und Salpeter und
da die Comunidades so grosse Stücke auf ihn hielten, könnte
eine Annäherung K. Karls an ihn — alle Spanier wünschten,
dass Karl statt der französischen Princessin eine portugiesische
heirathe — zur Beruhigung der Gemüther dienen. Da die
Comuneros fortwährend erklärten, sie kämpften nicht gegen
den König, sondern gegen die Granden, dächten diese wieder
an die Vertheidigung ihrer Schlösser und würde endlich auch
der Almirante besorgt. **) Die Granden waren unzufrieden,
dass der König allen Caballeros gleich dankte und nicht besonderer Verdienste erwähnte; der Graf von Benavente verlangte, dass seine Diener, die sich an die Comunidades angeschlossen, Verzeihung erhielten und der Cardinal selbst bat
den Kaiser, liebevoll und grossmüthig gegen seine Anhänger
zu sein. Die Dinge waren, da der Almirante und der Graf
von Benavente dem Könige von Portugal für neue 50.000 Dukaten Festungen verpfändeten und sich für die in Mormojon
und Cigales erlittenen Verluste zu entschädigen suchten, der

---

*) Cuanto mas hacer esto, schreibt der Marques de Denia am 21. Februar
1521, sera otra resurreccion de Lazaro.

**) Esta may currido.

Marques von Denia und der Almirante die bitterste Feindschaft nährten, in der schlimmsten Beschaffenheit. Aber auch der Cardinal war gegen die Politik des Almirante aufgebracht und bezeichnete es als gottlos und inhuman, dass der Almirante lieber den Ruin des Königreiches wolle *), als dass der König um allgemeine Amnestie gebeten werde; auch die Granden waren dagegen, weil sie durch die Güter der Aufrührer Entschädigung für ihre Verluste zu erlangen hofften. Da nun zu diesen Zerwürfnissen sich auch der Geldmangel gesellte **), war es kein Wunder, wenn die Dinge sich gestalteten, wie der 23. Februar gezeigt hatte.

Die Junta, geleitet von Don Pedro Laso de la Vega, hatte mit grosser Umsicht gehandelt und ihr Verfahren muss sehr wohl von dem stürmischen und revolutionären Vorgehen der Einwohner von Valladolid unterschieden werden, die die Sache der Comuneros eher schädigten, als förderten. Einerseits war der Heereszug beschlossen und mit Aufgebot der bedeutenden Artillerie, über welche das Heer der Junta verfügte, zu einem so glücklichen Ende geführt worden, dass die Eroberung von Torre Lobaton beinahe an moralischer Bedeutung der von Tordesillas gleichkam, die gesunkenen Gemüther der Comuneros zum heftigsten Widerstande entflammte. Obwohl der Protonotar Frias den Don Beltram in Burgos am 15. Februar aufmerksam gemacht hatte, das Ziel der Comuneros sei nicht das wohlverwahrte Simancas, sondern Torre de Lobaton, Beltram selbst klagte ***), es genüge, dass der Condestable eine Meinung ausspreche, damit die anderen Gobernadoren der entgegengesetzten huldigten, so hatte selbst die Gefahr, welche der so wichtigen Besitzung des Almirante und der ganzen strategischen Stellung der Granden drohte, diese nicht zu

---

*) Y cierto me parece cosa impia e inhumana que el Almirante viendo que el reino se abrasa acuerde mas de dejarlo perder todo que suplicar à V. M. el — perdon general.

**) Estos grandes no quieren facer venir gente alguna sin que primero se les anticipe la paga de un mes o à lo menos de 15 dias y la infanteria de aca es mas vellaca que alemanes que luego que no se les paga al termino loque se les deve, se amotinan y pasan à los enemigos. Der Cardinal am 21. Februar.

***) 13. Februar.

vereinigen vermocht. Sie liessen sich vollständig täuschen. Der Zug nach Zaratan war nur eine Demonstration gewesen, die Granden irre zu führen. Jetzt wurde freilich der Befehl gegeben, dass das Volk von Simancas, Portillo, Arevalo, Coca zusammengezogen werde. Der Graf von Haro recognoscirte die Stellung des Feindes vor Torre Lobaton;*) allein dieser hatte nicht etwa wie der Graf von Haro am 5. December einen Wagen mit Bauernleitern unterwegs erst aufgegriffen, sondern war mit 6 Stücken schwerer Artillerie, 5 Falconeten, 9 Wagen mit Leitern und allem Zubehör zur Belagerung wie zum Sturm ausgerückt und als am 23. Februar der Almirante den Condestable um Hilfe aufrief**), der Cardinal seinen Brief vom 21. Februar mit der Nachricht schloss, dass die königlichen Truppen sich vereinigen würden, war die Katastrophe schon geschehen. Torre Lobaton war genommen, dem Almirante ein ungeheuerer Schaden zugefügt, das Heer der Junta zwischen Tordesillas und Rio seco in eine feste Stellung hineingeschoben, von welcher aus es diese beiden Festen wie Simancas bedrohte, und da in Tordesillas ohnehin die Lebensmittel sehr theuer waren, war schon in Betreff der Verpflegung des Grandenheeres die Sache sehr schlimm, geschweige dadurch, dass ihnen ein Schlag versetzt worden war, der in ganz Castillien wiedertönte und — die Franzosen zum raschen Eingreifen einlud. Duennas, Fuentes, Cigales, Mormojon, Ampudia, jetzt auch Torre Lobaton verloren, Alles, seitdem Tordesillas genommen war, das sprach deutlich genug, wessen Geistes Kind der königliche Generalcapitan sei, welche Einsicht in Tordesillas herrsche und in welchem Sinne der Almirante seine Würde als Gobernador auffasse. Gab doch (27. Februar) der Erzbischof von Granada, Präsident des Consejo, dem Kaiser zu verstehen, der Almirante und Don Pedro Laso seien in Betreff Torre Lobatons in geheimem Einverständnisse. Man konnte es sich nicht anders erklären, dass der Gobernador sich den wichtigen Ort gleichsam vor der Nase wegnehmen liess. Vergeblich hatte der Commandant sich nach Tordesillas

---

*) Que tubieron que volverse sin hacer otra cosa que dar vista à la gente que Padilla levava. Reg. v. 25. Februar.
**) Opus epist. n. 714.

um Verstärkung, um Hilfe gewendet; er erhielt keine und
musste sehen, wie er einen ehrenvollen Abzug erhalte. Die
Entschuldigung des Grafen von Haro bei dem Kaiser, dass er
keinen Versuch wagte, die Burg, welche 4 Tage lang beschossen wurde, zu entsetzen, bewies nur, was man ohnehin
wusste, seine völlige Unfähigkeit *) — wie die des Almirante,
wenn es bei diesem nicht ein bis zur Absurdität getriebener
Widerspruchgeist war. Jetzt freilich, als die Sache geschehen
war, schrieb er, Alles sei verloren. **)

Gerade diesen Augenblick hatte Don Pedro Laso mit der
ihm eigenen Klugheit ausgewählt, im Vereine mit dem Bachiller von Guadalajara (dem Vertreter von Segovia) nach
Tordesillas zu gehen und gleichsam den Oelzweig darzubieten,
damit eine Verständigung in Betreff der gemeinsamen Angelegenheiten stattfände und wo möglich die Beschwerden des
Königreichs im Vereine mit den Granden durch die Gobernadoren an den König-Kaiser geleitet würden. Hatte doch
der Almirante bereits der trotzigen Stadt Segovia durch Fray
Gonzalo de la Peña 15 Capitel ***) auf eigene Faust geschickt,
die der Consejo der Junta — im Gegensatze zum Consejo
real — an den Kaiser zu schicken beschloss und die dem

---

*) Reg. Februar 28: Diciendo que habiendo ido Juan de Padilla sobre
Torrelobaton salió de Tordesillas toda la gente de armas al servicio
de S. M. y que por haber ocurrido algun desorden se acordó
que fuesen 200 lanzas (!) para evitar su repeticion (das sagt ein
capitan general). Que decho conde clebaba 800 lanzas a fin de
introducir alguna gente en la villa y que estando esperando las
escalas le habia enviado a decir el Almirante, que no las mandaba
por haber sabido que no se hallaba el pueblo tan apurado como
se pensaba y por no tener concertada ninguna seña (Signal) con
los de dentro. Der Graf von Haro und der Almirante verdienten,
um einen Kopf kürzer gemacht zu werden.

**) An den Condestable in Chiffern: Que a la perdida de Torrelobaton
seguiria la de todo lo que quedaba a causa dal desconcierto que
advertia en todo. 25. Februar. Reg.

***) Bei Gamero p. 154. Ausschluss der Ausländer von spanischen
Aemtern und Würden, Verhinderung der Ausfuhr des Goldes,
Wahlrecht der Städte zu den Cortes, que no se paguen los salarios
de la Inquisicion de los bienos confiscados, sino que el rey o el
papa los pague de su Camara. Que en la casa real ninguno pueda
tener mas de un oficio.

Wesen nach eine Wiederherstellung des Reiches auf Grundlage der Verfügungen des Cardinal Jimenes und der Königin
Isabel in sich schlossen. Man darf sich auch in der Beurtheilung dieses wohl erwogenen Planes, gerade jetzt die Unterhandlungen aufzunehmen, als den Granden ein so schwerer
Schlag versetzt wurde, dadurch nicht irre leiten lassen, dass
in dem Augenblicke, als Don Pedro Laso und der Bachiller
Valladolid verlassen wollten, das Volk daselbst einen Aufstand
erhob, sehr beleidigende Worte gegen die Procuratoren aus-
gestossen wurden und eine Scene stattfand, die stark an jene
vom 1. October 1520 erinnerte, als der Abzug des Cardinals
durch Giron und Padilla verhindert worden war. Die beiden
Abgesandten mussten umkehren und konnten erst am 21. vor
Tordesillas erscheinen. Das Volk von Valladolid wie sein
Liebling Juan de Padilla wollten den Krieg, den Untergang
der Granden, eine gänzliche Veränderung des Königreiches,
das aber war gar nicht die Absicht Don Pedro Laso's und
der eigentlich königlich Gesinnten unter der Junta, die einerseits einen Generalpardon für sich, um für alle Fälle sicher
zu sein, wünschten und andererseits Einschränkung der Macht
der Granden, Rückstellung was sie der Krone abgenommen,
freie Cortes, Corregidoren auf 3 Jahre, Fernehaltung alles
ausländischen Einflusses, Beseitigung des Servicio durch die
Rückstellung der Kronländereien, Verbot der Ausfuhr des
edlen Metalles, Rückführung der Alcabala auf das Mass der
Regierung der Königin Isabel, Beschränkung schreiender Missbräuche der Inquisition, ohne so weit zu gehen, als die Conversos wollten. *) Es ist ferner kein Grund anzunehmen, dass

---

*) La raiz de la revuelta, schrieb der Condestable am 22. Mai 1521
an den Kaiser, destos reinos an causado conversos los cuales por
la misma causa que hicieron aquello desean destruir la orden de
St. Domingo que es la que les hace la guerra esta religion se recela
que por que algunos frailes an predicado contra — (Bruch im
Papier), poner mal con V. M. y nunque es verdad que algunos an
enojado tam bien ay otros que an servido asi como el General que
prudentemente los ha desviado y castigado bien los errados y otros
muchos religiosos que con grandissimo peligro de sus personas an
servido muy bien, suplico à V. M. que por culpa de particulares
no permita que la orden padesca y no de credito a los que ansi
niestra relacion quisieran indinar la orden de St. Domingo.

Don Pedro Laso den Unterhandlungen, welche den Einfall der Franzosen im Sommer 1521 herbeiführten, geneigt gewesen sei, während doch sicher ist, dass derselbe von Valladolid und von Toledo aus betrieben wurde. Hingegen war er die Seele eines anderen Unternehmens, welches, wenn es gelang, die Herrschaft der Donna Maria de Pacheco in Toledo wesentlich beschränken musste und eine ungemeine Veränderung im Süden herbeizuführen vermochte. Während nämlich Juan de Padilla durch die Belagerung wie durch die Eroberung von Torre Lobaton in der Tierra de Campos festgebannt war, die doch bis dahin die Domäne des Bischofs von Zamora gewesen war, bereitete dieser einen neuen Schlag vor.

Zu gleicher Zeit, als man in Tordesillas erfuhr, dass der Marques von Villena 100 Lanzen zum Dienste des Königs entsende, ward auch bekannt, dass der Bischof von Zamora sich bei dem Marques um Unterstützung beworben habe, dass er Erzbischof von Toledo werde. Der Marques habe aber dem Bischof eine Antwort gegeben, dass er es nicht wagen konnte, nochmal mit diesem Ansinnen hervorzutreten (21. Februar). Sechs Tage später berichtete der Präsident des Consejo an den Kaiser, der Bischof sei, nachdem er sich krank gestellt, mit einiger Mannschaft bei Nacht, wie er es zu thun pflege, von Valladolid ausgezogen; die einen sagen, um sich der Güter des Erzbisthums von Toledo zu bemächtigen, die Anderen, um sich in die Berge (hinter Burgos) zu werfen, wo einer seiner Verwandten, Gomez de Oyos die Gegend unsicher machte, so dass der Condestable Schwierigkeiten hatte, Artillerie von Fuentarabia und Santander kommen zu lassen. Am 28. berichtete Vargas schon genauer (aus Burgos), der Teufel von einem Bischof sei abgezogen, um nach dem Wunsche der Junta und mit Vollmachten ihrer Procuratoren versehen, die Regierung des Erzbisthums zu übernehmen. Am 4. März wusste man in Burgos bereits, dass er in Torre de Laguna angekommen sei; von da ging er nach Alcala de Henarez.

Die Sache war von äusserster Wichtigkeit. Die Gobernadoren in Tordesillas rechneten nicht blos auf den Zuzug des Herzogs von Najera aus Navarra, sondern hatten auch

4000 Mann zu Fuss und 1200 Lanzen aus Andalusien verlangt.*) Dieses war jetzt unmöglich und der Herzog von Medina Si-donia hatte auch gleich auf die Nachricht vom Abzuge des Bischofs aus Valladolid geschrieben, er könne sich nicht von Truppen entblössen.**)

Somit war wohl eine bedeutende Diversion durch die Junta geschehen und zwar zu einer Zeit, als man wissen konnte, dass die Ankunft des Prätendenten von Navarra in Pau demnächst bevorstehe ***) und somit auch der Einbruch der Franzosen nicht mehr lange auf sich warten lassen werde. Dadurch war aber wahrscheinlich geworden, dass der auch von dem Condestable so sehr gewünschte Heranzug des Herzogs von Najera nach Castillien verhindert werde. Allein die Sache hatte auch ihre Gegenseite. Zwar leistete der Graf von Sal-vatierra allen Anforderungen des Condestable, sich dem Könige zu unterwerfen, Widerstand †); zwar flammte, wohin der Bischof auf seinem Zuge nach dem Süden kam, der Aufruhr überall von Neuem empor, und erfuhr man bald, wie er in Alcala das Volk in seinen Predigten zum Anschlusse an die Comuni-dades anfeuerte. Allein genau angesehen, war es doch eine Theilung der Kräfte und ein Eintreten in ein weitläufiges Unternehmen, das auch misslingen konnte und — das musste man auch wissen, — den Plänen der Gemahlin Padilla's sehr entgegen war. ††) Einerseits blieb Padilla in der Tierra de Campos Feldhauptmann und stieg nach dem Abzuge des Bischofs sein Ansehen über die übrigen Capitane. Allein wenn die Gobernadoren durch den Verlust von Torrelobaton aufgerüttelt

---

*) Schreiben der Vozmedianos aus Tordesillas vom 25. Februar.
**) Vargas v. 11. März.
***) Schreiben vom 4. März.
  †) Peró el obispo de Zamora tiene tanta parte en el que haze hazer mandados. l. c. Schon am 11. März berichtet Vargas, der Graf habe mit 5—7000 Mann die Artillerie überfallen, welche der Conde-stable von Fuentarabia kommen liess. Es war am 4. März erfolgt.
 ††) Andererseits wurde behauptet: Que entre el obispo y Juan de Pa-dilla está platicado quel sea¡Arçobispo de Toledo y el otro Maestro de Santiago. Der Condestable an den Kaiser vom 28. März. Allein was Juan in Valladolid abmachte, bedurfte erst der Sanction der Gebieterin von Toledo — und der Beherrscherin ihres Gemahles. Diese sah aber in dem Bischofe einen ihr sehr unbequemen Rivalen.

sich vereinigten, so war denn doch sehr die Frage, ob Padilla
Feldherr genug war, die königliche Macht in offener Feldschlacht zu bestehen? Dann ergab sich aber erst noch die
andere und sehr gewichtige Frage, ob sich die ehrgeizige Gebieterin Toledo's und der Bischof von Zamora vertragen, ob
letzterer sein Ziel erreichen und nicht am Ende den toledanischen Adel, Alles was reich und unabhängig war, gegen sich
vereinigen werde? Freilich, kam die französische Hilfe zur
rechten Zeit, so konnte Alles sich besser wenden; diese Wendung zum Bessern war aber doch nur möglich auf dem Wege
des offenen Landes- und Hochverrathes und ob auf diesem,
dem Hereinziehen der Fremden in die castillianischen Wirren,
die bisherigen Leiter der Bewegung, Don Pedro Laso und
seine Partei noch der extremen Partei, der Kriegspartei Don
Juan de Padillas, nachfolgen würden, war selbst nicht einmal
eine Frage, sondern als sicher anzunehmen, dass diese Frieden
und Aussöhnung mit dem Könige um jeden Preis gegen das
Verbrechen der Theilnahme am französischen Einfalle vor-
ziehen würden. Wandte sich aber auch Don Pedro Laso ab,
wie es Don Pedro Giron bereits gethan, nun, so blieben
eigentlich nur die Pöbelhäupter in den Städten, Padilla und
seine Herrin in Toledo, der Graf von Salvatierra und der
Bischof von Zamora übrig, welcher sich jetzt in ein, wie sich
bald zeigte, kopfloses Unternehmen gestürzt hatte. An die
Stelle des Bischofs trat als Gobernador und Capitan de Plasencia Don Juan de Mendoza, der grosse Freund des Einfalles
der Franzosen. Sein Gedanke war, sich über Carrion den Weg
nach Asturien zu bahnen.*)

Der Erfolg von Torre Lobaton hatte die Comuneros nicht
blos übermüthig gemacht, sondern sie auch in eine falsche
Sicherheit eingewiegt. Jetzt wollte die Bevölkerung von Valladolid nichts mehr von Verträgen wissen. Krieg müsse sein,
bis das vorgesetzte Ziel erreicht sei **), dennoch bewilligte
Juan de Padilla den Granden einen achttägigen Waffenstillstand. Er konnte sehen, dass er nicht auch als Verräther bezeichnet wurde.

---

*) l. c.
**) Testimonio del voto de la Quadrilla de Valladolid v. 1. März. Reg.

Alle Briefe der königlich Gesinnten bestätigen die Katastrophe, die durch die Einnahme von Torre Lobaton erfolgte. Jetzt klagt der Almirante über die Uneinigkeit, die Brüder Vozmedianos und der Erzbischof-Präsident des Consejo fürchten für Tordesillas. Der Comendador mayor, einer der eifrigsten und aufopferndsten Diener des Kaisers macht auf die Wirkung aufmerksam, die der Schlag auf die gente baja ausübte.

Gerade den Tag vor dem Auszuge Padillas war das kaiserliche Achtdecret in Valladolid bekannt geworden; der Verlust von Torre Lobaton erschien als die erste Folge desselben. Eine zweite Folge zeigte sich in dem Gange der Unterhandlungen in Betreff der 118 Artikel. Man war vorher so weit gekommen, dass die ungerechten Artikel, welche man dem Könige nicht vorlegen könne, beseitigt und beide Heere bis zur Ankunft K. Karls entlassen werden sollten. Seitdem aber verlangte die Junta Annahme der 118 Artikel, so wie sie lauteten, und der Cardinalgobernador war, als es jetzt auch hiess, der Graf von Salvatierra habe Vittoria in Aufruhr gebracht, der Condestable könne Burgos nicht verlassen, geneigt, ehe Alles zu Grunde gehe, nachzugeben, um nur zu retten, was sich noch retten lasse. Er schrieb an den Kaiser, Padilla werde als der Erlöser Castilliens begrüsst; die Vasallen des Almirante und des Grafen von Benavente schickten ihre Habe nach den Bergen, als nahe der Türke, die Granden bestünden darauf, dass der Kaiser ihnen allen Schaden ersetze und klagten ihn — den Cardinal — an, dass er sich einer so gerechten Forderung widersetze. Viele von ihnen erklärten, sie würden sich selbst mit der Junta vertragen. Hätte der Graf von Haro, statt mit 200 Lanzen eine Recognoscirung gegen Torre Lobaton vorzunehmen, zur rechten Zeit die Besatzung mit 150 tüchtigen Soldaten vermehrt, Alles wäre anders geworden.

Die extreme Partei hatte in der Junta die Oberhand erhalten und Alles, was ihr nicht zusagte, musste sich gefallen lassen, als Verräther angesehen und behandelt zu werden. Don Pedro Giron war Verräther, nicht minder Fray Garcia de Loaisa, welcher die Vermittlung zwischen den Gobernadoren in Tordesillas und Don Pedro Laso übernahm, ebenso Alonso Ortiz, welcher den Waffenstillstand zwischen beiden

Parteien unterhandelte. Er war im Rathe der Junta seines
Lebens nicht sicher, da die Einwohner von Valladolid Lust hatten,
ihn als Verräther zu behandeln; nur Fray Pablo de Villegas,
welcher mit Sancho Sanchez Zimbron glücklich aus Flandern
zurückgekehrt war, zweifelsohne die Vorbereitungen der Franzosen zum Einfalle in Navarra bemerkt hatte, wohl auch noch
Näheres davon wusste, war mit seiner tollen Leidenschaft-
lichkeit der Mann des Tages. Er rief gleich einer wandelnden
Sturmglocke zum Widerstande auf, während die Unthätigkeit
Padillas, nachdem er übertriebene Hoffnungen rege gemacht,
und die geheimen Einwirkungen der Gobernadoren die Verwirrung steigerten, die Auflösung beschleunigten, das Heer
demoralisirten, theilweisen Abfall hervorriefen. Don Juan de
Padilla konnte sehen, wie er sein Heer zusammenhalte; er
hatte den Krieg gewinnbringender Unterhandlung vorgezogen.
Es konnte für ihn kein Geheimniss sein, dass die Gobernadoren die äussersten Anstrengungen machten, Geld, Artillerie
und tüchtige Soldaten zusammenzubringen, während er auf
neue Zuzüge angewiesen war. Die Franzosen blieben aus *);
er selbst war mehr und mehr ein vorgeschobener Posten von
Toledo. Ihn in seiner Isolirtheit zu erhalten sorgte, als der
Bischof abgezogen war, im Süden Don Antonio Zuniga, Prior
von S. Juan,**) welcher vor Toledo rückte. Es war eine durch
die Umstände gebotene Politik, dass der Gobernador-Cardinal
auf Verzeihung für Don Pedro Laso und Don Pedro Giron,
schon deshalb bei dem Kaiser drang, weil, wenn beide zur
Junta zurückkehren würden, sie viel Volk aufbringen und
grossen Schaden stiften könnten. War ihnen aber dieses noch
immer möglich, so bewies dies hinlänglich, dass sie keine
Verräther waren. Und in der That war man durch die fort-
gesetzten Unterhandlungen zu einem Resultate gekommen,
welches, wenn es Bekräftigung fand, die Basis einer grossen

---

*) Der Herzog von Najera schrieb am 17. April aus Pampluna, dass
Heinrich, Sohn des Königs D. Juan in Bearn Vorbereitungen zum
Kriege treffe. Aber erst am 23. Mai, gerade ein Monat nach der
Schlacht von Villalar schrieb der Cardinal dem Kaiser, dass der
Einbruch eines Heeres von 1500 Pferden, 13000 M. z. F., darunter
8000 Deutsche, drohe.

**) Eines Ritterordens, der aber unter einem Prior stand.

Besserung der Zustände gewährte. Der König solle die Gobernadoren ernennen, diese in den Cortes die Gesetze beschwören, keine Aemter verkauft, kein Geld ausgeführt werden;
von 4 zu 4 Jahren sollten sich die Cortes auf eigene Auto-.
rität versammeln, für die Erhebung der Alcabala die Bestimmung vom J. 1512 gelten, der König auf seinen Reisen
die Kosten des Aufenthaltes seines Gefolges bezahlen, der
Schaden in Medina del Campo ersetzt werden. Vereinigte sich
jetzt Don Juan de Padilla mit der bewaffneten Macht der
Junta mit den Granden, machten beide Theile gemeinsame
Sache, so konnte die Convention selbst gegen den König
durchgesetzt werden. Und hier tritt nun der grosse Fehler
des Juan de Padilla und seiner ehrgeizigen Gemahlin so recht
hervor. Sie waren es, die wahrscheinlich durch ihre Abma-
chungen mit den Franzosen und die Hetzereien der tollen
Unterleiter der revolutionären Partei, welche ihnen über den
Kopf zu wachsen begann, verführt, anstatt einzulenken, die
Sache auf die Spitze trieben. Das königliche Decret vom
17. December 1520 arbeitete ihnen freilich hiebei in die Hände;
aber war es nicht auch gegen Giron und Laso gerichtet, die
doch nicht mit den Franzosen gemeinsame Sache machten?

Die günstige Zeit des Ausgleichs ward versäumt und
kehrte nicht wieder.

Sollte aber bei dem Heere der Granden eine Einigung
entstehen, so musste sie von Aussen kommen und das war
zuletzt denn doch das Verdienst des Condestable und der von
ihm beharrlich durchgesetzten Verbindung mit dem Vicekönige
von Navarra. In Tordesillas war nur Zwietracht und Streit,
so dass, wie der Cardinal schrieb *), der Eine gerne ein Auge
verloren hätte, wenn es nur der Andere auch eingebüsst haben
würde. Der Graf von Benavente erklärte, ganz weggehen zu
wollen, da er wie ein Feind behandelt werde und nicht sich
dem Verluste seiner Besitzungen aussetzen wolle. Nichtsdesto-
weniger war er Torre Lobaton zu Hilfe geeilt und warf er sich
dann nach Rio seco, es zu vertheidigen.**) Das Verlangen der
Granden, der König solle sie für ihre Verluste entschädigen,

---

*) 12. März 1521.
**) Schreiben des Cardinals vom 15. April.

wurde immer ungestümer, der Cardinal als Verräther bezeichnet,*)
weil er den Pardon für Don Pedro Laso und Consorten, seinen
Vollmachten gemäss, nicht unterzeichnen wollte. Da kamen
endlich Nachrichten, der Graf von Salvatierra, der die Kanonen
von Fuentarabia überfallen, und als er sie nicht hatte wegbringen können, zerstören liess, sei bei Andagoya in dem
Thale von Cuartango am 12. März besiegt worden **), die
Vereinigung der Truppen des Condestable mit denen von Navarra hatte stattgefunden. Die Stadt Salvatierra wurde dem
Grafen sammt der Festung abgenommen***) und der Krone
incorporirt. Konnte auch der Herzog von Najera wegen des
drohenden Einfalles der Franzosen nicht selbst Navarra verlassen, so hatte er doch dem Condestable seinen Sohn geschickt.
Don Inigo de Velasco aber war entschlossen, auch ohne die
Aufforderung des Almirante abzuwarten, Burgos zu verlassen
und seine Vereinigung mit den Granden von Tordesillas durchzusetzen.

So war denn der März vergangen, der April herange-
kommen und noch immer war Juan de Padilla aus seiner
Unthätigkeit nicht herauszubringen. Er selbst entschuldigte
sich (9. April) in Betreff dieser räthselhaften Unthätigkeit nur
in allgemeinen Worten, er würde nichts versäumen, was zum
öffentlichen Wohle diene.†) Man kann sich dieses Benehmen
anders nicht erklären, als dass er auf die Ankunft der Franzosen wartete und es ist gewiss und durch das Schreiben
des Lic. Vargas††) an den Kaiser erhärtet, dass damals eine
Aufforderung von Valladolid an die Franzosen erging, in Navarra
einzufallen. Der Hass gegen den Kaiser war auf den höchsten
Punkt gestiegen und überstieg bereits den gegen die Moros.
Valladolid, der Sitz der Junta, bot sich dem Könige von
Frankreich an. Padilla stand am 15. April in Bamba und
berichtete den Procuratoren der Junta, Diego de Esquina sei

---

*) Schreiben vom 15. März.
**) Der Condestable vom 17. März.
***) l. c.
†) Reg.
††) Yo se por un testigo de vista an enbiado a ofrecerse al rey de
Francia de manera que si entrase gente in Navarra — hier ist
nun eine Lücke im Papier! Burgos 25. März. Maldonado p. 246.

nach Torre (Lobaton) gegangen, die Artillerie in Stand zu setzen, ohne welche er nichts ausrichten könne. Es war noch Castromonte in der Tierra de Campos von den Comuneros genommen worden, allein das war nur ein Streich, der dem Almirante galt und nichts entschied. Da der General der Dominicaner jene von seinen Mönchen, die sich der Bewegung angeschlossen, excommunicirte, dachten jetzt die Rebellen alle Dominikanerklöster zu zerstören: das war der Schlag, welchen die Conversos gegen die Inquisition zu führen beabsichtigten.

Die Correspondenzen werden magerer, seit der Bischof von Zamora seine Fahrten nach dem Süden unternimmt, während doch seine Gegenwart im Norden so nothwendig gewesen wäre. Die Zuzüge der Städte vom linken Dueroufer sollten von verschiedenen Seiten zu Padilla stossen; man war aber, wie es scheint, jetzt doch nicht mehr gewillt, wie früher sie ruhig auf das rechte Ufer kommen zu lassen. Sie fanden nur mühsam einen Vereinigungspunkt und wählte man dazu Toro (unterhalb Tordesillas am Duero), so entfernte man sich in bedenklicher Weise von Valladolid, dem Centrum am rechten Ufer. Unterdessen ward aber von den Gobernadoren beschlossen, der Cardinal solle unter guter Bedeckung bei der Königin und der Infantin in Tordesillas bleiben, der Condestable, welcher sich zuerst gegen den Grafen von Salvatierra den Rücken gesichert, aus Burgos ausziehen, in Peñaflor die Vereinigung mit dem Grafen von Haro*) und dem Almirante stattfinden und Don Padilla zur Schlacht gezwungen werden. Die Entscheidung nahte.

Aber nicht von einer Seite allein war der Ausgleich verhindert worden. Als Anfang März 1521 durch die Bemühungen Don Pedro Laso's, des Bachiller, Polancos und Pimentels, der von beiden Seiten Delegirten, man denn doch dahin gekommen war, dass die Bitte an den Kaiser gerichtet werden sollte, die beiden Heere zu entlassen und den Frieden bis zur Ankunft K. Karls zu halten,**) wurde, was vor

---

*) Noch am 28. März hatte diesen der Almirante bezeichnet: Un excellente caballero — aber carecia del vigor y esperiencia que convenia habiendo sido esta una de las principales causas del mal estado de las cosas.

**) Schreiben des Cardinals vom 12. März 1521. Vergl. auch den Bericht Pimontels von gleichem Datum.

Tordesillas vereinbart worden war, in Burgos vernichtet, wo
der Condestable und der Präsident des Consejo nichts weniger
als Friedensgedanken hegten. Es erfolgte die feierliche Erklärung, dass die Mitglieder der Junta und die vornehmsten
der Comunidades Verräther und der Strafe des Hochverrathes
verfallen seien.*)

Auf das Entschiedenste erklärte sich der Erzbischof von
Granada, Präsident des geheimen Rathes, gegen jede Annahme
der Vertragscapitel. Das heisse nur den König um alle Macht über
seine Reiche bringen, da das Schlimmste, was verlangt werden
könne, darin bestehe, die Verräther zu begnadigen und
dass die Gobernadoren und Granden sich zu ihren Vertheidigern
machten.**) In ähnlicher Weise drückte sich auch der Marques
von Denia (16. März) aus, ein Generalpardon könne nur erlassen
werden, wenn der König dem Reiche nicht gerecht werden
wolle, da nur wenige ohne Schuld seien. Er habe Nicolaus de
Insausti, welcher Guipuscoa in Aufruhr gesetzt habe, gefangen
setzen lassen. Der König ward gedrängt, keine Gnade ergehen zu lassen; gerade dadurch wurden aber Diejenigen,
welche noch unter Waffen standen, zum Aeussersten gebracht,
da sie keine Rettung vor sich sahen. Wenn aber irgend ein
Grande noch die Meinung hegte, er könne sich mit der Junta
auseinandersetzen, so vermochte ihn das Schreiben, welches
die Einwohner von Valladolid um diese Zeit an die Gobernadoren richtete, überzeugen, dass der Hass der Comuneros
gegen die Granden nicht nur nicht abgenommen habe, sondern
eher noch gestiegen sei.***) Ihnen wurde die Schuld des

---

*) Beinahe komisch klingt, was nach der Schlacht der Almirante dem
Kaiser sagen lässt: Que como loque la justificacion que io
hize de la causa fue gran caussa para que Dios se juntasse
con nosotros i ser nuestro capitan en la batalla como pareció en
ser los caballeros losque la rompieron y sus capitanes losque pa-
garon i los inocentes ser librados por las manos de aquellos que
ellos querian destruir por seguir lo que debian que era el servicio
de Su Magestad assi que pues supimos ganar a Dios para servirle
raçon es que su Magestad cumple con nuestra demanda porque
como e dicho no le perdamos. Despachos del Almirante de Castilla. Ms.

**) Reg. vom 8. März.

***) Opus epist. p. 404.

Unterganges des Königreiches zugeschrieben, die Comuneros als die eigentlich königliche Partei dargestellt, während die Granden nur Ansehen und Macht des Königthums zu vernichten gedächten und sie vernichtet hätten. Sie, die Comuneros, kämpften für die Freiheit und das Vaterland und ihr Kampf werde herbeiführen, dass die Granden ihren unrechten Besitz zurückerstatten müssten. Der Almirante möge die Waffen niederlegen, sonst werde er mit Waffengewalt zum Gehorsam gezwungen werden.

Man begreift, dass, als diese Anschauungen herrschend wurden, für Don Pedro Laso kein Platz mehr auf Seite der Junta vorhanden war.

Schon im Monate März*) zog sich Don Pedro auf eine Besitzung bei Valladolid, der Bachillier von Guadalajara nach Segovia zurück. Sie verliessen die Junta. Don Pedro suchte dann auch die Truppen von den Gelven für den König zu gewinnen.**) Später finden wir wohl neue Bestrebungen, die Verhandlungen wieder aufzunehmen, aber ohne Erfolg, da man von beiden Seiten auf Entscheidung durch Waffengewalt drang. Die Comuneros gaben selbst Don Pedro Laso Schuld, er habe die Stunde ausgekundschaftet, wann Don Juan de Padilla von Torre Lobaton nach Villalar (23. April) auszog und sie den Granden verrathen.

In der nächsten Zeit fand das räthselhafte Verweilen Padilla's in Torre Lobaton statt. Er wagte es nicht mit 7000 M. die tausend der Königlichen anzugreifen***), er sandte einen

---

*) Instruction des Almirante von Angelo de Bursa (Buso). März 1521. Am 14. März verlangte der Almirante vom Cardinal, er solle die von ihm für Don Pedro Laso und viele andere Comuneros ausgestellten Pardonurkunden unterzeichnen, was der Cardinal nicht that.

**) Schreiben des Condestable vom 28. März. Aber schon am 21. schrieb der Cardinal an den Kaiser: Don Pedro Laso y el Bachiller se han apartado de la Junta con intencion de servir a V. M. y el D. Pero Laso nos ha prometido de apartar de la Junta a la gente de cavallo que vino de los Gelves y esta agora con ella, y como los de la mesma Junta lo supieron decir que proviesen de prenderlo y que el decho Pero Laso fuyo, para perdonar a los tales como este que por su Real servicio ponen ahora sus vidas y personas en peligro me parece que convendria tener poder aca.

***) Schreiben des Vargas an den Kaiser vom 16. März. Auch der Almirante spottet über die Unthätigkeit Padillas: er habe Mannschaft:

Theil seiner Truppen nach Valladolid zurück und verharrte in zuwartender Unthätigkeit.

Allmälig kamen für die Königlichen bessere Nachrichten. Die Verbindung der andalusischen Städte befestigte sich; der Prior von S. Juan trieb den Bischof von Zamora, der überall verbreitet hatte *), er sei päpstlicher Commissär gegen die Feinde der Junta und stehe mit dem Kaiser in Correspondenz, zwei Mal zurück. Es hiess, der Bischof sei verwundet worden, während er sich selbst den Sieg zuschrieb und nach Valladolid von baldiger Rückkehr schrieb. **) In Valladolid glaubte die Junta durch theatralische Aufzüge sich einen Anhang verschaffen oder doch den alten verstärken zu können. Sie liess Ende März ***) ein grosses Gerüst aufrichten und von diesem aus alle Gobernadoren, den Herrn von Chièvres, welcher damals schon todtkrank war, und alle königlichen Diener als Verräther bezeichnen. Man war gegen Ende März voll froher Hoffnung und wiegte sich· in den Gedanken, bald nach Tordesillas †) zu ziehen. Allein der Bischof kam nicht zurück, Don Pedro Laso, der bedeutendste Mann der Junta, suchte seinen Frieden mit dem Kaiser; die Herrschaft des Pöbels von Valladolid war eingetreten und ob sich Juan de Padilla in die Länge würde halten können, war erst noch die Frage. Es war nur mehr ein Rumpf der Junta vorhanden. Noch wurden 2 neue Procuratoren nach Tordesillas gesandt, aber mehr die Verhandlungen zu zerreissen als fortzusetzen. ††) Sie konnten nicht hindern, dass Cuenca, Ubeda, Baeza und Guadalajara

---

und Artillerie per poner cerco a todes los puntos que quisieren und bleibe doch still liegen.

*) Namentlich in Ciente pozuelos, das dem Grafen von Chinchon gehörte. Schreiben des Condestable vom 17. März.

**) Die eine Schlacht hatte bei Ocaña stattgefunden (vor dem 18. März) und der Prior meldete von 6—700 Todten, 600 Verwundeten auf Seite des Bischofs, und die Eroberung von 4 Kanonen, anfänglich hiess es 13. Sieh auch das Schreiben vom 18. März. Durch diese Gefechte scheiterte der Anschlag auf das Maestradgo, el sual la mayor parte del estaba alterado. Schreiben des Marques von Denia vom 3. April 1521.

***) Schreiben des Consejo vom 27. März.

†) Schreiben Polancos vom 18. April.

††) Opus epist. p. 719.

den Consejo um Verzeihung baten, der Marques von Moya
die Ländereien seiner Maquesates zur Ruhe brachte. Wohl
aber erklärte sich Carrion für die Junta und Juan de Mendoza
durchzog mit 2000 M. die Tierra de Campos. Als nun Juan
de Padilla die Befestigung von Torre Lobaton zerstören liess,
konnte man seine Thatenlosigkeit bald mit der des Grafen von
Haro auf eine Linie stellen. Dagegen lauteten die Nachrichten
von Toledo desto kriegerischer. Die ganze Bevölkerung von
20—60 Jahren sei zu den Waffen gerufen, um dem Prior ent-
gegenzuziehen.

Die Dinge klärten sich. Die Politik der Donna Maria
trat nicht blos in ihren Umrissen hervor. Dem Könige sollten
die 3 geistlichen Grossmeisterthümer, welche Ferdinand V
dem Adel entrissen und der Krone zugeeignet hatte, genommen
und mindestens Eines ihrem Gemahle zugewendet werden;
dadurch wurde sie selbst an die Spitze des Adels gestellt,
zur Altezza erhoben, von der Krone unabhängig, letztere auf
ein Mass beschränkt, wie es bei der Thronbesteigung Ferdinands
und Isabellens vorhanden war. Dazu sollte der Aufstand der
Comunidades dienen, der in Toledo doch vor Allem den Charakter eines Aufstandes der Caballeros angenommen hatte,
jetzt aber in die Alleinherrschaft der Donna Maria umgeschlagen
war. Gelang es dann noch den einen Bruder der Donna Maria,
welcher wohl nicht ohne Grund sich in Rom aufhielt, zum
Primas von Spanien zu erheben, so sank das Königthum
tiefer, als es je gefallen war. Nicht ohne Grund machte
P. Leo X sehr eigenthümliche Bemerkungen, dass er sich mit
K. Karl in keine Allianz einlassen könne, welcher ja selbst
zu Hause nicht Herr sei. In Rom selbst, wohin sich die Conversos wandten, als sie in Spanien Boden verloren, wurde am
Sturze K. Karls gearbeitet. Endlich erklärt sich durch alles
dieses das fortwährende Zögern Padillas und die nachher so
gewaltige Eile der Franzosen, welche über Navarra herein-
stürmten *), um jeden Preis das wichtige Logroño zu nehmen
und den Comunidades, d. h. Juan de Padilla die Hand zu

---

*) Galli a Juncteris plerisque impulsi Toletanis praecipue ac parti-
culatim ab uxore Padillae processurum hunc ignem arbitrati Pyre-
naeos transierunt. P. Mart. ep. 721. III non. Maj.

reichen suchten. Nicht minder aber auch, dass ein Theilnehmer an dem Aufstande der Comunidades nach dem anderen,
Don Pedro Giron, Don Pedro Laso, der Bachiller von Guadalajara sich zurückzogen, als die ganze Erhebung nur dem Hause
Padilla zum Vortheile dienen und die Franzosen zu Herren
Navarra's machen sollte; endlich dass der Bischof von Zamora
selbst sich aufmachte, nach Toledo zog, um dort die Pläne
der Donna Maria zu durchkreuzen und aus dem Erzbisthume
die Mittel zur Ausrüstung eines neuen Heeres zu gewinnen.
Es klärt sich aber auch, dass in Zaragossa Unruhen entstanden, dass Juan de Guzman, welcher sich bis dahin bei
König Franz von Frankreich aufgehalten, als Vorläufer. der
französischen Truppen sich nach den Merindades begab, die
Gebirgsbewohner aufzuwiegeln und eine grossartige Diversion
zu veranstalten. *)

Sogleich ernannte ihn die Junta zum Obercommandanten
in der weiten Strecke von Burgos bis zum Ocean. Sie musste
wissen, dass er ein Emissär des französischen Königs war, und
ebenso der Generalcapitan, den man dadurch nicht von dem
Vorwurf des Hochverrathes retten könnte, wenn man behaupten wollte, er sei so thöricht gewesen, so wichtige Dinge
nicht zu kennen. Juan de Guzman versuchte nun mit seinen
2000 Mann Medina de Pomar zu erobern, was ihm jedoch
misslang. Dafür hatte aber der Graf von Salvatierra, nachdem
er Sanchez de Velasco seiner Munition und Artillerie beraubt
hatte, ein Heer freilich schlecht bewaffnet und noch schlechter
einexercirt mit 40 eisernen Kanonen unter sich. Er suchte
fortwährend Vittoria zu gewinnen, den Herzog von Najera an
seiner Vereinigung mit dem Condestable aufzuhalten und den
Herrn in den Merindades zu spielen. Vielleicht liegt auch in
seinen Fortschritten ein Grund der Zögerung Padillas. Wurden
die Franzosen um einen Monat früher mit ihren Rüstungen
fertig, brachen sie statt im Mai im April in Navarra ein, so
war ja Alles verändert und der Sieg der Aufständischen mit
ihrer Hilfe soviel als entschieden.

In dem Augenblicke, als die Entscheidung immer näher
rückte, der Generalcapitan der Junta aber zögerte, die Offen-

---

*) Maldonado p. 255.

sive zu ergreifen, erhielt er von dem unermüdlichen Don Antonio de Guevara ein Schreiben, welches, wenn seine Seele
von der grossen Verantwortung, die er auf sich genommen,
bestürmt wurde, die innere Unruhe eher zu vermehren als zu
vermindern geeignet war. Don Antonio erinnerte ihn, wie er
ihm schon in der Junta von Avila gesagt, er sei ein verlorener, betrogener und verkaufter Mann. Hernando de Avalos,
Don Pedro Giron und der Bischof von Zamora hätten diesen
Krieg angestiftet, um ihrer Privatrache zu fröhnen. Schon was
in Avila erstrebt worden sei, die Gleichheit aller Castillianer,
sei Schwindel gewesen. Sein Platz sei auf der Seite der Caballeros, er möge sich nicht durch Schmeichelworte, als sei
er der Vater des Vaterlandes, der Wiederhersteller Castilliens,
bethören lassen. Sein Vater, Bruder, Oheim seien auf Seite
des Königs, der ihm nichts angethan habe, was seine isolirte
Stellung rechtfertigen könne. Er möge sich nicht durch falsche
Prophezeihungen und das dämonische Treiben der Donna Maria
verführen, noch durch das Streben nach dem Grossmeister-
thum von San Jago verleiten lassen. Hernando de Avalos
habe ihn zum Schlimmen verleitet. Ueberall, in Valladolid,
Burgos, Leon, Zamora, Salamanca, Avila, Medina, seien jetzt
Handwerker an die Spitze der Städte gekommen, er selbst
habe schlechtes Volk, Räuber, Spitzbuben und ähn-
liches Gelichter unter sich, das ihn preisgeben
und verkaufen werde! Er möge Mitleiden mit sich selbst
haben und zu dem König zurückkehren. Er sei überzeugt,
hätte Don Juan mit ihm so in Toledo gesprochen, wie er
nachher mit ihm in Medina (del Campo) gesprochen, er hätte
sich niemals in diese Unternehmung eingelassen.

Man musste sagen, der Mann war nicht gemacht, Führer
eines Volkes zu werden, das sich seine Freiheit zu erringen
hatte; die Unselbstständigkeit seines Willens war für Andere
kein Geheimniss; sie konnte am wenigsten ihm selbst ver-
borgen bleiben, als er sich zur entscheidenden That aufraffen
sollte. Welche Kriegführung war das, selbst abzuziehen, als
es sich im Herbste 1520 um den ersten Zusammenstoss mit
den Caballeros und ihrem kleinen Heere handelte, und dann,
als dasselbe bis auf 5000 Mann gewachsen war, getrennt vom
Bischofe von Zamora eine Schlacht zu wagen?

Er hatte sich endlich nach Medina del Campo aufgemacht, wo es bereits am 10. April zu einem Scharmützel mit den Granden kam. Dann aber zog er sich nach Valladolid zurück.*) Er hatte zweifelsohne Artillerie und Soldaten von Medina geholt. Es war die höchste Zeit, wollte er nicht von Burgos wie von Tordesillas überfallen werden. Er musste rasch seine Contingente an sich ziehen, von Valladolid aus die Vereinigung des Condestable mit den Granden hindern und eines von diesen Heeren schlagen, ehe die Vereinigung beider stattfand. Schon ergriff Don Pedro de la Cueva aus Medina de Rio seco die Offensive und überfiel die Truppen der Junta in Montalegro. Zwei Capitäne, Pero Lopez de Ayala und Juan Zapata, 400 Gemeine fielen in die Hände der Königlichen. Wenn auch das Heer der Junta 7000 Mann stark sei, schrieb am 15. Februar der Protonotario Frias an Don Beltran, so dürfe man doch sicher sein, dass mindestens 5000 für den König seien. Er ging so weit, zu sagen, dass, wenn die königliche Standarte und die Fahne von Burgos vor Valladolid erschienen **), die Stadt die Thore öffnen würde. ***) Ein glücklicher Ueberfall des Don Diego de Salazar gewann von 7000 Hammeln, die für Valladolid bestimmt waren, 4000. †) Der eigene Lieutenant Padillas, Luis de Herera ging mit 80 Lanzen zu den Königlichen über. Diese aber beredete jetzt der Comendador

---

*) Er stand nach dem Schreiben des Condestable vom 5. April in Lobaton, nach dem des Grafen Haro vom 14. April in Valladolid.

**) Reg.

***) Schreiben des Grafen von Haro vom 9. April.

†) Nach dem Cardinal (Schreiben vom 9. April) konnte man in Valladolid annehmen, dass, wenn ein Generalpardon gegeben, die Chancellaria wieder eingeführt würde, 4000 Mann sich für den König erklären würden. Jetzt aber wurde von der Junta nach Toledo und Segovia geschrieben, um die eine Stadt gegen Don Pedro Laso, die andere gegen den Bachiller von Guadalajara aufzureizen. Fortwährend bediente sich die Junta, wenn sie Orte aufzuwiegeln suchte, des Namens des Königs und täuschte so die Leute, wie man aus den Urkunden ersah, die bei der Flucht des Grafen von Salvatierra in die Hände der Königlichen fielen. Schreiben des Bischofs von Astorga aus Burgos vom 22. April. In Betreff der Festung Gibraltar, welche ein Alcalde im Namen Laso's inne hatte, sieh das Schreiben des Marques von Mondejar vom 3. Mai 1521.

mayor, alle Zwietracht fahren zu lassen und im entscheidenden Momente auch in vollster Eintracht zu handeln. *)

Die Gobernadoren konnten jetzt den feindlichen General-capitan zur Schlacht zwingen. Er selbst musste sie liefern oder seine Popularität war dahin und er wurde zum Verräther gestempelt.

Bereits war es auf einer anderen Seite zur Entscheidung gekommen. Martin Ruiz de Arendaño, welcher vom Conde-stable zum Generalcapitan von Alava ernannt worden war, überfiel (wahrscheinlich am 21. April) den Grafen von Salva-tierra, tödtete oder verwundete alle seine Leute; nur der Schnelligkeit seines Pferdes verdankte der Graf seine Rettung. Er enteilte, von einem Diener begleitet, aus dem Schlacht-felde, ohne jedoch späterer Gefangenschaft entgehen zu können. Am 22. April theilte der Bischof von Astorga, den der Conde-stable an seiner Statt in Burgos zurückgelassen hatte, am 23. die Herzogin von Frias, Gemahlin des Condestable, dem Kaiser die Siegesbotschaft mit. Dadurch war nicht blos Vit-toria gerettet, sondern ebenso eine Diversion im Norden zu Gunsten der Junta verhindert, wie eine Unterstützung der Franzosen, wenn diese in Navarra einfielen und auf welche jene sicher rechnete. Es sollte noch besser kommen.

Bereits am 17. April war der Condestable mit einem Gefolge von Granden aus Burgos gezogen, die Sache zur Ent-scheidung zu bringen. Don Juan de Figueroa, aus dem Ge-fängnisse des Erzbischofs von Sevilla entkommen, hatte von Don Juan de Padilla den Auftrag erhalten **), Beceril gegen den Vicekönig zu vertheidigen, den Condestable aufzuhalten und dadurch die Vereinigung der Contingente von Palencia und Duennas (nördlich von Valladolid) zu ermöglichen. Allein Padilla hatte versäumt, sich zwischen den Condestable und den Almirante zu werfen, ersteren mit aller Macht anzugreifen. Er liess auch Beceril fallen. Es wurde am 18. April erstürmt, Don Juan gefangen und nun eröffnete sich der Condestable den Weg nach Peñaflor, wo er am 19. ankam. Am 21. fand die Vereinigung der beiden Vicekönige in Peñaflor statt, von

---

*) Schreiben vom 14. April.
**) Schreiben des Gutierre Quijado vom 22. Mai.

wo aus am 4. December 1520 der Marsch der Königlichen nach
Tordesillas erfolgt war. Der Comendador mayor de Castilla,
Don Beltran de la Cueva, Ruy Diaz de Rojaz und viele andere angesehene Persönlichkeiten stiessen zu dem Heere, bei
welchem sich die bedeutendsten Männer Castilliens befanden,
2400 Lanzen, Caballeros mit ihren Vasallen, eine tüchtige Infanterie von 6000 Mann, mit hinreichender Artillerie. Das Uebergewicht von Macht und Intelligenz war bei Weitem auf Seite
der Granden.

Padilla hatte Alles, was bisher geschah, ruhig geschehen
lassen. Er stand, als am Sonntage die Vereinigung der Vicekönige stattfand, ruhig in Torre Lobaton. Er konnte keinen
Handstreich gegen Tordesillas wagen, wo der Cardinal mit dem
Hofe zurückgeblieben war. Er hatte nicht einmal alle Contingente beisammen und entschloss sich daher am 22. April,
wenn es ging, heimlich von Torre in der Richtung nach Villalar
abzuziehen, um Toro zwischen Zamora und Tordesillas (am
Duero) zu gewinnen. Sein Heer zählte unter Juan Bravo,
Pedro und Francisco Maldonado, Antonio Saravia 6—7000
Mann zu Fuss, 400 Lanzen und jene Artillerie, welche Fonseca in Medina abholen wollte. Bereits hatte er Simancas im
Rücken, Tordesillas seitwärts gelassen, erreichte er Villalar,
so war auch Toro so viel als gewonnen. Allein der Marsch
nach Toro war bereits wie eine Flucht anzusehen, das Schicksal
des Heeres, das die Vereinigung der Gobernadoren nicht gehindert hatte, schon entschieden. Die für dasselbe bestimmten
5000 Dukaten, die letzten, welche Toledo aufgebracht, wurden
von den Brüdern Aguirre zurückbehalten, diese dafür ermordet.
Lope Alvarez Osorio, Luiz de Herrera, Gomez Agniz und Pedro
Dallo, tüchtige Capitaine, welche der Unschlüssigkeit Padillas
überdrüssig waren, hatten bereits den thatenlosen Führer verlassen. Die Desertion war eingerissen, die Menge versah sich
mit den Abzeichen der Königlichen, um, wenn Gefahr drohte,
überzugehen. Die Infanterie galt als schlecht, die Artillerie
als nicht gut bedient, die Cavallerie stand der des königlichen
Heeres bei Weitem nach. Dazu gesellte sich, als das Heer
der Junta am 23. April in zwei Treffen gegen Villalar rückte,
heftiger Regen, der den Marsch aufhielt und der Artillerie
auch nicht dienlich war. Als das Heer der Granden auf die

nur mühsam sich vorwärts Bewegenden drängte, suchte die
Infanterie bei Villalar Stellung zu nehmen. Sie konnte es
so wenig als die Artillerie. Als die königliche Artillerie ein
Paar Schüsse gethan, nahm der Commandant der feindlichen
Reissaus, seine Kanonen fielen in die Hände der Königlichen,
die Infanterie stob auseinander, sie rissen die rothen Kreuze,
das Abzeichen der Junta, von ihren Kleidern und steckten weisse,
das Abzeichen der Granden auf, die die Fliehenden nach
Wohlgefallen verfolgten. Nach dem unerwartet raschen Schicksale des grösseren Schlachthaufens blieb den Caballeros, bei
welchen Don Juan war, nichts anderes übrig, als zu fliehen
oder einen ehrenvollen aber erfolglosen Kampf zu bestehen.
Don Juan hatte am frühen Morgen eine Warnung in Betreff
des schlimmen Ausgangs erhalten, sie zurückgewiesen, in vollem
Glanze sich zur Schlacht begeben, einen Gegner ritterlich vom
Pferde gestossen, ward aber, als er das Schwert zog, von
Alonso de la Cueva gefangen, durch einen Stoss ins Gesicht
verwundet nach Villalar gebracht. Auch beide Maldonados,
Juan Bravo und mehrere Andere *) wurden gefangen und
nach Villalar geführt, dort von einem Gerichte, bestehend aus
Don Pedro Pimentel, dem Licenciaten Bernardino, Don Francisco de Mercato als Hochverräther gerichtet zu werden. Es
heisst, der Almirante habe sich für die Todesstrafe ausgesprochen, der Condestable für Aufschub, bis K. Karl nach
Spanien zurückkehre. Der Tod sei aber durch eine Hinweisung
auf Toledo von Seiten des Comendador mayor von Castillien,
Hernando de Vega entschieden worden **), da dieser Stadt
der Kamm schwelle, so lange Padilla lebe. Nur mit Mühe
rettete der Graf von Benavente seinem Neffen Pedro Maldonado das Leben. Er wurde nach Simancas gebracht und blieb
dort verhaftet, ohne dass seine Bitten, gegen die Franzosen
kämpfen zu dürfen ***), oder die Verwendung seines um K. Karl
hochverdienten Oheims ihm mehr als Aufschub bis zur Rückkehr Karls verschaffen konnten. Die vier anderen, Don Juan

---

*) Y otros. Tratado. Ms.
**) Que se á D. Juan de Padilla dejaban vivo, que Toledo quedaba
con cresta. Alcocer.
***) Schreiben vom 30. December 1521.

de Padilla, Juan Bravo, Francesco Maldonado und der gleichfalls bei Villalar gefangene Antonio Saravia wurden am Morgen
nach der Schlacht, 24. April enthauptet.

Mit hohem christlichen Sinne bereitete sich Don Juan
zu dem letzten Gange vor. Als Juan Bravo sich laut gegen
das Urtheil erklärte, das die Verurtheilten als Verräther stem-
pelte, erwiederte er, gestern sei Zeit gewesen, seine Tapferkeit
zu zeigen, heute zieme demüthiger Sinn. Ehe seinen Nacken
das Beil des Henkers berührte, nahm Don Juan einen Re-
liquienschmuck vom Halse und reichte ihn dem Bruder des
Grafen von Haro mit den Worten: Señor Don Luis, gebt dieses
Reliquiar der Donna Maria, meiner Gattin und sagt ihr, sie
möge mehr Werth auf ihre Seele legen, als sie bisher auf ihren
Körper setzte. *) Hierauf kniete er nieder, empfahl seine Seele
Gott und empfing den Todesstreich. Der Kopf des Enthaupteten
wurde öffentlich ausgestellt, den Körper des Francesco Maldonado erbat sich der Doctor der Königin und begrub ihn in
der Kirche. Die Leiche Don Juans sollte später den Toledanern übergeben werden; allein die Ereignisse im J. 1522
traten hemmend dazwischen. Dass der Verwundete und zum
Tode Verurtheilte noch Zeit gefunden habe, zwei schwülstige
Briefe — einen an Toledo, den andern an seine Gemahlin zu
schreiben, steht mit dem obenangeführten Vermächtnisse, wie
mit der Natur der Dinge im Widerspruche.

Sein feines ritterliches Benehmen, seine männliche Haltung, ein Zug von Schwärmerei, volksthümliche Beredsamkeit
und das Talent, mit den Wünschen seiner Vaterstadt sich zu
identificiren, hatten ihn zum Lieblinge seiner Landsleute
gemacht. Genau genommen weiss man nichts Grossartiges von
ihm zu berichten. Toledaner und Valladolesen setzten Hoffnungen auf ihn, denen er nicht zu entsprechen vermochte.
Sein Tod umgab ihn mit einem Nimbus, der bei längerem
Leben sich rasch hätte verflüchtigen müssen. Er hat als
Werkzeug der eigentlichen Leiter der Bewegung den Aufstand
zu entfesseln gewusst, als Werkzeug seiner Gattin die Sache

---

*) Señor D. Luis. Dá V. M. este relicario á Donna Maria mi muger
y díjelo que ponga mayor recaudo en el anima que a puesto en el
cuerpo. Alcocer p. 32.

der Junta in dem Augenblicke preisgegeben, wo sein Ausharren allein zum Sieg führen konnte. Er besetzte Simancas
nicht, brachte die Königin nicht fort, entfernte sich selbst, um
nach dem Grossmeisterthume zu jagen, zögerte ohne etwas
Entscheidendes zu wagen und liess unterdessen dem Feinde Zeit,
sich zu organisiren und ihn zu erdrücken. Es war schon eine
Thorheit gewesen, den Gobernador in Valladolid zu lassen und zu
glauben, die höchste Persönlichkeit des Reiches werde nicht
Alles aufbieten, sich der unwürdigen Lage zu entwinden, in
welche ihn die Revolution versetzt hatte, diese nicht mit allem
Nachdrucke bekämpfen? Wir sehen begreiflich nach den uns zu
Gebote stehenden Materialien das Benehmen Juans de Padilla,
geschweige seiner schwärmerischen Frau etwas kühler an, als
die Spanier, die da mit Martyrium um sich werfen, wo ein
politischer Fehler sich an den anderen reiht und dem colossalen
Ehrgeize die eigene Kraft so wenig entsprach. Freilich, politische Rechner pflegen nicht mit dem Nimbus poetischer
Geschichtsauffassung ausgerüstet, nicht zu mythologischen Fi-
guren erhoben zu werden. Dazu taugen kühn aufbrausende
Naturen, die erst wagen und dann überlegen, rasch zur That
sind und den Folgen unbesonnener Thaten verfallen, muthig
sterben, besser. Juan de Padilla hatte seine Popularität erlangt,
als er die Immunität des Adels verfocht. Er hatte sich wider
·seinen Willen, nur dazu beredet, der Revolution in die Arme
geworfen und von ihr emporgetragen den verhängnissvollen
Schritt gethan, erst die Bewegung, die das Heil Castilliens,
die Besserung castillianischer Zustände im V e r e i n e mit dem
Könige bewirken sollte, zum entscheidenden Bruche mit dem
Könige geführt, dann selbstsüchtig ihr den Rücken gekehrt,
um sie in Toledo in eigenem Interesse auszubeuten. Der Aufstand hätte eine ganz andere Wendung genommen, wenn Padilla mit Giron am gemeinsamen Siege gearbeitet hätte, so aber
erreichte Giron ohne Padilla nicht das gemeinsame Ziel und
Padilla verlor ohne Giron Sieg wie Leben. Allein der Ehrgeiz
Padilla's und seines Weibes duldete keine Nebenbuhler. Nicht
blos dem Könige sollte das Grossmeisterthum entzogen werden,
auch den Granden und die ganze Bewegung zum Nutzen der
Beherrscherin von Toledo und ihres Mannes ausgebeutet
werden.

Ritter, aber kein Staatsmann, nach Aussen eine glän-
zende Erscheinung, aber kein Feldherr, Gemahl einer ener-
gischen Frau, aber selbst ohne Energie, wie am Anfang Revo-
lutionsmann wider seinen Willen, so auch am Ende seiner
Laufbahn wider seinen Willen Führer eines Volksheeres,
während er Grossmeister zu werden hoffte, spanischer Patriot
und Verbündeter der Franzosen, kam er nie aus einer Halbheit heraus, war er gemacht, auch die beste Sache zu Grunde
zu richten und verlieh nicht sowohl das widerspruchvolle Leben
als der Tod ihm den historischen Nimbus, welcher sich auch
noch auf jene beiden Briefe stützte, die er in der Nacht vor
seinem Tode schwer verwundet geschrieben haben soll, deren
Aechtheit aber dem gerechtesten Bedenken unterliegt. Es ist
übrigens eine Erscheinung, die in Revolutionszeiten regelmässig wiederkehrt, dass sich dieselbe mit Personen zweiten
Ranges, die mehr durch die Verhältnisse gehoben werden als
durch ihre eigene Bedeutung, identificirt und die wahren Leiter
und Führer erst spät und durch die ernstesten geschichtlichen
Forschungen die gerechte Würdigung erlangen.

Der blutige Tag von Villalar machte den 118 Capitulos und
der ganzen constitutionellen Reform Castilliens ein Ende. Nicht
der König, die Granden hatten gesiegt und verlangten vom
Könige ihre Belohnung. Zwanzig Tage früher hatte der Cardinal dem Könige geschrieben, komme er nicht bis zum Mai
nach Spanien, so seien die Granden entschlossen, sich mit den
Comuneros zu verständigen (tomar concierto *). Es war Gefahr
auf Verzug. Ein Aufstand, welchen ein Agent der Junta in
Andalusien und Murcia vorbereitete, kam nicht mehr zum
Ausbruch. **) Ein Mordanschlag, welcher am Palmsonntag in
Murcia gegen den Gouverneur vorbereitet war, wurde noch zur
rechten Zeit entdeckt. Dagegen konnte in Sevilla am Vorabende
des Palmsonntages (vispera del Domingo de Ramos) das In-
quisitionstribunal ein Auto halten.***) 35 Personen söhnten
sich mit dem katholischen Glauben aus und wurden zu ewiger
Haft verurtheilt, sieben dem weltlichen Arme übergeben, unter

---

*) Schreiben vom 3. April.
**) Schreiben des Marques von Mondejar aus Alambra 5. April 1521.
***) Schreiben aus Friana (26. April). Reg.

ihnen Jaques de Valera und sein Vater Alvar Perez de Roseles, die zum Judenthum zurückgekehrt waren. *) Man klagte, welche Macht die bekehrten Juden bildeten, wie sie innerlich mit einander zusammenhingen, wie einer für den Andern einstand, einen zu beleidigen von Allen gerächt wurde.**) Sie waren durch ihren Reichthum, ihre Intelligenz, ihre Thätigkeit eine Macht geworden. Ihnen legte man geradezu die Schuld bei, dass es zum Aufstande gekommen war; sie waren die im Geheimen treibende Kraft, deren die Geschichte nur momentan habhaft werden kann. Der Schlag von Villalar traf auch sie. Jetzt konnte man nicht nur berichten, wie viele Penitenciados es gegeben, sondern auch, obgleich man versucht habe, den Auto zu verhindern, sei er doch unter Beistand des Assistente y justicia, der Herzoge und Cavalleros mit grosser Ruhe vor sich gegangen. Der siegreiche Adel schützte die Inquisition.

Tausend Mann zu Fuss und 50 zu Pferde, welche der Bischof von Astorga zum Dienste der Gobernadoren in Gali-

---

*) Que estaban vueltos judios. Reg. Es ist eine bekannte Sache, dass K. Alfons der Weise das Taufwasser eines spanischen Jüden für verlorenes Wasser ansah.

**) Neophytorum — quorum ingens in Hispanis multitudo est, genus hominum praeter caeteros opibus praestans et ad comparandas eas mire ingeniosum, miro quoque inter se studio cohaerens — wer glaubt sich da nicht in das XIX. Jahrhundert versetzt? — ut si unum quempiam laeseris, omnes laesisse videaris. Ger. Moringi vita Hadriani VI, p. 47. Dieser Macht, einer so geschlossenen Phalanx gegenüber beharrte Adrian als Grossinquisitor bei dem System Jimenez, die Zeugen bei der Inquisition nicht der Rache ihrer Gegner preiszugeben und legte, wir wissen nicht genau wann, lieber sein Amt nieder, als dass er in dieser Beziehung nachgegeben hätte. Daraus machte Llorente einen Anklagepunkt gegen Adrian, er habe den milde gesinnten Karl V zu entgegengesetzten Anschauungen gebracht, was dann Bauer in seinem Leben Adrians gedankenlos nachschrieb. So lange nicht die Anzahl der Autos, ihrer Verurtheilungen und die Art der Vergehen, da die Inquisition auch die eigentlichen polizeilichen Vergehen zu bestrafen hatte, bekannt sind, haben die Zahlenangaben Llorentes, welchen ich auf zu vielen Irrthümern ertappte, für mich keinen Werth. — Die Conversos begaben sich dann, als sie ihre Sache in Spanien verloren sahen, massenhaft nach Rom. (Raynaldi Annal. eccles., 1523.) Dort begegnete ihnen Adrian wieder und dachte nun gegen sie einzuschreiten, als der frühe Tod allen seinen Plänen ein Ende machte.

zien aufgeboten, wurden jetzt nach der Schlacht von Villalar entlassen.*)

Diese selbst hatte in Valladolid ein eigenes Nachspiel. Als die Nachricht vom Tode Padillas und seiner Gefährten dahin kam, ward hier, wie in einem grossen Theile Castilliens der Ruf nach D o n P e d r o G i r o n laut. Noch am 26. März hatte dieser aus Peñafiel der Junta gemeldet, dass die Stadt Saragossa den Caballeros über Burgos Truppen zuschicken wolle; er rieth damals, den Aragonesen den Pass zu verlegen und sich mit Saragossa zu befreunden.**) Jetzt aber hatte sich Giron bereits auf die Seite der Königlichen gestellt und weigerte er sich, dem Rufe zu folgen. ***) Der Rest des bei Villalar geschlagenen Heeres suchte nach Toledo zu entkommen, das nun Heerd und Mittelpunkt des Aufstandes wurde, wie es der Anfang und Ausgangspunkt gewesen war.

---

*) Schreiben des Bischofs von Astorga vom 28. April.
**) Sandoval, I, p. 243.
***) Instruction des Almirante an Angelo de Bursa (Buso). Mai 1521. Das war die zweite Satisfaction, welche Giron erlangt. Am 15. Juni schrieb der Conde de Ureña von Osuna aus an den Kaiser, manifestando su reconocimento por la gran mereed que ha dispensado a su hijo Don Pedro Giron.

Fünftes Capitel.

Der Bischof von Zamora in Toledo. Gewaltherrschaft desselben bis zu seiner Entweichung. Unterwerfung Castilliens
nach der Schlacht von Villalar. Einbruch der Franzosen
in Navarra in Verbindung mit der Donna Maria de Pacheco. Grosse Niederlage der Franzosen bei Noain. Die
Granden erobern dem Könige ein zweites Königreich. Allgemeine Wendung zum Bessern. Verhalten der Granden.
Unterhandlungen mit Toledo, das sich unter sehr günstigen
Bedingungen unterwirft. Neuer Einbruch der Franzosen
und Eroberung von Fuentarabia. Tod P. Leos X. Conclave.
Wahl Adrians VI. Freude in Spanien. Sturz der Donna
Maria Pacheco. Ihre Flucht nach Portugal. Ankunft des
Kaisers in Spanien. Verurtheilung. Die Cortes. K. Karl.

Mitten unter den Vorbereitungen zu der Schlacht, welche
das Schicksal der Comuneros und die politische Zukunft Spaniens
entschied, erfolgte von Tordesillas aus am 12. April 1521 die
Erklärung sämmtlicher Granden, welche jetzt zur Rettung des
Königthums um die Gobernadoren versammelt waren, gegen
Dr. Martin Luther*) und die Aufforderung an Kaiser Karl V.,
den katholischen Glauben, für welchen Spanien so ungeheure
Opfer gebracht, gegen den Häresiarchen zu schützen. Er habe
nicht blos Deutschland verkehrt, sondern auch, aufgestachelt
von einigen Personen, die das heilige Officio de la ynquisicion
verhindern wollten, seine Häresien und Blasphemien in die
castillianische Sprache übersetzen und unter diese katholische
Nation verbreiten lassen; Karl möge dafür Sorge tragen, dass

---

*) Bergenroth, Supplement p. 377.

diese Pestilenz nicht nach Spanien dringe, Luther und seine
Anhänger bestrafen. Der Herzog von Alba und die übrigen
Prälaten und Caballeros, welche sich am kaiserlichen Hofe
befänden, würden in ihrem eigenen Namen und in dem der
Unterzeichneten den Kaiser bitten, das zu erfüllen, wozu er als
erster christlicher Fürst verpflichtet sei. Ein Credenzschreiben
an den Herzog von Alba ging zugleich ab. Am 13. April erfolgte von Burgos aus von dem Präsidenten und den Mitgliedern
des Consejo ein Schreiben an K. Karl, das ihn erinnerte, wie
seine Vorgänger sich der Bestrafung der Häretiker, der Ausrottung
aller Häresie zugewendet, deshalb el oficio de la Sancta ynquisicion begründet und, damit die Moren und Juden in Castillien nicht die wahren Christen verderben, befohlen hatten,
Moren und Juden aus Castillien zu treiben, o b w o h l d i e
K ö n i g e d a d u r c h e i n e n b e d e u t e n d e n T h e i l i h r e r
E i n k ü n f t e e i n g e b ü s s t *), dieses selbst in Hinsicht auf
den hl. Glauben für einen Gewinn erachtend. Der Bischof von
Oviedo (und ebenso wohl noch die übrigen Bischöfe Spaniens)
schloss sich dieser Vorstellung an.

Am 16. April kam Luther, sich vor dem Kaiser und dem
Reichstage zu verantworten, nach Worms.**)   Am 26. April,
zwei Tage nach der Hinrichtung Juan de Padillas, verliess er
es, geschützt durch die Drohungen des deutschen Reichsadels
gegen seine Gegner. Er hätte, schreibt Gasparo Contarini an
demselben Tage an seinen Schwager Matteo Dandolo, ganz
Deutschland für sich gewonnen, wäre er mit grösserer Mässigung
aufgetreten.***)   Am 3. Mai ward er bereits auf Befehl eines
Churfürsten des heiligen römischen Reiches deutscher Nation
gegen die Acht des Kaisers, die übrigens in Worms erst am
8. Mai verkündet wurde, auf die Wartburg in Sicherheit gebracht.
Damals mögen die Schreiben der Granden zugleich mit der
Siegesnachricht von Villalar nach Worms gekommen sein.

Am 29. März kam der Luther Spaniens, auch der Teufel,
wie man Don Antonio de Acuña, Bischof von Zamora nannte,

---

*) Aviendo p o r b i e n de perder mucha parte de las rrentas reales.
l. c. p. 386.
**) Ulenberg hist. de vita Dr. Martini Lutheri. 1522. c. 17. Sleidanus p. 31.
***) Rawdon Brown n. 199.

von seinen Wunden geheilt, aber nur in der Tracht eines gewöhnlichen Reiters und statt von seinen Truppen von 2 Begleitern gefolgt, in Toledo an. Der Menge, die ihn umstellte, gab er sich selbst zu erkennen: Ich bin der Bischof von Zamora, es lebe der König und die Comunidad, Tod den Verräthern! Sogleich bemächtigte sich der Pöbel seiner Person und trug ihn mitten unter den tiefergreifenden Klagetönen des Charfreitagsgottesdienstes in die Kathedrale von Toledo, gleich die Inthronisation als Erzbischof vorzunehmen. *) Man konnte sich keine unwürdigere Scene vorstellen, als den bereits siebenzigjährigen Bischof auf den Schultern der Toledaner in die Kirche getragen, die Lamentationen der Propheten unterbrochen durch den wüsten Lärm und das Geschrei des Pöbels, der bisher einem ehrgeizigen Weibe gehorcht und nun sich, nachdem Toledo so lange seines Oberhirten entbehrt, den Unwürdigsten, aber einen Castillianer statt eines Fremden, zum Haupte gab.

Er wurde von den Ayuntamiento bis zur Rückkehr Padillas zum Generalcapitan von Toledo gemacht **), verständigte sich mit Dᵃ Maria de Pacheco und betrieb nun mit allem Eifer die Fortführung des Kampfes. Es handelte sich darum 30000 Dukaten aufzubringen. Man wollte anfänglich von Haus zu Haus gehen und Gold und Silber mit Gewalt wegnehmen. Man bemerkte jedoch, es sei nichts mehr zu holen. Dann sperrte der Bischof, als er von einem blutigen Zuge nach Illescas und dem Castelle von Aguila zurückgekehrt war, die Domherren der Kathedrale 36 Stunden lang ˙ein, sie zu nöthigen ihn als Erzbischof anzuerkennen und die Depositen der Kirche herauszugeben. (29. April. ***) Aber schon am 28. war die Nachricht von der Katastrophe von Villalar nach Toledo gekommen. Am 29. April hatte sie aufgehört ein Geheimniss zu sein, als sie plötzlich

---

*) Das Schreiben des Cardinals vom 9. April stimmt nicht in allen Zügen mit den übrigen Berichten überein. Nur Ein Begleiter sei mit ihm gekommen und dieser habe gesagt, der Andere sei Don Antonio de Acuña, der Bischof.

**) Juan de Chaves Arcayos, p. 205.

***) Cartas de Toledo refiriendo lo que ocurria estando alli el obispo de Zamora que aunque no tienen fecha se deduce para su contenido que fueron escritas a ultimo de April 1521. Ms.

in eine Siegesnachricht umschlug. Trauer und Freude wechselten in gleich excentrischer Weise, bis der Diener des hingerichteten Caballero in Toledo anlangte und nun von Haus
zu Haus, von Strasse zu Strasse die Klage begann. Der Bischof,
welcher allmälig sich Anhänger sammelte, Kanonen aus einem
Verstecke durch Verrath eines Arbeiters gewann, kam Dª Maria
zu trösten*), deren Haus Hernando Davalos nicht mehr verliess.
Doch Lopez Padilla stand in la Sisla, wie der Bruder des Bischofs
als Corregidor in Cordova und dort die Aufständischen niederhielt.
Der Bischof strebte ziemlich offen nach der Herrschaft in
Toledo. Er bemächtigte sich des Thurmes der Kathedrale, hielt
eine Volksversammlung und erklärte den Tod Padillas rächen
zu wollen. Er fing an sich als Gobernador zu fühlen. Aber
schon bildete sich eine Gegenpartei. Unter dem Ruf: Padilla
sammelte sich die eigentliche einheimische Partei, welche die
Entfernung der Fremden wünschte. Auch der Ruf, es lebe der
König und die Gerechtigkeit, wurde laut. Ein Pöbelhaufen
wollte das Haus des Don Pedro Laso **), des Urhebers des
Aufstandes und einstigen Lieblings der Toledaner, auf die
Nachrichten hin, die von Valladolid kamen, zerstören. Don
Antonio de Acuña hatte aber Takt und Muth genug, sich in
das Haus seines früheren Kampfgenossen zu werfen; er setzte
endlich durch, dass unter Todesstrafe verboten wurde, ein Haus
zu zerstören. In der Stadt selbst bildete sich eine starke
königliche Partei, welche nur eines Führers bedurfte. Dª Maria
aber und Hernando Davalos arbeiteten daran, von dem Prior
von San Juan, der sich nach Sisla begeben hatte und Toledo
von da bloquirte, eine Capitulation zu erlangen, die Toledo
eine Ausnahmsstellung, ihnen selbst Verzeihung zusicherte.
Sie arbeiteten selbst auch an der Entfernung des ihnen unbequemen Bischofs und betrieben die Ankunft des Marques
von Villena, da sich die Nachricht verbreitete, das Volk des
Bischofs wolle in der Nacht von Christi Himmelfahrt (9. Mai)
die Stadt plündern, als es noch dem persönlichen Erscheinen

---

*) Dicenque esta muy mala.
**) Porque dicen que anda con los grandes. Cartas de Toledo. Ich
halte es nicht für nothwendig, von den Kämpfen in und um Toledo
mehr mitzutheilen, als zum Verständniss des Ganzen nothwendig ist.

der D<u>r</u> Maria gelang den Anschlag zu verhindern.*) Der Bischof musste bereits wissen, dass die Franzosen in Navarra eingebrochen waren; sein Plan sich in den Besitz der Güter des Erzbisthums zu versetzen war durch das Vorrücken des Prior von Toledo gehindert; zur Wahl konnte er die widerstrebenden Domherren nicht vermögen. Er musste einsehen, dass er in Toledo nichts mehr auszurichten vermöge; dass es der grösste politische Fehler gewesen, sich nach Toledo zu werfen, statt den Kampf in der Tierra de campos zu Ende zu führen. Als am 12. Mai 1521 der Marques von Villena in Toledo einzog, eilte der Bischof heimlich und verkleidet, wie er gekommen war, nach Navarra — angeblich nach Rom, offenbar sich den Franzosen in die Arme zu werfen. Dort ereilte ihn aber sein Geschick und hatte er bald in dem Schlosse von Navarette unfreiwillige Musse über seine verfehlte Rolle nachzudenken und die Gnade K. Karls anzuflehen. **)

Die Sache wurde aber deshalb in Toledo nicht besser. Donna Maria, Hernano de Avalos und ihre Partei waren ein für alle Mal zu weit gegangen, als dass sie auf Verzeihung hoffen konnten. Es blieb ihnen nichts Anderes übrig als zum Aeussersten zu schreiten. Andererseits rührte sich auch die königliche Partei und bewirkte auf Andringen des Marques de Villena, dass Don Bernardino de Cardenas, Herzog von Maqueda mit 100 Lanzen und 100 gut geschulten Soldaten auf Pasque de espiritu Santo***) in Toledo einzog. Man konnte das Beste hoffen, als gerade an dem Tage seines Einzuges die Nachricht von dem Einfalle der Franzosen in Navarra eintraf.†) Voll Freude über die nun bevorstehende Hilfe warf sich jetzt das Volk auf die Begleiter des Herzogs, entwaffnete dieselben, griff seine Häuser an und nur dem Einschreiten des Marques war es zu danken, dass der Herzog wieder abziehen konnte, wie er gekommen war. Jetzt blieb der Marques

---

*) Alcocer pag. 60, 67.
**) Wie Ulloa die Donna Maria mit ihrem Gemahle enthaupten liess, lässt Osorio den Bischof mit Juan de Padilla hingerichtet werden.
***) Pfingsten: 19. Mai 1521.
†) So Alcocer. Es wird aber die Nachricht wohl darin bestanden haben, dass die Franzosen vor Logroño standen und den Ebro überschreiten wollten.

noch in Toledo, doch nur hoffend, es werde ihm gelingen, die Stadt zur Ruhe und zum Gehorsam zurückzuführen. Allein nach kurzer Zeit musste er sich überzeugen, dass sein Einfluss dem der Donna Maria nicht gewachsen war. Auch er musste vor dem Aufstande, der nur mehr in der Verzweiflung der eigentlichen Rädelsführer wurzelte, aus der Stadt hinwegziehen. Mit ihm begab sich hinaus, was noch von Adel, Geistlichen, Mönchen und Weltclerus in der Stadt war.*) Nur 6 Canonici blieben zum Schutze der Kathedrale zurück; die Stadt war vollständig in den Händen der Pöbelfürstin, des Hernan de Avalos und ihrer Genossen und wenn sich auch von Zeit zu Zeit noch der Ruf: es lebe der König, hören liess, so hatten die königlich Gesinnten keinen Anführer — und der Ruf verhallte machtlos oder wurde durch das Auftreten der Donna Maria zur Ruhe gebracht. Nur Gewalt konnte Toledo zum Gehorsam bringen.

Am 24. April, dem Tage der Hinrichtung Juan de Padilla's und seiner Gefährten, kam der Cardinalgobernador nach Villalar sich mit seinen Collegen zu vereinigen, die zum ersten Male seit ihrer Ernennung sich begegneten. Am 25. April zogen sie nach Simancas, wo die Unterwerfung Valladolids festgestellt wurde. Der Aufstand war in seinem Heerde erdrückt. Der Almirante und der Condestable verfügten sich sodann nach Valladolid, der Cardinal nach Tordesillas und nun erfolgte die Unterwerfung einer Stadt nach der anderen. Salamanca bot schon am 27. dieselbe an. Da der Aufstand vorzugsweise von Medina del Campo ausgegangen war, begab sich der Cardinal mit dem Almirante, welcher von Valladolid nach Tordesillas zurückgekehrt war, dahin; unterwegs trafen beide mit dem Condestable zusammen und nun zogen die 3 Gobernadoren am 1. Mai 1521 in die trotzige Stadt ein.**) Der Graf von Luna brachte unterdessen Leon zum Gehorsam; als er bei dem einen Thore einzog, entwich Ramiro Nuñez de Guzman, welcher den Aufstand von Leon geschürt, bei dem entgegengesetzten. Der Herzog von Infantado nahm jetzt Alcala und bedrohte Madrid; er beeilte sich dadurch seine Ergebenheit

*) Leider führt Alcocer das Datum nicht an.
**) Schreiben des Cardinals aus Valladolid.

zu bezeugen. Der Marques von Astorga, der Graf von Albadeliste und der Prior Don Diego gingen nach Zamora, die Gobernadoren von Medina über Coca (7. Mai) nach Segovia, das sich gleichfalls unterwarf *), so dass am 8. Mai nur noch Madrid und Toledo im Trotz verharrten; gleichzeitig kamen Schreiben an, dass in Andalusien nur Ubeda und Baeza noch ungehorsam seien. **) Als am 14. Mai K. Franz zu Dijon den Titularkönig von Navarra beauftragte sich mit der Junta zu vereinigen***), somit zum Vorschein kam, was in Valladolid und Toledo festgestellt worden war, der Einbruch der Franzosen in Navarra wirklich stattfand, gab es keine Junta mehr.

Die Gewalt hatte entschieden, die Gewalt allein brachte auch die Städte zum Gehorsam. Am 8. Mai zogen die Gobernadoren in Segovia ein, dessen Alcazar nach einer fast 360tägigen Belagerung†) von dem königlichen Heere befreit wurde. Mehr als 6000 M. besetzten die trotzige Stadt, in einzelnen Häusern lagen 20—30 M. Madrid sandte seinen Alcaide und — erklärte seine Unterwerfung††); selbst Toledo unterhandelte, als am 11. Mai die Nachricht in Segovia ankam, die Franzosen seien in Navarra bereits eingedrungen, und nicht bloss die Hoffnung schwand, mit dem andalusischen Heere sich vereinigen und zur Vertheidigung Navarra's mit ungefähr 25000 M. abziehen zu können, sondern jetzt erst noch die Gefahr stieg, dass mit Hilfe der Franzosen sich Toledo behaupten könne. An demselben Tage, an welchem die Gobernadoren in Segovia einrückten, dachte der Bischof von Zamora Toledo zu plündern, schloss P. Leo X einen geheimen Vertrag mit dem Kaiser zur Vertreibung der Franzosen aus Italien ab, während diese von der Eroberung Spaniens träumten.

---

*) En extremo desconcertada. Schreiben Peralta's an den Cardinal vom 8. Juni.

**) Im Süden waren am 11. Mai nur noch Ubeda, Baeza und der Marques de los Velez „desobientes". Reg. Jene beiden Städte hofften auf die Franzosen. Reg. 28. Juni. Murcia war gleichfalls noch nicht beruhigt.

***) Brown p. 212.

†) Ferrer spricht vom 17. Mai. Die Gobernadoren waren am 7. Mai noch in Coca, am 8. in Segovia.

††) El qual hizo pleito omenage. Despachos.

Castillien war vorderhand dem Gerichte der Gobernadoren verfallen, die in Valladolid 12 Personen von der Amnestie ausgenommen hatten, in Medina 15, in Avila und Salamanca 17, in Segovia ebenso viel, 40 wurden verbannt. Die Verräther wurden hingerichtet, ihre Güter confiscirt, ihr Erbe den Wittwen und Kindern entzogen und nun von der siegenden Partei als Schadloshaltung für den angestifteten Schaden eingezogen. Das blutige Trauerspiel, welches in Segovia begonnen worden, hatte seinen Abschluss in Villalar nicht erhalten. Der Schrecken war so gross, dass am 12. Mai, während die Gobernadoren in Segovia standen, der Bischof von Zamora aus Toledo verschwand.

Vor Allem scheint das Schicksal Segovias die leitenden Persönlichkeiten beschäftigt zu haben. Hier war denn doch eigentlich der Aufstand in seiner blutigen Gestalt ausgebrochen, hier der erste und stärkste Widerstand gegen die königliche Macht erfolgt, ohne Segovia hätte sich der Aufstand nimmermehr vom Tajo zum Duero verbreitet. Man sprach es offen aus, die Vergehen Segovias seien stärker als die aller anderen Städte und wenn die Stadt nach Gebühr bestraft werden sollte, nun so müsste sie eigentlich ganz zerstört werden. Lasse man sie unbestraft, so verfehle man gegen die Gerechtigkeit.*) Es steht aber dieser Ausspruch ganz im Zusammenhange mit einem anderen desselben Gobernadors vom 24. Mai, als sich die Gobernadoren in Segovia befanden. Dort war es, dass er zu der Ueberzeugung kam, die eigentliche Ursache des Aufstandes sei das Bestreben der Judenchristen, der Conversos, den Orden des hl. Dominicus, in dessen Händen die Inquisition lag, zu vernichten. Dadurch war ein eigenthümliches Licht über die Worte des unglücklichen Joffredo gefallen, welchen die gegen die Marranos ausgestossene Drohung das Leben gekostet hatte. Es hängt wohl damit zusammen, dass K. Karl sich in seiner Erklärung so sehr der Inquisition annimmt, dass Herzoge und Caballeros sich an dem Auto in Sevilla (Friana) betheiligten und am Tage der Schlacht von Villalar; wie uns Maldonado nicht ohne Erstaunen berichtet, Juan Hurtado, ein wegen der Heiligkeit seines Lebenswandels hochgerühmter Dominicaner-

---

*) Der Condestable aus Burgos an den Kaiser, 21. Juli 1521. Reg.

mönch mit allem Eifer die Vernichtung der Partei des Juan
de Padilla predigt, den verwundeten Feinden beispringt, aber
fortwährend die Realisten zum Kampfe und Verderben der
Comuneros anspornt. Andererseits tritt aber der Erzbischof
von Granada (5. Aug. 1521) geradezu als Ankläger der Dominicaner auf, bezeichnet den Fray Francesco de los Angelos,
dessen sich der Almirante als seines Agenten bei dem Kaiser
bediente, als Verwandten der bedeutendsten Verräther und
ebenso Dominicanermönche. Alle diese, welche Hauptverräther
gewesen, seien ihrem General zugewiesen worden, was nichts
anderes zur Folge habe, als dass sie in Freiheit gesetzt würden
und zu ihren Predigten zurückkehrten, wie es mit dem Maestro
Bustillo geschehen.*)

Was aber Segovia betraf, so machte noch am 14. August
der Cardinalgobernador den Kaiser aufmerksam, es sei irrig,
was der Almirante sage, dass die Strenge gegen Segovia Ursache des Aufstandes gewesen sei. Ganz andere Dinge seien
die Ursache; diese aber werde er dem Kaiser nur mündlich
mittheilen.**) Sie wurzelten in Gebieten, die nur den höchsten
Personen zugänglich waren und uns Geheimniss geblieben
sind, weil der Kaiser und der Cardinal sich nicht wieder sahen.

Es zieht sich mehr als Ein Geheimniss durch die Erhebung der Comuneros hindurch. Die Scheu vor dem Verfahren der Inquisition bricht da und dort plötzlich hervor.
Nicht ihr Bestand ist es, welcher diese erzeugt, aber dass die
zum San Benito oder zum Kerker Verurtheilten ihre Güter
an die Inquisition verlieren sollten, erscheint als Unrecht.
Man solle sie wenigstens, meinte am 30. Juni 1521 der Marques
von Astorga, zum Loskaufe der in die Hände der Moren ge-
fallenen Spanier verwenden. In dieser Zeit war es, dass nach
längerem Leiden am 28. Mai 1521 in Worms der den Spaniern
so sehr verhasste Herr von Chièvres starb, K. Karl seines
Hofmeisters, Günstlings und ersten Ministers befreit, sich nun
selbst den Mühen der Geschäfte unterzog, die Leitung der
auswärtigen Angelegenheiten aber besonders dem Grosskanzler
Mercurio Gattinara übergab. Chièvres erlebte das blutige Ende

---

*) Reg. 6. August.
**) Reg.

Padillas und seiner Genossen, die Zerreissung des Vertrags
von Noyon, den er abgeschlossen, und hatte bereits Anstalten
getroffen, bei dem römischen Stuhle die Dispens für Karl V
zu seiner Vermählung mit einer portugiesischen Prinzessin zu
erlangen. Man wird sich nicht irren, wenn man die Festigkeit
Karls den Comunen wie den Granden gegenüber als das Werk
des Herrn von Chièvres bezeichnet. Noch wenige Wochen und
er hätte das volle Ende des Aufstandes erlebt. Auch ein anderes Ereigniss fällt in diese Zeit.

Nachdem der Befehl des Kaisers, S. Juan de Pied de Port,
die navarresische Gränzfestung zu demoliren, in die Hände
K. Franz gefallen, die Festung von den Franzosen genommen
war, drangen diese wie im Sturme über San Juan de Pied de
Port nach Pampeluna, ja bis Logroño *) vor, offenbar, um Don
Juan de Padilla die Hand zu bieten; allein sie kamen mit all
ihrer Eile um mehr als einen Monat zu spät. Die Truppen
der Städte, welche sie in ihrem Kampfe mit Kaiser Karl V
zu unterstützen beabsichtigten, sammelten sich in Medina del
Campo, in Valladolid, in Burgos. Alle wetteiferten, sich in
Treue auszuzeichnen. Man that in Frankreich, als wäre durch
den Einbruch des Heeres von 14000 Mann mit vortrefflicher
Artillerie ganz Spanien verloren, obwohl eigentlich nur der
Herzog von Najera, Vicekönig von Navarra den Kopf verloren
zu haben schien. Die Gobernadoren sandten ihm jedoch von
Medina aus einen Courier, der ihm Hilfe versprach.

Am 25. Mai schrieb der Bischof von Burgos an den Kaiser,
die Nachricht sei eingetroffen, dass der Bischof von Zamora,
als er den Pass von Navarette durchschreiten wollte, erkannt
und gefangen worden sei. Er bot dem Soldaten, welcher ihn
gefangen nahm, eine ungeheuere Summe Lösegeld. Vergeblich. Er war der kostbarste Fang, der gemacht werden
konnte, da alle Fäden der Revolution in seiner Person zu-

---

*) Der Consejo in Burgos schrieb schon am 18. Mai an die Gober-
nadoren von dem Einbruche des Sohnes des K. Johann und anderer
französischer Capitaine in Navarra und, dass die Stadt Logroño
um Hilfe ersucht habe. — Nach einem Briefe der Herzogin von
Frias an den Kaiser vom 9. Juni belagerten damals die Franzosen
Logroño. — Eine Nachricht vom 11. Juni sagt, sie hätten sich
schon zurückgezogen. Am 22. war der Condestable in Logroño.

sammenliefen, Keiner in gleichem Masse wie er von den Geheimnissen des Aufstandes unterrichtet war. Es war ein Monat nach dem Tode Juans de Padilla, dass der eigentliche Träger des Aufstandes, der sich erst noch durch die Misshandlung der Domcapitularen von Toledo, durch Ueberfall, Plünderung und Schlachten eine traurige Berühmtheit verschaffte, in das Gefängniss wanderte. *) Wie lange dauerte es, dass Unterhandlungen mit dem römischen Stuhle gepflogen wurden, um bei ihm die Folter anwenden zu können, die U r h e b e r des Aufstandes zu erfahren. **)

Den Almirante wie den Condestable belästigten schwere Sorgen, der Kaiser möchte über die Güter der Rebellen verfügen, ehe ein Verzeichniss derselben hergestellt war, ehe den Granden der erlittene Schaden ersetzt war.

Damals war es, dass die Festung von Pampeluna von einem Häuflein Spanier vertheidigt wurde, an deren Spitze sich Iñigo von Loyola aus einem Geschlechte befand, das in das XII. Jahrhundert hinaufreichte und mit den vornehmen Familien der Borgias und Xaver in verwandtschaftlichen Beziehungen stand. Der jugendliche Anführer, welcher die Seinen zum entschlossenen Widerstande angeeifert hatte, wurde durch französische Geschosse schwer verwundet ***), die Burg ergab sich, aber die Wunde Don Iñigos wollte nicht heilen und auf dem langen Krankenlager, an welches er gefesselt war, während Luther auf der Wartburg weilte, wurde das S t u d i u m d e s L e b e n s C h r i s t i†) — e i n e s s p a n i s c h e n W e r k e s — und die Lebensbeschreibungen der grossen Ordensstifter

---

*) Nach einem Schreiben aus Burgos vom 29. Juni muss sich der Bischof damals sehr unwohl befunden haben. Reg. Vom Anfang September ist ein Entschuldigungsschreiben von ihm an den Bischof von Oviedo, er habe nichts unterlassen, den Unordnungen zu steuern, aber nicht das nöthige Ansehen dazu gehabt! Reg. Später verwendete sich der Bruder des Bischofs und der Herzog von Najera bei dem Papste um seine Befreiung. Gachard corresp., p. 63.

**) Schreiben K. Karls an den Herzog von Sessa bei Gachard S. 131. Wäre K. Karl im J. 1522 mit Adrian zusammengekommen, so hätte er letzteres viel einfacher erfahren können!

***) Joannes Pinius, coment. de S. Ignatio. (Acta Sanct., 31. Juli).

†) Ludovici Gonsalvi Acta antiquissima c. 1. Dieses wird systematisch ignorirt und immer nur von Legenden gesprochen.

des Mittelalters, die Dante in seinem Paradiese so wundervoll
verherrlichte, der Grund und Anfang jener gewaltigen inneren
Umwandlung, von der die Begründung der Gesellschaft Jesu
nachher Zeugniss gab. Sie steht mit dem kriegerischen Auf-
schwunge zur Befreiung Spaniens von der Fremdherrschaft
im Causalzusammenhang. Niemand hatte damals eine Ahnung
von der Veränderung, die sich für Spanien und die ganze
christliche Welt vorbereite, als der Verwundete auf einer
Bahre in das Haus seiner Eltern gebracht, dort dem Tode
nahe im langen Siechthum lag. Die Ereignisse des Momentes
rissen Alle mit sich fort, Comuneros und Realisten waren jetzt
einig und nur im Hause der Donna Maria de Pacheco mochte
tiefe Trauer sein, als auf die Nachricht, die Feste Pampeluna
sei in die Hände der Franzosen gefallen, die Hiobspost erst
von ihrem Abzuge von Logroño, dann von der „Jornada de
Navarra" einlief.

Der Einfall der Franzosen hatte die Castillianer einig
und in Verbindung mit dem Ereignisse vom 23. April einen
Anlauf ohne Gleichen zur Befreiung Spaniens hervorgerufen.

Noch vor Kurzem hatte sich K. Franz gerühmt, er werde
den Kaiser aus allen seinen Königreichen treiben und ihn. als
Erzherzog von Burgund in einen so üblen Zustand versetzen,
dass er durch viele Jahre nicht mehr aus diesem herauskommen
solle. Er begann den Krieg in Italien wie in Spanien, wo das
Heer in Navarra nur der Mittel- und Sammelpunkt aller unzufriedenen Elemente werden sollte. Jetzt aber versprach
Valladolid 1200 Mann auszurüsten, Segovia 1000, Salamanca
500, Toro 300, Palencia 200, Madrid 200, Burgos 600. Der
Einfall der Franzosen hatte sich zum Ableiter der inneren
Unruhen umgestaltet, der Almirante und der Condestable
nahmen sich Estella zum Zielpunkte *), sie erreichten den
Feind in der Ebene von Pampeluna und nun erfolgte die Jornada de Navarra, die Schlacht bei Noain am 30. Juni 1521**),
die Zersprengung des französischen Heeres, die Eroberung der

---

*) Nach dem Schreiben des Almirante aus Real de Mendigorna vom
27. Juni.

**) Alfonso Ulloa gibt in seiner vita de Carlo V fälschlich 23. August an.

gesammten Artillerie, die Gefangennehmung des Heerführers.*)
Der Plan des französischen Königs, den Aufstand zu unterstützen, war an und für sich gescheitert. Als das Heer bis
Logroño gekommen war, kehrte es um. Der Anführer hatte
vom König Franz den Auftrag erhalten, sich mit den castillianischen Comunen in Beziehung zu setzen. Es war schwer sie
noch zu finden. Am 21. Juni erfolgte der Rückzug der Franzosen von Logroño, das sie vergeblich beschossen hatten. **)
Ganz Castillien hatte sich gegen sie erhoben, um Navarra
nicht eine Beute K. Franz I werden zu lassen. In Navarra
konnte es sich, Dank den Massregeln, die der grosse Cardinal
Cisneros getroffen, nicht halten; die Schlacht von Noain ver-
nichtete es. In allen Städten Spaniens fanden Processionen
statt, in den grossen Stiergefechte. Man freute sich des Sieges,
freute sich, dass man sich wieder freuen konnte und vergass,
welche Sorgen die Einzelnen drückten, welche Trauer auf
denen lastete, die kurz vorher an der Spitze der Städte gestanden waren. Zwei Königreiche hatten die Granden im
Zeitraum von zwei Monaten dem Könige gerettet, während
dieser fortwährend sich ausserhalb Spaniens aufhielt. Vor dem
30. Juni war K. Karl bereit, eine Vermittlung mit König Franz
anzunehmen; jetzt ward als Basis jeder Unterhandlung Heraus-
gabe von Navarra und Entschädigung Castilliens verlangt.
Alle diese spanischen Unruhen, die nun zu Ende gebracht
sind, schrieb am 3. Juli Lorenzo Aleandri de' Galeazzi an Luigi
Aleandri de' Galeazzi, sind von dem Könige von Frankreich
angestiftet. ***) Mit den Granden war auch Don Pedro Giron
nach Navarra gezogen; er war verurtheilt worden, in Oran
mit den Moslim zu kämpfen. Zwistigkeiten zwischen dem
Condestable und dem Herzoge von Najera hatten die Unterwerfung Navarra's aufgehalten; der Cardinal, welcher nach
Logroño und dann nach Vittoria gegangen war, rieth jetzt
einen Ueberfall von Narbonne durch die Galeëren von Sevilla.

---

*) André de Foix seigneur de Lespare. Memoires de Martin du
Bellay. Michaud T. V. p. 132.
**) P. Martyr, ep. 726, p. 415. Der gefangene Marschall von Navarra
starb in Simancas Ende 1522 in Verzweiflung. Bergenroth Cal.
pag. 508.
***) Brewer letters and papers vol. III, p. II, S. 510.

Zugleich stellte er aber auch dem Kaiser vor, wie unrecht er
handle, Bisthümer für Geld zu verleihen oder mercados francos
gegen die Beschlüsse der Cortes zu verleihen. Die siegreichen Granden hatten die französische Artillerie unter sich
getheilt. Die Königin, deren Beichtvater beinahe Hungers
starb und der sich beschwerte *), zu welchen Diensten er
verwendet werde, möge von Tordesillas weg nach Arevalo
gebracht werden. Da jetzt auch Toledo mit dem Prior von
San Juan unterhandelte, das ganze Königreich Toledo mit dem
Grossmeisterthume von San Jago und Alcantara für den König
wieder gewonnen worden war, schlug der Herzog von Bejar
den siegreichen Prior, seinen Bruder, dem Könige als Erzbischof von Toledo vor. Von allen Seiten kamen die Anforderungen an K. Karl für die geleisteten Dienste. Der Condestable berechnete schon am 7. Mai den Schaden, welchen die
Granden erlitten, auf mehr als 300.000 Dukaten. Weit entfernt,
dass die reine und so wohlthätige Absicht des Aufstandes erreicht worden wäre, den Adel zu zwingen, die der Krone ent-
zogenen Güter derselben zurückzugeben, wurden die Anforderungen auf Entschädigung der Granden durch die Rebellen-
güter immer ungestümer. Darin verstanden sich der Marques
von Denia und sein Gegner der Almirante-Conde und dessen
Widersacher der Condestable und so alle Granden ganz vortrefflich; der Almirante wollte Ampudia **), der Herzog von Alba
die Torres de las puentes de Zamora. Schon Ende Juli wurde
der Comendador Pedro de Zapata, an den Kaiser gesandt, der,
wie es scheint, damals Lust hatte, der dreifachen Regentschaft
ein Ende zu machen, um ihn an seinen Schwur in Valladolid,
nichts von der Krone zu veräussern, zu erinnern. ***) Zehn-
tausend spanische Dukaten Einkünfte wurden übrigens in
nächster Zeit dem Cardinal von Medici zugewiesen !.

Kaiser Karl V konnte freier athmen und den Krieg, mit
welchem ihn K. Franz heimsuchte, mit frohem Herzen aufnehmen. O Gott, ich danke dir, hatte Karl ausgerufen, als

---

*) 13. Juni. Quejandose del Marques de Denia.
**) Schon am 15. Mai verlangte Don Alonso de la Cueva die hazienda
  Padilla's, den er gefangen, gleich als gäbe es nicht Vater, Bruder
  oder Wittwe des Hingerichteten.
***) Reg. Wie es scheint vom 30. Juli 1521.

er hörte, K. Franz habe den Herzog von Alençon mit einem Heer abgesendet, die Feindseligkeiten an der Maas zu beginnen*), dass dieser Krieg nicht durch mich begann und dieser König von Frankreich mich grösser zu machen sucht, als ich bin. Ich danke dir, dass du mir die Mittel zur Vertheidigung gabst. Ich hoffe, in Kurzem bin ich entweder ein armer Kaiser oder er ein armer König! — Es war das grösste Unglück, das geschehen konnte, dieser Streit auf Leben und Tod, der zwischen ihm und K. Franz entbrannte und sich auf Spanien, Oesterreich und Frankreich vererbte.

Die Schlacht von Villalar hatte der heiligen Junta den Todesstoss versetzt, die Vereinigung der Franzosen mit den Aufständischen gehindert, Castillien bis zum Tajo dem Könige wieder gewonnen, nicht aber dem Aufstande selbst ein Ende gemacht. Er dauerte in Valencia fort, wie in Toledo, wo nun die extreme revolutionäre Partei die Oberhand gewann. Die Jornada de Navarra, wie jene mehr ein Werk glücklicher Umstände als der Thatkraft und der Berechnung, mehr gefördert durch die Fehler der Gegner als durch das Zusammenwirken der königlichen Partei, vereitelte vor der Hand die Anschläge der Franzosen, ohne verhindern zu können, dass nicht die Revolutionspartei, Donna Maria de Pacheco an der Spitze, sich jetzt erst recht um die Hilfe der Franzosen bewarb, und ohne einen neuen Einfall der Franzosen aufhalten zu können. Freilich, der Weg nach Castillien war ihnen verlegt, Galizien beruhigt, aber die Nordküste Spaniens, wo sich schon im Sommer 1521 eine beträchtliche Anzahl französischer Schiffe hatte sehen lassen, stand ihrem Einfalle offen. Man befürchtete, es gelte Catalonien; als aber der Admiral von Frankreich ein Heer in Bayonne zusammenzog, musste man sich mit dem Gedanken vertraut machen, dass der Einbruch der entgegengesetzten Seite gelte. Die Jornada de Navarra stellte übrigens das kaiserliche Ansehen nach Aussen wieder her, was sehr nothwendig war; aber Alles hing jetzt davon ab, dass der Sieg gehörig ausgenützt würde. Nun trat aber bei den Siegern die Geldverlegenheit wieder ein und lähmte alle Entwicklung. Die Lage des Cardinalgobernadors, welcher in allen Verlegenheiten

---

*) Brewer l. c. S. 559.

Rath schaffen sollte, war nach dem Siege beinahe ebenso
misslich als vorher. Die Soldaten revoltirten wegen rück-
ständigen Soldes, die Grossen wollten befriedigt werden, ihre
Ansprüche kannten aber kein Mass. Der Condestable wollte
das Erzbisthum Toledo für einen seiner Söhne, das Grossmeisterthum von San Jago, welches so mühsam mit der Krone
vereinigt worden war, für sich; der Marques von Denia, der
Hüter der Königin, verlangte fortwährend das Bisthum Jaen *)
für einen seiner Söhne; der Almirante fand es abscheulich,
wenn das Bisthum Osma nicht einem Mitgliede seiner Familie
zukam. Wir haben Schreiben Einzelner an den Kaiser, worin
sie ihre geleisteten Dienste melden und nichts für sich begehren. Man kann aber sagen, je höher einer im Range war,
desto stärker war auch die Rechnung, welche er dem Kaiser
machte, und wenn der Almirante und der Condestable auch
beständig unter einander haderten, darin verstanden sie sich
doch und herrschte eine merkwürdige Uebereinstimmung der
Gemüther. Am wenigsten war aber der Herzog von Najera
beliebt. Er hatte sich in der Schlacht von Noain durchaus
nicht als Kriegsmann gezeigt; er galt als höchst parteiisch
und für ihn hatte der grosse Sieg nur die Folge, dass seine
Unfähigkeit recht erkannt und die Nothwendigkeit, ihn durch
einen besseren zu ersetzen, hervortrat Was aber noch ferner
zu geschehen habe, darüber herrschte nichts weniger als Uebereinstimmung. Der Almirante beschimpfte den Bischof von
Oviedo, der die Rechnung über die confiscirten Güter führte.**)
Die alte Zwietracht wurde wieder wach. Dem Cardinal wurde
mitgetheilt, der Almirante und der Condestable wollten das
Heer theilen, der erstere nach Valencia ziehen ***), um den
Aufstand niederzuwerfen, was insoferne sehr nothwendig war,
als Donna Maria de Pacheco daran arbeitete, eine Vereinigung
der Aufständischen von Toledo und Valencia herbeizuführen;
der Condestable wollte nach Toledo ziehen. Der Plan stiess
aber im Schoosse des geheimen Rathes auf Widerstand und
nicht ohne guten Grund, da dann jedweder gethan hätte, was

---

*) Schon im März 1521.
**) Reg. v. 24. October.
***) Reg. v. 29. Juli.

er wollte. Beide wollten noch immer Vereinbarung (capitulos) mit den Aufständischen. Man meinte aber, man brauche keine Capitulos, sondern eine gute Regierung und die Ankunft des Kaisers. Käme Karl V noch in diesem Jahre, so könne er den grösseren Theil der laufenden Einnahmen und einen guten Theil der Alcabalas des Jahres 1520 erhalten; komme er nicht, so erhalte er freilich nichts. Plötzlich erfährt man (Ende Juli 1521), der Condestable habe seinen Sohn, den Grafen von Oñate nach Flandern beordert, von dem Kaiser die Enthebung von seiner Stelle als Gobernador und die Gewährung seiner Privatgesuche zu erlangen. Es ist auch um diese Zeit der Plan aufgetaucht, den Cardinal wieder zum einzigen Gobernador zu machen und die übrigen ihrer Stellen zu entheben, was möglicher Weise mit dem anderen, der Theilung des Heeres zusammenhängt. Der Gegensatz zwischen der Anschauung des Cardinals, welcher das königliche Interesse dem der Granden gegenüber vertrat, und dem letzteren, das bei den beiden anderen Gobernadoren warme Vertretung fand, hatte an seiner Schärfe nichts verloren. Wiederholt kommt der Cardinal auf die eigentlichen Anstifter des Aufstandes zu sprechen; wiederholt erklärt er, er könne sie nur dem K ö n i g e nennen, aber nicht schriftlich bezeichnen, nachdem ihm erst unlängst die Copien zweier geheimer Briefe an den Kaiser aus der kaiserlichen Kanzlei zugekommen waren. Es ist klar, wenn der Vertrag von Noyon, die Vergebung der spanischen Bisthümer an Ausländer (statt an Söhne der Granden) noch so böses Blut gemacht, die eigentlichen Anstifter waren so hochgestellte Persönlichkeiten, dass selbst der Gobernador Anstand nehmen musste, ihre Namen einem Andern mitzutheilen, als dem Kaiser allein und diesem nur mündlich und nicht schriftlich. Da kann man nur rathen und je höher man rathet, desto näher mag man der Wahrheit kommen. Das Sichere aber entzieht sich nach wie vor unserer Kunde.

Fortwährend glimmt das Feuer unter der Asche. Der Corregidor von Madrid berichtete, er habe Don Pedro de Losada gefangen setzen lassen. Man habe Feuer an seinem Hause legen wollen, um Juan Negrete aus dem Kerker zu befreien. er habe jedoch den Aufstand unterdrückt. Aus Valladolid berichtete der Licenciat Lugo, er habe zwei Personen hängen, mehr als 40 peitschen, 4 die Zunge ausschneiden lassen. Seit langer Zeit, versichert er, sei es in Valladolid nicht so ruhig gewesen, als jetzt.*) Die Labradores hatten zuletzt — wenigstens um Madrid sich auch gerührt. Man berichtete aus Soria**) von Aufstandsversuchen, die gemacht worden waren, als die Franzosen in Navarra standen, und die mit der Hoffnung verbunden waren, sich mit dem Bischof von Zamora vereinigen zu können, dessen plötzliches Aufbrechen nach Navarra dadurch etwas beleuchtet würde. Ein Corregidor beklagte sich, er sei excommunicirt, weil er einen Entsprungenen aus der Kirche holte. Kirchen und Klöster dürften Verräthern keine Asyle gewähren. Am 30. August berichtete der Almirante an den Cardinal, Barcelona stehe auf dem Punkte zu revoltiren und dem Beispiele von Valencia zu folgen. Der Erzbischof von Granada klagte unter Hinweisung, dass die schuldigen Dominicaner ihrem Generale übergeben wurden, die Verräther genössen mehr Freiheiten als die treuen Diener des Königs. Die Einwohner von Salamanca bezeichneten geradezu die Franciscanermönche ihrer Stadt als Teufel aus der Hölle,***) so hätten sie sich gegen den Frieden und den königlichen Dienst benommen. Juan de Mendoza, der Sohn des Cardinals, der selbst so wie die Verwandten seiner Mutter zu den hauptsächlichsten Revolutionären gehörte, ging ungescheut nach Valladolid und versicherte, den tödten zu wollen, welcher sage, die Comunidades hätten nicht recht gehandelt. Er erklärte sich laut für den König von Frankreich und als ihn nun der Corregidor aus der Stadt verwies, appellirte er gegen diesen Spruch. Als er sich nun vor die Gobernadoren stellen sollte, berief er sich auf einen (französischen) Pass und wollte er nach Frankreich abreisen. Auf dieses beschloss der kaiserliche Rath Zapata, ihn in den Kerker werfen zu lassen. Vielleicht stand diese Massregel gegen ein Mitglied eines so ausgezeichneten Hauses mit der nachfolgenden Ungnade Zapata's im Causalzusammenhang.

Die Franzosen hatten sich, um sich für die in Navarra

*) Reg. v. 18. u. 26. August.
**) 22. Aug. Reg.
***) Diáblos del Infierno. 13. September 1521. Reg.

erlittene Niederlage zu rächen, Zeit und Ort vortrefflich gewählt. Noch immer währte von Sisla aus der Kampf um Toledo, wenn man sich auch sagen musste, als die Verbindung mit Valencia abgeschnitten, die Franzosen vertrieben waren, er sei denn doch fruchtlos. Nach einer ausführlichen Darstellung des Almirante von Ende August 1521 musste man halb Aragon und Catalonien als im Aufstande begriffen ansehen. Fuentarabia, welches man als Object des neuen französischen Feldzuges beobachten musste, stand trotz seiner grossen Artillerie, seiner festen Lage so schutzlos da, dass der Almirante schon damals meinte, die Franzosen könnten es wegnehmen, so bald sie kämen; die in Navarra stehende Infanterie würde die erste sein, die überginge, Fuentarabia und Navarra müssten als verloren anzusehen sein, wenn der Admiral von Frankreich mit seinem Heere von Bayonne hereinbreche. In der That geschah es denn auch so. Schon am 11. October wusste man in Lyon, dass der Admiral in Biscaya eingedrungen sei, die Spanier unter Diego de Vera geworfen, nach Fuentarabia zurückgedrängt habe und sie dort belagere. Die Besatzung hatte weder Brod noch Fleisch noch Wein noch Wasser. Sie ergab sich am 18. October den Franzosen und erhielt freien Abzug. Die Festung wurde sogleich Frankreich incorporirt, die Einwohner mussten dem Könige von Frankreich den Eid der Treue schwören. Er erhielt daran ein wichtiges Unterpfand für den Fall des Friedens, dem Kaiser aber war eine schlimme Wunde beigebracht; man musste den Verlust der benachbarten Landschaften, vor Allem Navarra's befürchten.*) Ward Fuentarabia französische Flottenstation, so war die Verbindung des Kaisers mit Spanien abgeschnitten, seine Rückkehr unendlich verzögert. Das Missgeschick der Jornada de Navarra war durch Eroberung von Fuentarabia zum grossen Theile ausgeglichen.

An demselben Tage, an welchem die Uebergabe von Fuentarabia stattfand, meldete der Marques von Velez dem Kaiser, er habe bis auf die Stadt Valencia und das Schloss

---

*) Ueber die grosse Wichtigkeit Fuentarabia's sieh die kaiserliche Instruction für Juan Haneton vom 16. November 1521; bei Lanz Actenstücke und Briefe zur Geschichte K. Karls V. S. 455. Man befürchtete selbst eine Wiederaufnahme des castillianischen Aufstandes durch die Franzosen.

Xativa das ganze Königreich erobert. Lange habe er auf
Befehle des Kaisers gewartet, als sie ausblieben, habe er sich
freiwillig aufgemacht, Delche, Crevilla, Alicante, Xicona,
Villajoyoso genommen und nun stehe er mit 11—12000 Mann
zu Fuss und 800 Lanzen in Requenna vor Valencia, auf der
anderen Seite Don Diego de Mendoza mit 5000 Mann und
400 Lanzen. Bereits seien Unterhandlungen mit Valencia wegen
der Uebergabe eingeleitet worden. Morgen wolle er sich mit
Don Diego de Miranda verbinden und dann bleibe Valencia
nichts anderes übrig als sich zu ergeben. Am 1. November
geschah auch dieses. *)

Der Aufstand im Königreiche Valencia hatte noch grössere
Seltsamkeiten dargeboten, als die Erhebung der Comunidades
von Castillien. In diesem Königreiche traten die Handwerker
erst in dem Masse an die Spitze der Bewegung, in welchem
die Caballeros und Granden, die dieselbe entfesselt, abhausten.
Dann erscheinen in den einzelnen Städten Messerschmiede,
Mützenmacher, Färber als die leitenden Obrigkeiten, die aber,
so lange die Guzmans, Padilla's, ein Don Pedro Laso, Don
Pedro Giron, der Bischof von Zamora, der Graf von Salvatierra
die Reihen führen, sich nicht bemerkbar machen können oder
doch in den Hintergrund gedrückt werden. In Valencia ist es
anders. Da ist der thätige Handwerker das bewegende Element
und der Streit nimmt die Richtung eines Vertilgungskampfes
zwischen dem Adel und den Handwerkern. Dann auf dem
Höhepunkte wechselt das Programm, als der Capitan general
Perez das Geheimniss der Germania enthüllt. Nicht bloss der
Name des Adels sollte ausgetilgt und der Vergessenheit übergeben werden, sondern auch der der Agarener (Mauren), Friede
und Gerechtigkeit sein, Ein König und Ein Gesetz, dieses aber
das christliche (la ley christiana). In Castillien, von dem es
hiess, da regiere weniger das Gesetz als der Gebrauch, er-
schwang man sich nicht zu der Höhe allgemeiner Ideen. Die
Dinge nehmen hier einen sehr concreten und praktischen
Charakter an und der Aufstand der Comunidades löst sich
rasch in eine Anzahl von Streitigkeiten auf, die eher von Allem
zeugen, als von einer Gemeinsamkeit ideeller Anschauungen,

---

*) Ebert, Quellenforschungen aus der Geschichte Spaniens. S. 213.

sehr wohl aber stark vertretene Personalinteressen zur Schau
tragen. Wie eine Erscheinung, die nur von Zeit zu Zeit in
den Vordergrund tritt, begegnet uns dann noch jener räthselhafte „Verborgene" im Königreich Valencia, der eine neue
Religion einführt, der von den Seinen wie ein König verehrt,
wie ein Gott angebetet wird und Wunderwerke verrichtet,[*]
alle Schmerzen, alle Leiden der Gegenwart zu tilgen schien.
Es war ein Einsiedler aus der Huerta von Valencia, der nur
kam, um zu verschwinden, im Hafen von Vicente, in Alge-
siras und Xativa. Man nannte ihn den Verborgenen, el oculto,
el encubierto; er redete viele Sprachen, verstand die Menge
zu bethören und als der Aufstand von Valencia schon niedergeworfen war, fachte er ihn aufs Neue an. Die Zeitgenossen
wissen nicht, was sie aus ihm machen sollen und berichten
Wunderbares über sein geheimnissvolles Treiben. Aber trotz
der Wunder, die ihm Maldonado zuschreibt, gelang es ihm
doch nicht, sich in den Besitz von Valencia zu setzen oder
nur sich vor Meuchelmord zu schützen, dem er am 19. Mai
1522 erlag. Dann lüftete sich etwas über ihn der Schleier.
Er stammte von jüdischen Aeltern, diente im Hause eines
Kaufmanns zu Cartagena und dann in Oran, verführte aber
Frau oder Tochter seines Padrons, wurde mit Schimpf weg-
gejagt, kam dann aber in Dienste des Gouverneurs von Oran,
das er zuletzt öffentlich ausgepeitscht verlassen musste.[**]
Jetzt erst begann er seine Rolle als Religionsstifter und lieferte
so den Epilog zu den verfehlten Bemühungen der Maranos
und Conversos. Die Inquisition bemächtigte sich der Leiche
und liess ihr das Haupt abschlagen. Enrique Manrique, so
hiess der Oculto, scheint sich für einen Sohn des Infanten
Don Juan und der kaiserlichen Prinzessin Margaretha ausgegeben zu haben. Es war so weit gekommen, dass auch
derartige Persönlichkeiten eine Rolle zu spielen vermochten.
Es fehlte, die Zahl der Prätendenten voll zu machen, nur
noch — la Beltraneja!

Weniger gut wollten sich die Dinge mit Toledo machen.

---

[*] Estaba tan diestro en hacer milagros con maravilliosos artificios
é inducir á una nueva religion. Maldonado p. 280.

[**] La Fuente P. XI, p. 289.

Die Toledaner hatten erst (durch Lope Hurtado) Bedingungen gestellt, wie sie nur ein Sieger dictiren kann. Dann wollte der Condestable, der Cardinal solle nach Madrid gehen, um Toledo näher zu sein. Das aber behagte dem Almirante nicht, worauf der Prior, welcher das Blockadeheer befehligte, wünschte, der Almirante solle sich dahin verfügen, was wieder nicht durchgesetzt werden konnte, aber ein recht überzeugendes Beispiel war, wie Stoss und Gegenstoss im Schoosse der Regentschaft alle Thatkraft lähmten und bewirkten, dass die richtige Lösung der Dinge sich so lange hinausschob.*) Der Prior verlangte dann positiv durch Don Alvaro de Ayala, es solle einer der Gobernadoren vor Toledo kommen. Man wusste, dass die gefeierte Donna Maria de Pacheco die übrigen Reiche empören wollte, ihre Hoffnungen auf Frankreich setze und nun mit dem Gelde und den Depositen der Kathedrale 12000 bis 13000 Mann aufbringen wollte. Donna Maria hatte sich des Alcazars bemächtigt und beherrschte von da aus die Stadt. Jetzt liess auch sie die Canonici der Kathedrale einsperren; 3 Tage und 3 Nächte erhielten sie keine Nahrung, bis sie alles Silber im Schatze auslieferten, was denn auch am 8. October 1521 (und dem darauffolgenden Tage) stattfand. Arcayos schlägt das Silber auf 600 Mark und dann noch einmal auf 492 Mark an, ohne Lampen und Aehpliches, Andere den ganzen Schatz auf 400000 Dukaten (mit den Depositen). Die beiden Brüder Aquirre angeklagt, Don Juan ohne pecuniäre Unterstützung gelassen zu haben, verfielen durch ihr Urtheil dem Tode. Donna Maria herrschte unbedingt in Toledo und verfügte über Freiheit und Eigenthum, Leben und Tod. Allein ihre Herrschaft war trotz aller Anstrengungen doch nur auf den Umkreis der festen Stadt beschränkt, als ein grosser Ausfall gegen Sisla unternommen wurde, wo der Prior stand, dieser zuletzt die Toledaner mit grossem Verluste zurücktrieb und bis auf die Entfernung eines Armbrustschusses vor Toledo rückte. Der misslungene Ausfall am 16. October **) (la batalla en el Real de la Sisla), welchen der Prior als einen Sieg der königlichen

---

*) En ninguna cosa ha de hacer horden, ni justitia no hazienda. Lope Hurtado an den Kaiser. Vitoria 4. November.
**) Reg.

Sache darstellte, machte die Toledaner etwas mürbe, so dass sie sich auf neue Unterhandlungen einliessen. Allein die Kälte sowie der fortwährende Geldmangel verminderten das königliche Heer. Zur eigentlichen Bezwingung Toledo's wäre nothwendig gewesen, dass auch auf der anderen Seite des Tajo ein Heer aufgestellt würde; das aber hinderte die Uneinigkeit der Gobernadoren und da man wusste, dass die Pläne der Donna Maria Pacheco über Toledo hinausreichten, war auch der Prior für Unterhandlungen, deren Ergebnisse anders lauteten als kurz vorher. Der Cardinalgobernador, welcher bemerkte, wie die Granden und die beiden Gobernadoren an der Spitze daran arbeiteten, ihre Ländereien ganz aus der königlichen Gerichts- -barkeit zu eximiren, wie die Comunidades die Städte nach dem Muster der italienischen Freistaaten einzurichten gedacht hatten, musste geschehen lassen, was er nicht ändern konnte. Er machte freilich den Kaiser fortwährend aufmerksam, was der eigentliche Grund sei, warum man so sehr einen Generalpardon wünsche — damit Diejenigen sicher seien, welche diese Tumulte im Geheimen veranlassten, und das wird in einer Weise vorgetragen, dass man unwillkürlich zu der Meinung kommt, er habe hiebei an seine Collegen in der Regentschaft gedacht. Die 3 Gobernadoren berichten übrigens dem Kaiser mit den dürrsten Worten, die Franzosen seien im Einverständnisse mit Donna Maria Pacheco eingefallen*), so dass der Einfall in Navarra, wo dann nach der Schlacht von Noain die authentischen Documente gefunden wurden, und der zweite nach Guipuscoa im Einverständnisse mit den Aufständischen geschehen waren, der politische Heiligenschein der Donna Maria de Pacheco denn doch etwas stark mit dem rothen Schimmer des Hochverrathes verbunden ist. Noch am 24. October schrieben die Gobernadoren von Vitoria aus an den Kaiser, Toledo sei seit dem Einfalle der Franzosen hartnäckiger als je. Das Heer des Priors müsse erhalten werden, damit nicht

---

*) Die Verbindung mit den Franzosen (dem Gouverneur von Guyenne) besorgte Juan de Cordova, den Donna Maria noch nach der Schlacht bei Noain nach Frankreich sandte. Reg. 1. Nov. 1521. Ein zweiter Unterhändler wurde vom Grafen von Miranda in Mora aufgegriffen. Ms.

das Volk ausfalle und nochmal den Aufstand der Comunidades
anrege. Allein im Innern Toledo's machte sich doch der
Mangel fühlbar. Das verfügbare Capital war aufgezehrt, die
königliche Partei, man nannte sie die Imperialisten, trat
offener auf, eine Seuche decimirte das Volk. Donna Maria
widerstand so lange als möglich. Vergeblich suchte der Marques
von Villena auf sie einzuwirken; grollend verliess er die
Stadt, die ihm hinlänglich zu erkennen gab, sie wolle in
ihrem Schoosse keine Granden dulden. Man erfuhr in Valladolid, was in Toledo dem Don Jayme Cardenas widerfahren,
wie er verhöhnt worden war.*) Die Hefe des Volkes, her-
gelaufenes Gesindel herrschte unter Donna Maria de Pacheco**), welche selbst nur mehr von den Fortschritten der
Franzosen das eigene Heil erwartete. Es blieb ihr aber doch
nichts anderes übrig, als wenn auch wider ihren Willen zuletzt
ihre Zustimmung zum Vergleiche (25. October) zu geben. Am
30. October 1521 wurden die Unterhandlungen mit dem Prior
in Sisla zu Ende geführt. Die Fremden (Nichttoledaner) 600 Mann
stark, die ächte Revolutionsgarde, zogen ab, der Alcazar, die
Brücken und Thore wurden den Königlichen eingeräumt, ein
Corregidor schlug seinen Sitz im Alcazar auf, Donna Maria blieb
jedoch unter dem Schutze ihrer Getreuen in ihrem Hause, das
so lange das Hauptquartier des Aufstandes gewesen war. Am
1. November, dem Tage aller Heiligen erfolgte, wie der Bischof
von Leon aus der gewonnenen Stadt an den Kaiser schrieb,
die Uebergabe — zur grossen Freude der Einwohner. Als am
3. November Diego Lope Hurtado von Vitoria weitläufig an
den Kaiser über den Stand der Dinge berichtete, konnte er
mittheilen***). ein Courier des Priors, der selbst durch Geld-

---

*) Petrus de Angleria. Ep. 723.
**) Sicariorum et procacium petulantium multitudine fulta persistit
(VI. cal. Aug.). Daselbst auch (wie Ep. 721) von der Verbindung Toledo's mit den Franzosen. Le roi de France (schreibt Daniel hist.
de France, III. col. 71) reçut même des lettres des Bourgeois de Toledo et de Donna Maria Pacheco par les quelles ils le conjuraient
de ne par laisser échapper une si heureuse conjoncture et de les
prendre sous sa protection quand il serait maitre de la Navarra.
Die Niederlage der Franzosen entschied das Schicksal Toledo's.
***) Reg.

mangel seiner Truppen nicht mehr sicher war, habe die
Nachricht gebracht, die Uebergabe sei vertragsmässig erfolgt,
ohne dass es zu Hinrichtungen gekommen war.*) Die Stadt
erkannte die königliche Autorität wieder an und die bisher
herrschende Partei trat in ihre frühere Sphäre grollend zurück,
die jetzt siegreiche wartete ihre Zeit ab, der besiegten ihr
Uebergewicht fühlen zu lassen, wie sie es zu ihrer Zeit gemacht
hatte. Man musste, als das Ereigniss von Fuentarabia stattfand, froh sein, mit Toledo es zu einem Abkommen gebracht
zu haben.**) 19 Tage später, nachdem Toledo sich ergeben,
erfolgte die Ueberrumpelung Mailands durch die kaiserlichen
und päpstlichen Truppen, der wuchtige Gegenschlag auf die
Eroberung von Fuentarabia. Gerade die Einmischung des
französischen Königs in die spanischen Angelegenheiten, der
Aufstand der Comuneros in dem Augenblicke, als Sultan Soliman
Belgrad belagerte und eroberte (29. August 1521), das Königreich Ungarn schutzlos dastand, hatten so recht gezeigt, wo
der eigentliche Störenfried des christlichen Europa's weile; der
Bund P. Leo's X, des Kaisers und des Königs von England
war erfolgt, ein geheimer Vertrag (Calais 22. November 1521)
setzte fest, dass K. Karl sich sogleich nach Spanien begebe,
so dass also auch dieser Grund der Beschwerde gehoben
werde. Der Vertrag von Noyon, der Gegenstand des Ab-
scheues der Spanier, war durch die kluge Politik Karls, welcher
bereits den Franzosen die Besitzungen vorrechnete, die sie
dem deutschen Reiche seit 200 Jahren entrissen hatten, völlig
zerrissen worden, auch ein Sieg, welcher dem von Villalar
oder von Noain an die Seite gestellt werden konnte; dann
geschah es, dass P. Leo X, nachdem er am 24. November die
Nachricht von der Eroberung Mailands empfangen, selbst
von der grössten Gefahr — zum Kaplan des Königs von
Frankreich herabgewürdigt zu werden, plötzlich sich befreit
sah, am 1. December starb. Am 3. December ergab sich das
wichtige Tournay der kaiserlichen Armee und schien somit der
Eintritt in Frankreich dieser offen zu stehen. Aber schon der Tod

---

*) El Real sobre Toledo.
**) Sieh den Bericht L. Hurtado's an den Kaiser vom 4. November.
Guerra de Navarra. Ms.

des Papstes veränderte die Lage der Dinge völlig, da ebenso die
Hoffnungen der Franzosen darauf gerichtet waren, einen Papst
ihrer Wahl zu gewinnen und dadurch das Uebergewicht, welches
sie früher behauptet, aber seit Karls V Kaiserwahl allmälig
eingebüsst hatten, wieder zu erlangen, als andererseits der
Cardinal von York, welcher nicht genug Ehren, Würden,
Aemter und Reichthümer gewinnen konnte, jetzt das Papst-
thum zum Ziele seiner Ambition machte und dasselbe durch
den Einfluss des ihm gewogenen Kaisers und seines eigenen
Königs sicher zu erlangen hoffte.

In Spanien erfuhr man die Nachricht von der grossen
Veränderung, die sich in Rom zugetragen, spät; sie berührte
den Gang der dortigen Dinge am wenigsten; der Verlust von
Fuentarabia und die Frage, ob der Kaiser die Capitulos von
Toledo bestätigen solle oder nicht, sowie der Gebrauch, welchen
die weltlichen Gobernadoren von Gnadenbezeugungen (Mercedes)
machten, beschäftigte die Gemüther beinahe ausschliesslich.

Der Marques von Villena bestand darauf, dass die Gobernadoren nach Castillien zurückgingen und dort die Granden
ein Heer ausrüsteten, Fuentarabia wieder zu erobern. Der
Cardinal war von Anfang dafür, dass man den Franzosen nicht
Zeit lassen solle, Fuentarabia, wo sie sich befestigten, uneinnehmbar zu machen und von da aus auf Guipuscoa und Navarra so zu drängen, dass diesen nichts anderes übrig bleibe,
als gemeinsame Sache mit ihnen zu machen. Allein dieser
Ansicht, welche jedenfalls die vernünftigste war, widersetzten
sich nicht blos der Almirante und Condestable, sondern sie
erliessen auch im Geheimen Schreiben an die Granden, die
schon unterwegs waren, worauf diese mit ihren Truppen um-
kehrten. Am 12. November war die Nachricht eingetroffen,
die Franzosen seien auch von zwei Seiten in Cataluña eingefallen. In Guipuscoa und Biscaya gab es kein Brod. Man
sagte sich, dass, wenn zur rechten Zeit Fuentarabia verpro-
viantirt worden wäre, wie Diego de Vera, der Commandant,
darum gebeten hatte, ja wenn man mit der Uebergabe nur
Einen Tag gewartet hätte, die Festung nicht in die Hände
der Franzosen gefallen wäre. Diese aber hatten selbst Kenntniss
von den Berathungen der Gobernadoren, von welchen der Almirante und der Condestable sich mit dem Plane trugen, ein

grosses Heer zu sammeln und in Frankreich einzufallen, während sie dem Plane des Cardinals sich aus Geldmangel widersetzten. Wenn man aber erst nach 4 Monaten ein Heer aufstellen wollte, — wie die Beiden es meinten — konnten die Franzosen nach der Ansicht des Cardinals bei der herrschenden Unordnung unterdessen Alles vernichten. Der Kaiser möge glauben, dass er die beiden Siege wohl Gott, aber nicht der Weisheit der Menschen zu verdanken habe. Damals war es auch, dass (am 13. December) der Gemahl der Infantin Leonora, König Manuel von Portugal *) starb, nachdem wesentlich seiner Hilfe, der fortwährenden Unterstützung mit Geld, Pulver und anderen Dingen es zu danken war, dass bei dem Ausbleiben aller Einnahmen und dem heimlichen und offenen Abfalle Castillien gerettet werden konnte. Es gehörte zu dem merkwürdigen Schlusse des Jahres, dass gerade am Weihnachtstage 1521 die Königin in Tordesillas von einem heftigen Anfalle ergriffen ward; die Furcht, ihre Niña, die Infantin, zu verlieren, scheint über sie gekommen zu sein. Sie riss sie vom Altare weg. Die schrecklichen Erfahrungen des Jahres 1520 scheinen ihren Zustand unheilbar gemacht zu haben. Als Kaiser Karl sie am 2. Sept. 1522 besuchte, konnte er sich davon überzeugen. **)

Gerade im Spätherbste nahmen die inneren Verwicklungen zu und wurden die Aufforderungen an den Kaiser, er möge kommen, häufiger und dringender. Die Infantin muss sich gegen die Verläumdung, dass sie es mit den Comuneros gehalten, vertheidigen; sie schreibt öfter an den Kaiser und man sieht, wie sie mit dem Marques auf gespanntem Fusse steht. Es ist die Rede, die Königin nach Arevalo zu bringen. Die päpstlichen Bullen, um dem Bischofe von Zamora (ohne Folter) den Process zu machen, langen im November an. Die beiden weltlichen Gobernadoren sollen Besoldungen erhalten; jetzt weigert sich zwar der Almirante, sich bezahlen zu lassen; gab aber, wie es scheint, zu verstehen, dass er 1000 Ducaten monatlich annehmen würde. Der Duque de Najera verlangte Schadenersatz für seine Soldaten, als Torre Lobaton genommen

---

*) Er hatte in erster Ehe die Infantin Isabella, in zweiter ihre Schwester die Infantin Maria, in dritter die Nichte beider zu Frauen.
**) La Reyna no estava mas tratable. Sandoval p. 562.

wurde; der Cardinal aber meinte, es gebühre ihnen eher Strafe
als Schadenersatz. Es gäbe unendlich viele Personen wegen
wirklicher Verdienste in den schweren Zeiten zu belohnen.
Nicht Alonso de la Cueva, der Juan de Padilla gefangen, war
belohnt, noch Manes de Bobadilla, der ihn verwundet und nun
(Vitoria 29. December) um eine Belohnung bat; der Graf von
Benavente verwandte sich für den in Simancas gefangenen
Francesco Maldonado. Noch am 30. December 1521 berichtete
Don Beltram de la Cueva von einem Zuzuge aus Frankreich
und am gleichen Tage machte der Erzbischof von Granada
den Kaiser aufmerksam, dass, als er diese Königreiche erbte,
er sie sehr blühend und mit vieler Gerechtigkeit regiert fand;
jetzt aber seien sie in Schwäche und Siechthum begriffen.*)
Am 31. folgte von dem Marques von Denia noch eine Klage-
schrift gegen die Infantin und das Verlangen auf Schadenersatz für die Verluste, die er erlitten, auf Ueberlassung der
Haciendas der Schuldigen an die getreuen Diener. Er hatte
an Strenge und Schärfe mehr zu als abgenommen; Niemand
konnte es für ein Glück erachten, unter seiner Obhut zu stehen.
Aber wer war denn jetzt gewillt, Gnade zu üben? Nicht ohne
Grund musste der Cardinal aufmerksam machen, dass er wohl
ein päpstliches Breve in Bezug auf den Bischof von Zamora
erhalten habe, ihm den Process zu machen, nicht aber ihn
foltern zu lassen.**)

Als Kaiser Karl V im Anfange des Jahres 1522 sich
rüstete, zum zweiten Male nach Spanien zu segeln, lag ein
furchtbar schweres Jahr hinter ihm. Es hatte für ihn unerwartet glücklich geendet. Aber wenn sich der zweiundzwanzig-
jährige Fürst frug, wie dieses gekommen, so musste er sich
denn doch zuerst sagen, dass er selbst einen grossen Theil
der Schuld trage; dass alle Stände, Geistliche und Weltliche,
Granden, Caballeros und Bürger durch seine Massregeln dahin
gebracht worden waren, sich zu vereinigen und die schlimmste aller
Revolutionen zu beginnen, die Vertheidigung der Krone gegen
den König, des Landes gegen ungesetzliche Willkür. Er musste
sich sagen, dass die glückliche Wendung der Dinge selbst

---

*) Wörtlich: que ha recibido le estrema uncion. Reg.
**) Reg. 3. Nov.

ohne ihn erfolgt war, ja gerade in den allerschwierigsten Momenten die Regentschaft ohne alle Weisungen, mit beschränkten Vollmachten, rathlos dagestanden war. Selbst in der nächsten Umgebung K. Karls tadelte man die von der Regentschaft ergriffenen Massregeln. Der Herzog von Alba, welcher Spanien vor dem Ausbruche der Revolution verlassen, war der Meinung, die Bewegung hätte ohne Blutvergiessen zur Ruhe gebracht werden können. Der Condestable beschwerte sich, dass Alles, was er thue, am kaiserlichen Hofe ungünstig aufgenommen werde; der Cardinal vertheidigte sich gegen die ihm gemachten Vorwürfe; der Almirante war in stetem Zwiespalte mit den am Hofe geltenden Ansichten. Allein diese stimmten ja selbst nicht zusammen. Der Kaiser persönlich war für Geltendmachung seiner Autorität; wie er nur mühsam im Mai 1520 davon abgebracht werden konnte, selbst nach Toledo zu ziehen, so wollte er auch nichts von den Capitulos des Condestable, der Vereinbarung mit Burgos wissen und dass Toledo so leicht davon kam, war gewiss am wenigsten seine Absicht; wohl aber hatte das Achtsdecret, welches den Häuptern des Aufstandes keine Wahl liess, als entweder auf dem Schlachtfelde oder auf dem Schaffotte zu sterben, K. Karls wahre Meinung ausgesprochen. Nie vergass er, in welche Verachtung bei den auswärtigen Mächten ihn seine rebellischen Unterthanen gebracht, K. Franz und Sultan Soliman dadurch an seinem Untergange arbeiten konnten!

Wenn man sich aber ferner frug, wer denn am meisten in dem Doppelfeuer des Aufstandes wie der egoistischen Tendenzen der Granden und ihrer Politik nach zwei Seiten ausgestanden und ausgeharrt hatte, wer ihre Tendenzen durchschaut, dem Kaiser fortwährend die richtige Einsicht in die wahre Lage der Dinge eröffnet, den besten Rath gegeben, die beste Warnung hatte zukommen lassen, in Mitten der nicht zu befriedigenden Ansprüche, der tausendfältigen Anforderungen der verschiedensten Parteien hilflos gelassen; der Freiheit der Action beraubt, vom Aufruhr umgeben und in Gefahr des Lebens die königliche Sache mit aller Treue, mit einer Aufopferung und Hingabe vertheidigte, welche einen so ehrenvollen Contrast zur Habsucht der weltlichen Gobernadoren bildete, so war es der Cardinal. Er musste die Königin und

die Infantin gegen den herrschsüchtigen Marques von Denia
vertreten, welcher über beide Frauen eine widerspruchslose
Herrschaft in Anspruch nahm und sie mit seinen Creaturen
umgab. Er vertheidigte die Freiheit und die höheren Endzwecke der Kirche gegen Karl V, als dieser die Bisthümer
in Werkzeuge seiner Politik verkehren wollte, und behielt sich
das Recht vor, dem Kaiser Wahrheiten in Betreff seines Verfahrens zu sagen, die ungescheut auszusprechen ihn ebenso
ehrte als K. Karl sie anzunehmen. Hatte er vor der Schlacht
von Villalar in Valladolid wie in Rio seco das Aeusserste von
den Aufständischen ausgestanden, so gestaltete sich seine Lage
nicht viel freundlicher, als er nach der Schlacht von Villalar
und endlich der von Noain die Opposition in der unmittel-
barsten Nähe, in der Regentschaft selbst hatte und die Eigen-
mächtigkeit des Condestable wie des Almirante immer stärker
hervortrat, Beide wie der Marques von Denia den Augenblick
nicht erwarten konnten, der sie und nicht die Krone zu Erben
des Vermögens der Geächteten machte, die doch, ohne die
Ueberzeugung zu haben, von den Granden unterstützt zu werden,
nimmermehr so weit gegangen wären. Es war denn aber doch
eine entsetzliche Grabschrift für das Jahr 1521, als der Erzbischof von Granada, wie bemerkt, dem Kaiser schrieb, die
spanischen Reiche stünden auf dem Punkte zu Grunde zu
gehen. Als K. Karl die Erbschaft angetreten, seien sie in
voller Blüthe gestanden und mit vieler Gerechtigkeit regiert
worden. Jetzt hätten sie die letzte Oelung erlangt. Gleichzeitig berichtete Don Beltram de la Cueva aus San Sebastian,
Schweizer und Deutsche verstärkten die französische Armee
auf spanischem Boden, in la Rochelle werde eine französische
Flotte ausgerüstet, der Kaiser möge zur Rettung Guipuscoas
eine neue Armee ausrüsten. Doch konnte Don Diego de Hurtado am 29. December dem Kaiser berichten, die Gobernadoren
seien jetzt einstimmig. Die Granden wollten ohne Sold gegen
die Franzosen zu Felde ziehen. Ich möchte diese positive
Versicherung der Einigkeit der Gobernadoren beanständen,
wenn auch kein Zweifel ist, dass, wie Don Diego schrieb, der
Marques von Astorga an der Aufstellung eines Grandenheeres
arbeitete. Am 1. Januar 1522 schrieb der Cardinal an den
Kaiser, er möge das Erzbisthum von Toledo dem Erzbischof

von San Jago verleihen. Almirante und Condestable waren
aber darin einig, dass es dem Sohne des letzteren zukommen
solle. Der Cardinalgobernador meinte jedoch, es sei nicht gut,
die spanischen Bisthümer zu einer Art von Familiensache der
Granden zu machen. Als Adrian am 1. Januar 1522 zu Gunsten
des Erzbischofs von San Jago an den Kaiser schrieb, war
bereits das Conclave im vollsten Gange. Es ist im Vergleiche
zu dem, was am 9. Januar erfolgte, beinahe komisch zu lesen,
wie am 6. Januar der kaiserliche Botschafter in Rom Don
Manuel die Meinung aussprach, der Cardinal Farnese werde
Papst werden, der Cardinal von Medici sich nachher bei
K. Heinrich von England und dem Cardinal von York bedankt,
dass sie sich für seine Papstwahl bemühten, während man am
englischen Hofe die Wahl Wolseys erwartete und betrieben
hatte, am 9. Januar die des Cardinalgobernadors erfolgt war,
der am 3. Januar im 5. Scrutinium 8 Stimmen, am 9. Januar
15 erhalten hatte. Als der Cardinal von San Sisto beitrat,
dann noch andere Cardinäle folgten, stellte sich bald — bis
auf die des Cardinals von Bologna — die gewünschte Einstimmigkeit heraus. Ohne in Vitoria eine Ahnung davon zu
haben, ohne in irgend einer Weise dazu gethan zu haben,
war Adrian Oberhaupt der Christenheit geworden. Am 15. Januar
theilt K. Franz den Seinigen die Nachricht mit *), der Schul-
meister des Kaisers sei in Folge einer ungenügenden Anzahl
von Cardinälen Papst geworden. Er hatte dem Kaiserthume
Karls nur ein Jahr Dauer verheissen. Jetzt war nicht nur
der Aufstand in Castillien beendigt, sondern der treueste Freund
und Diener des Kaisers Oberhaupt der katholischen Christenheit geworden, der König von Spanien Kaiser, der Gobernador
Spaniens Papst. Der Schlag war entsetzlich. Bemächtigte
sich der Römer nach der Wahl ein tiefes Schamgefühl, dass
sie einen Ausländer, einen Flamänder, einen Deutschen gewählt,
so wiegte sich K. Franz in den Gedanken ein, ihn gar nicht anzuerkennen, eine Neuwahl durchzusetzen. Er ging so weit, ihm anfänglich den päpstlichen Titel zu verweigern. Schon am 16. Januar
glaubte man in Florenz, der neue Papst sei gestorben; am
1. Februar war die Nachricht von seinem Tode in Rom ver-

---

*) Bergenroth calendar I. n. 383.

breitet. Nach Spinelli erhielt K. Karl die Nachricht von der
Papstwahl erst am 18. Januar; mit einem Jubel ohne Gleichen
ward sie in Brüssel aufgenommen. Diese Wendung der Dinge
hatte Niemand erwartet, am wenigsten die Spanier selbst, die
in dem neuen Papst, ihrem Gobernador, ihrem Grossinquisitor,
ihrem Bischof von Tortosa nicht mehr den Flamänder sahen,
er war jetzt einer der Ihrigen geworden.

Seit dem 1. Januar verlässt uns bereits unser bisheriges
Geleite, die Briefe aus Simancas, die spanische Thätigkeit des
Gobernador-Cardinals tritt allmälig in den Hintergrund und macht
der universal-historischen des Papstes Platz. Die spanischen Unruhen glätten sich und die unermessliche Aufgabe, die Pacification der in Empörung begriffenen katholischen Christenheit
zu übernehmen, trat an einen Greisen heran, welchen nicht
blos das Alter und die Kränklichkeit, sondern vor Allem die
schweren Mühen des Jahres 1521 gebrochen hatten und der
nun allgemeiner Retter, Helfer, Rathgeber, Tröster und Richter
werden sollte. Ihm zur Seite freilich ein jugendlicher Kaiser,
welcher, seitdem er das Erbe seiner Mutter und der katholischen Könige wieder erlangt, auch erst die ganze Fülle von
Macht und Ansehen zu entfalten suchte, die ihm als König so
vieler Länder, als Kaiser zukam. Er hatte es gewagt, Spanien
in seinem Aufruhr den Händen Derer zu überlassen, welche,
wenn sie in Nichts einig waren, sich doch darin einigten, Hilfe
nur von seiner Ankunft zu erwarten. Er hatte beinahe zugleich
mit dem Aufruhre Siciliens, der Balearen, des Königreichs
Valencia, des Königreichs Castillien und mit dem Einfalle der
Franzosen zu thun, die unendlich geschäftig ihre Hände überall
im Spiele hatten, wo es sich darum handelte, dem habsburgi-
schen Kaiser Feinde zu erwecken. Nicht nur dass, ehe K. Karl
nach Spanien zurückkehrte, die Comuneros geschlagen, zwei
Königreiche wieder erobert wurden, Valencia sich unterwarf;
es musste als ein ganz ungeheuerer Sieg Karls angesehen
werden, als Meister Adrian, wie der Kaiser sich bei der
Nachricht von der neuen Papstwahl ausdrückte, Papst geworden war. Schon im letzten Jahre der Regierung Leo's X
hatte Karl diesen versichern lassen, sein Gedanke sei kein
anderer als den ganzen Erdkreis durch die vereinte Wirksamkeit der beiden grossen Lichter zu neuem Glanze zu

bringen. *) Was war erst von der vereinten Wirksamkeit eines Kaisers und eines Papstes zu erwarten, welcher keine anderen Gedanken zu hegen schien, als die Wünsche K. Karls zu erfüllen? Näher als je war der Gedanke einer spanischen Universalherrschaft herangetreten, nachdem kurz vorher kaum der Bestand Karls gesichert schien. Zur Glaubensspaltung in Deutschland, welche immer grössere Fortschritte nahm, drohte aber jetzt erst noch ein Papstschisma hinzuzutreten, als neuerdings die Mässigung Adrians und wohl noch mehr die Furcht des Misslingens die Franzosen davon abhielt, 1522 den Versuch Ludwigs XII wieder aufzunehmen und ein neues französisches Schisma im Zeitalter der Glaubensspaltung in Scene zu setzen.

Es war vielleicht der letzte Act, den Adrian als Gobernador in Ausführung brachte, sich an der Denkschrift zu betheiligen, die der königliche Rath an K. Karl sandte. Es wurde beantragt, eine Generalamnestie zu ertheilen. Der Kaiser möge es nicht glauben, dass durch Concessionen seine Ehre und sein Ansehen in Spanien litten?! **)

Trotz des hohen Schnees und der unwegsamen Gebirge war es möglich, Adrian in Logroño eine Privatnachricht über seine Wahl am 25. Januar 1522 zukommen zu lassen. Am 27. konnte der Condestable von Vittoria aus an den Kaiser berichten, die Nachricht von der Papstwahl des Gobernadors sei eingetroffen, am 9. die Wahl, am 10. die Verkündigung gewesen. Ein eigenthümlicher Schluss des spanischen Dramas.

Es sollte in Mitten der allgemeinen Festlichkeiten, die nun von Landschaft zu Landschaft, von Stadt zu Stadt sich hinzogen, nicht an einem Nachspiele fehlen.

Am 1. Februar war die Nachricht von der Papstwahl nach Toledo gekommen und nun sogleich nach der Vesper in

---

*) Universus orbis his luminibus illustrationem accipiat. Lanz, Einleitung zu den Actenstücken S. 258 n.

**) Das Memoir, jedoch ohne Datum und Unterschrift bei Bergenroth, calendar I n. 379. Am 25. April 1522 schrieb der Condestable an den Kaiser, er wolle ihm gehorchen und keinen Pardon den Rebellen ertheilen. Calendar n. 404. Die Angelegenheiten von Indien in Ordnung zu bringen, welche der Eroberer von Mejico, F. Cortes, an ihn gebracht (Solis hist. de la conquista de Mejico. T. III, lib. V, c. 7 u. 8), war Adrian nicht mehr beschieden.

der Kathedrale — dem Schauplatze der Attentate des Bischofs von Zamora und der Donna Maria de Pacheco ein Tedeum mit feierlicher Procession abgehalten worden. Die Stadt wurde beleuchtet, die ganze Nacht ertönten die Glocken. Der von Juan de Padilla gefangen gehaltene Cardinal, der in Rio seco von der Armee der Junta belagert worden, war Papst geworden. Die herrschende Partei feierte einen grossen Sieg, der niedergeworfenen ertönten die Glocken wie ein Grabgeläute. Die Anhänger der Donna Maria ertrugen das nicht, sie erregten in einzelnen Stadttheilen Unruhen, man hörte: Padilla! und Comunidades! rufen. Allein die Vorkehrungen waren getroffen worden, einem Aufstande der Franzosenfreunde zu begegnen, als sie es wirklich auf einen Strassenkampf ankommen liessen. Bis dahin war Donna Maria, in Kraft der Capitulation von la Sisla unbehelligt in Toledo geblieben. Sie hatte, nachdem sie den Alcazar, welchen sie sieben Monate behauptet hatte, übergeben, sich in ihr Haus zurückgezogen, das sie mit Kanonen versehen und mit hinreichender Mannschaft besetzt hielt. Dieser anomale Zustand konnte in die Länge nicht dauern. Als der Ruf Padilla wieder ertönte, wurde ihr Haus erstürmt. Von einer morischen Sclavin begleitet, die grossen Einfluss auf sie genommen, floh am 2. Februar 1522 *) die Wittwe Don Juans, so lange die Gebieterin Toledo's, als Bäuerin verkleidet aus der Stadt. Am Thore erkannte sie trotz ihrer Vermummung ein Soldat, liess sie aber ziehen. Ihre Anhänger, die sich an dem Capitel vergriffen, wurden gefangen und hingerichtet, Dr. Zumel als königlicher Commissär nach Toledo gesandt. Er that, wie es die Anhänger Padilla's mit ihren Gegnern gethan. Das Haus Don Juan de Padilla's, in welchem die Conspiration Toledo's mit den Franzosen ausgebrütet worden, wurde niedergerissen und Salz darauf gestreut. Vater und Bruder Don Juans, welche an dem Aufstande keinen Theil genommen, durch ihr Benehmen ihn offen missbilligt, geschah kein Leid. Ersterer überlebte jedoch seinen Sohn nur um 5 Monate. *) Als

---

*) Ueber ihre Flucht nach Portugal s. Coleccion I. p. 286.
**) Gutierre Lopez de Padilla bat dann um die tenencia de Arjona, die sein Vater gehabt. Reg. 1. Dec. 1521. Seit 10 Monaten stehe er vor Toledo.

Adrian am 9. Februar die officielle Anzeige seiner — ein Monat früher erfolgten Wahl erhielt, legte er in Vittoria seine Stelle als Gobernador nieder, behielt aber auch als Papst seinen Namen — Adrian VI. Er konnte am 19. Februar zum Schlusse seiner Regentschaft die Unterwerfung Toledo's melden. *)

Als Adrian sich der Leitung der Dinge in Spanien entschlug, folgte ihm die allgemeine Achtung nach. Sie wäre noch grösser geworden, hätte man damals den ganzen Umfang der Mühen gekannt, die der Cardinalgobernador auf sich nahm. War er doch zwischen der Regierung in Flandern, die ihn Wochen, Monate lang ohne Vollmachten liess, und der Revolution, welche er gewähren lassen musste, wie zwischen Hammer und Amboss gestanden. Er musste in seinem Gewissen den Anforderungen der Comunidades, in wie ferne sie sich auf die Abstellung der Missbräuche richteten, Recht geben, besass aber nicht die Macht, durch ihre Beseitigung die Quelle der Revolution zu verstopfen. Er musste das Ansehen der Krone wahren, obwohl er dieser selbst nur zu sehr gegründete Vorwürfe machte und sie unverholen als den Anlass zum Aufstande bezeichnete. Er that das Mögliche, damit die Krone denselben niederwerfe und nicht die Granden, und als sie es mehr durch die Thorheit der Feinde als durch eigene Weisheit gethan, suchte er die Sieger in Schranken zu halten, damit die Krone nicht durch ihre Retter am Ende in eine noch schlimmere Lage gerathe, als durch ihre Feinde. Er nahm an den wichtigsten Berathungen und Entscheidungen immer selbst massgebenden Theil, er vereinigte die Getrennten, beschwichtigte den Hader der in ihren Interessen Getheilten, versöhnte, wo er vermochte, beruhigte, wo seine milde Stimme durchdrang und zeigte im entscheidenden Momente jene staatsmännische Energie, welche nothwendig war und die Sache zum Durchbruche führte. Während die übrigen Cardinäle in Rom sich bereicherten, in allen politischen Intriguen ihre Hände hatten, die Kirche und sich selbst in das Verderben stürzten, erwarb er sich als Gefangener in Valladolid, wie als er sich selbst durch die Flucht von der erzwungenen Unthätigkeit befreite, die Achtung seiner Gegner; sein Name

---

*) Gachard Corresp. n. XII, p. 31.

wird auch nicht bei jenen blutigen Acten genannt, unter welchen
die Revolution, die mit dem Ausbruch wilder Volkswuth begonnen, ihr ephemeres Dasein schloss.

Während der Papst die Vorbereitungen zu seiner Ueber-
fahrt nach Italien traf, irrte Donna Maria de Pacheco 3 Monate lang heimathlos herum. Der Marques von Villena, ihr
Oheim, nahm sie in Escalona *), wohin sie sich zuerst flüchtete,
nicht auf. Die Marquesa sandte ihr 300 Dukaten und nun
schlug sie seitwärts von der Heerstrasse, durch vertraute
Führer geleitet, den Weg nach Portugal ein. Dort aber war
durch ein königliches Decret den spanischen Comuneros geboten worden, binnen 3 Monaten sich zu entfernen. Doch
ward ihr im Geheimen der Aufenthalt gestattet, erst in Braga
bei dem Erzbischofe Don Diego de Sosa**), dann in Oporto,
wo ihr der Caplan der Kaiserin (Isabella von Portugal), der
Bischof Don Pedro de Acosta sein Haus öffnete und wo sie
auch im März im Jahre 1531 starb.

Auch Hernan de Avalos, der so viel zu dem Aufstande
von Toledo beigetragen, flüchtete sich am verhängnissvollen
3. Februar 1522. ***) Er hatte Zeit sich zu entfernen, ihm
winkte das Schicksal des von ihm verleiteten Padilla, dem
auch der Bischof von Zamora nicht entging. Dieser wurde nach
Simancas gebracht, ermordete dort den Gouverneur, um sich
zu befreien. Allein der Fluchtversuch misslang und als nun
der Alcalde Ronquillo den Ermordeten ablöste, wurde Don
Antonio de Acuña gefoltert und dann erdrosselt. (23. März
1526. †) Für Don Pedro Laso und den Bachiller de Quadalajara verwendete sich Adrian als Papst besonders bei Kaiser
Karl V, der ihn am 29. März versicherte, er werde Alles in
dieser Sache thun, ihm zu gefallen. ††) Als aber K. Karl,

*) D. Domingo Lopez Pacheco duque de Escalona hatte erst ein könig-
liches Geschenk (am 25. September 1521) erhalten. Reg.
**) Relacione sumaria del comenzo y suceso de las guerras civiles que
llamaron las comunidades de Castilla, de cuya causa recogio la muy
ilustre señora D* Maria Pacheco que fue casada con Juan de Padilla à Portugal. Ms. Vergl. Quevedo zu Maldonado.
***) Alcocer p. 13.
†) Bericht bei La Fuente XI p. 258.
††) Brief bei Gachard p. 68.

entschlossen über die Theilnehmer des Aufstandes strenges und unerbittliches Recht zu üben, im Sommer 1522 nach Spanien zurückkehrte, fanden Don Pedro Laso, so gut wie Don Pedro Giron sich bewogen, sich zu verbergen.*) Man wusste nicht, wohin sie gekommen waren; Giron zweifelsohne nach Oran. Als Karl nach Tordesillas gekommen war, wurden die 7 Procuratoren, welche in Tordesillas gefangen genommen worden waren, in Medina del Campo hingerichtet. In Simancas geschah dasselbe mit dem ehemaligen Führer des Contingentes von Salamanca, Don Pedro Maldonado, mütterlicher Seits aus dem Hause Piementel und dadurch Neffe des Grafen von Benavente. Er war seit der Schlacht von Villalar gefangen in Simancas.**)

Es liegt ein Schreiben vor, das Pedro Garcia am 7. October 1522 an den Vicekönig von Neapel richtete und das Aufschlüsse über Karls Verfahren sowie über die finanziellen Zustände des Landes gibt. Es erwähnt, dass trotz der Fürbitte grosser Herren Karl befahl, 10 d e u t s c h e Hauptleute von jenen, die aus dem kaiserlichen Lager in das des Königs von Frankreich übergegangen waren, zu enthaupten. In Palencia wurde das Todesurtheil über Don Pedro Maldonado unterzeichnet, einer der Haupturheber des Aufstandes in Salamanca verurtheilt, gehängt und dann (todt) geviertheilt zu werden. Die Anzahl der in Medina hingerichteten Procuratoren gibt Garcia auf acht an. In Valladolid angekommen, traf dasselbe Schicksal, das den Rädelsführer von Salamanca betroffen, den von Palencia. Am 14. September hatten die Einwohner von Valladolid das Schauspiel der Deportirung des greisen Bischofs von Zamora, welcher das Gefängniss von Najera mit dem von Simancas vertauschte. Es war Sonntag, als der Bischof auf einem Maulthiere, das Gesicht nicht bedeckt, durchgeführt wurde. 25 Mann Wache gingen ihm voran, 25 folgten, 2 Alguacils begleiteten ihn. Schrecken und Entsetzen befiel, wer auf seiner Seite gestanden. Man hatte geglaubt, der König werde alle Kassen leer finden, allein viele Einkünfte waren

---

*) Brief des Petrus Martyr aus Vittoria VII id. Aug. 1522 n. 766.
**) P. Martyr n. 767. Seine Hinrichtung am 16. August 1522 bei la Fuente XI. p. 247.

zurückbehalten worden und konnten nun flüssig gemacht werden. *) Dazu kamen die bedeutenden Confiscationen, deren Werth auf 2 Millionen Dukaten berechnet wurde; sie wurden den Familien der Rebellen entzogen, dem Privatwohlstande, dem allgemeinen Vermögen. **)

Am 1. November 1522 ward sodann in Valladolid eine hohe Bühne aufgerichtet. ***) Begleitet von allen Granden bestieg sie der König und liess nun hier auf dem Marktplatze, auf welchem einst Juan de Padilla als der Erlöser Castilliens gepriesen worden war, das Urtheil verlesen. Man nannte es Amnestie, weil den Völkern, den Handwerkern und Bauern Verzeihung verkündet wurde. 270 Personen wurden jedoch namentlich angeführt, welche als Rebellen bezeichnet zum Verluste ihres Vermögens und zur Todesstrafe verurtheilt wurden. An ihrer Spitze standen Don Pedro Giron, welcher nach einiger Zeit begnadigt aus Oran zurückkehrte und 1531 starb; Don Pedro Laso, welchem jedoch nichts weiter geschah; der Graf von Salvatierra, welcher hingerichtet wurde, der Bischof von Zamora, Doña Maria de Pacheco. Die übrigen

---

*) Pièces historiques. Ms. des geh. Haus-, Hof- und Staatsarchivs. Bd. I, p. 13 und 15.

**) Der Brief ist aus dem Spanischen ins Französische übersetzt. Pedro Garcia berechnete nur an ausständigen Renten eine Million in Gold, mindestens 600.000 Dukaten (de ses royaumes). Der König könne 10000 Pferde und 30000 Mann auf Kosten der Städte unterhalten. Valladolid allein habe sich bereit erklärt, so lange der Krieg dauere, 1000 Mann auf eigene Kosten zu stellen. Von der Cruzada und den vacanten Bisthümern, welche der Papst dem Könige überlassen, beziehe er wieder eine bedeutende Summe. Ebenso von dem Erzbisthum Toledo, dessen Einkünfte amassirt und von der Familie Croy dem Könige abgetreten worden waren. Endlich habe Fernando Cortez im Besitze von Mejico dem Kaiser 400000 Goldpezos angetragen.

***) P. Martyr ep. 771. Bericht Contarini's bei Brewer c. 519. Sandoval macht aufmerksam, dass nur zwei Personen hingerichtet wurden, Mejia und Siguenza thun dasselbe. Das grosse Verzeichniss, welches la Fuente anführt, XI p. 249 ff., enthält auch jene, die schon bei der Capitulation der Städte nach der Schlacht von Villalar ihr Leben verloren. Es war ein langes, langes Verzeichniss von Männern, die für die Sache gefochten, welche sie für die beste erachteten.

Mitglieder der ehemaligen Junta, welche nicht im Verzeichnisse begriffen waren, erhielten Verzeihung.

Als die Cortes sich wieder versammelten, hielt Juan Rodriguez P o s a die Anrede an den Kaiser, in welcher er verkündete, dass mit der Ankunft Karls das g o l d e n e Z e i t - a l t e r für Castillien angebrochen sei. Es kamen nur solche Städteprocuratoren zu den Cortes, welche während der Revolution wegen ihrer Treue den grössten Schaden erlitten hatten. Doch erwähnte der Sprecher, dass, wenn in la Coruña die Procuratoren gehört und nicht zurückgewiesen worden wären, der Aufstand nicht stattgefunden hätte. Es möchten auch jetzt zuerst die Bitten der Königreiche vorgenommen und dann erst die von K. Karl verlangte Steuer erwogen und besprochen werden. Dieses verwarf jedoch der Kaiser und erklärte, dass er nur durch den Aufstand, welcher ihm so grosse Auslagen verursacht hatte, gezwungen sei, eine neue Steuer zu erheben, er aber zur Erhaltung seines Ansehens · nach Aussen — selbst gegen Soliman — darauf bestehen müsse *), dass z u e r s t die Steuer vorgenommen werde. Vergeblich wiederholten die Procuratoren ihre Bitte; der Kaiser befahl mit der Steuer zu beginnen. Dann wurden 14 Bitten überreicht, von welchen der Kaiser die meisten bewilligte. Sie bezogen sich zumeist auf die Verbesserung der Rechtspflege, dass den Richtern von den Geldstrafen in ihren Bezirken nichts zukomme, die Kanzlei von Granada durch 2 Senatoren verstärkt werde, Mönche und Geistliche nicht weltliche Besitzungen kaufen oder erben, Niemand das Getreide vor der Ernte kaufen, Bettler nicht herumschweifen sollten, jeder ein Schwert tragen dürfe, keine Masken (Vermummung) getragen werden, die Kanzleien mit tüchtigen Männern besetzt, Aemter und Pfründen keinem Ausländer gegeben, sechs besoldete Rechtsgelehrte zu wichtigen Sachen delegirt, endlich nur diejenigen Baccalare, Licenciaten und Doctoren die Privilegien ihrer Titel geniessen sollten, welche nach strengem Examen in einer Akademie promovirt worden waren.

---

*) Si ejusmodi fama, quod mihi vestro Regi vos leges novas praescribatis, ad Turcarum principis aut aliorum aures devenerit, de auctoritate mea non exigua pars tolleretur. P. Martyr, n. 781.

17*

Wie hatten sich die Verhältnisse geändert! Wie viele
Hoffnungen waren zu Grabe getragen worden! Die Umwandlung der Verfassung, die Beschränkung des Königthums durch
die Comuneros, die Beseitigung der Macht der Granden, Alles,
woran man im October 1520 festgehalten, erschien nur mehr
wie ein Traum. Man musste froh sein, wenn die schreiendsten
Missbräuche beseitigt werden konnten.

Von der Inquisition war keine Rede, von einer Beschränkung der königlichen Gewalt ebensowenig. Die letztere
triumphirte über Adel und Städte und der Aufstand der Comuneros hatte ihr hiezu erst noch den Weg bereitet.

Noch muss, um das Bild zu vollenden, eines Mannes
gedacht werden, dessen Thätigkeit, so oft sie hervortritt, einen
unheilvollen Charakter annimmt, des kaiserlichen Botschafters
in Rom Don Juan Manuel, welcher Italien wie ein Vicekönig
beherrschte, sich bei der Wahl Adrians eines überwiegenden
Einflusses im Conclave gerühmt hatte, nun aber mit dem Papste
so hart aneinander gerieth, dass er selbst seine Entlassung
begehrte. Catalonien und Aragonien hatten sich an das oberste
geistliche Gericht in Rom, die Rota, gewendet, um ein Urtheil
zu bewirken, demzufolge die Güter Derjenigen von der Inquisition nicht eingezogen (somit herausgegeben) werden sollten,
die ihre Häresie freiwillig bekannt, aber losgesprochen wurden.
Don Manuel that alles Mögliche, die Sache zu hintertreiben,
sie wenigstens hinauszuschieben, bis Adrian nach Rom komme.
Er rechnet sich dieses zum besonderen Verdienste, weil nach
erfolgter Sentenz der König gezwungen würde, um mehr als
eine Million Dukaten von dem auf diese Weise (durch die Inquisition) Eingezogenen zurückzugeben.*)

Man begreift demnach, warum so viele Conversos sich
nach Rom begeben hatten. Nur dort konnten sie Schutz vor
der Inquisition finden, wenn ihr Einfluss nicht auch dort noch
stärker war als Rota und Papst. —

„Ich bitte Euer Majestät um Vergebung, sagte eines
Tages der Beichtvater des Kaisers zu diesem, was ich dem
venetianischen Botschafter und Euer Majestät selbst oft

---

*) Schreiben vom 5. Juni 1522. Llorent I p. 474.

sagte, sagen zu dürfen. Ihr besitzt jede Tugend und habt nur
den Fehler, dass Ihr Unbilden schwer vergesst, worauf mir
der Botschafter bemerkte, dass es Grossmuth (magnani-
mità) beweise, Unbilden zu vergessen." Der Kaiser antwortete
lächelnd: Glaubt nicht, dass mein Herz so verhärtet ist, den
Frieden zurückzuweisen; im Gegentheil, könnte ich einen guten,
festen und dauerhaften Frieden erlangen, ich würde ihn annehmen; allein der Weg, ihn zu sichern, ist, sich selbst nach-
drücklich für den Krieg vorzubereiten. *)

Mehr wie Alles geben diese Worte Aufschluss über das
Verfahren K. Karls sowohl in Betreff seiner äusseren als seiner
inneren Politik, Spaniens wie Deutschlands.

Es waren nicht blos Worte. Als Hernando Davalos,
welcher den Aufstand von Toledo geschürt, eine so grosse
Schuld auf sich genommen hatte, von Sehnsucht nach dem
Vaterlande erfüllt, sich heimlich aus Portugal an den königlichen Hof begab, und dies Karl gemeldet wurde, sagte er zu
dem, der es hinterbrachte: „Warum hast du nicht lieber
Hernando gewarnt, dass er sich entferne, anstatt mir es zu
sagen?**) —

Schon 1524 vermählte K. Karl seine jüngste Schwester,
die liebliche Infantin Catalina***) mit Don Jao, König von Portugal. Sie sah sieben Söhne vor sich in das Grab sinken,
überlebte ihren Gemahl (gest. 1554) und wurde dann Reichs-
verweserin für ihren Enkel Don Sebastian, den letzten
Sprössling der alten Könige von Portugal.

Dadurch vereinsamte sich das Schloss von Tordesillas
noch mehr. Was als das höchste Glück einer königlichen
Mutter betrachtet zu werden pflegt, die Töchter mit Königen
zu vermählen, ward für Doña Juana la loca die Ursache des
entsetzlichsten Leides. Es ist kein Grund vorhanden, in Betreff
ihres zunehmenden Kummers und der Verschlimmerung ihres

---

*) Bericht Gasparo Contarini's an die Signoria vom 30. Juli 1521.
**) La Fuente VI p. 253.
***) La qual vuo muchos hijos y todos los vio muertos y los siete ya
    jurados por principes herederos, caso de fortuna tan lastimoso
    como notable. Sandoval p. 595. — Schäfer, Geschichte von Por-
    tugal, III, S. 364 ff.

körperlichen Zustandes zu gewagten Erklärungen zu schreiten, wie es Bergenroth und zuletzt auch Winning gethan. Es war das Aergste, das ihr geschehen konnte, als ihr ihre Niña wirklich entrissen wurde, die Infantin das kerkerhafte Schloss von Tordesillas mit dem Throne von Portugal vertauschte. Doña Juana endigte die Qual ihres Daseins erst am 12. April 1555, drei Jahre vor dem Tode K. Karls V.

Verzeichniss

der benützten Werke.*)

Alberi, relazioni degli ambassadori Veneti. Serie II. T. 3.

Alcocer, Pedro de, relacion de algunas cosas que pasaron en estos reinos. Sevilla 1872 (v. Gamero).

Anales (breves, v. Carvajal).

Angleria, Petrus Martyr (v. Opus epistolarum, Amstelodami 1770. f.)

Arcayos, Juan de Chaves, nueva relacion sobre las comunidades de Toledo (v. Gamero).

Archivio storico italiano.

Argensola, Don Bartholomo Leonardo de, Anales de Aragon. En Çaragossa 1630 f.

Arnao, Don Vincente, Gonzalez, elogio hist. del Card. Don Fray Francisco Gimenez de Cisneros. (Memorias T. IV).

Bauer, Dr. Heinrich, Hadrian VI, Heidelberg 1875.

Baumstark, Isabella von Castillien uud Ferdinand von Aragonien. Freiburg 1874.

Bellay, Martin du, les memoires de (Collection Michaud. T. V.)

Bergenroth, Calendar of letters, despaches and state papers relating to the negotiations between England and Spain, preserved in the archives of Simancas and elsewhere. Vol. II. London 1866 f.

Bergenroth, supplement to vol. I and II of letters etc. London 1868 f.

Biblioteca de autores Españoles. (T. XXI).

Blasius, Baro de Cesena, diarium apostolicae sedis 1518—1520. Ms.

Böhm, Const. Edler v., Die Handschriften des k. k. Haus-, Hof- und Staatsarchivs. Wien 1873.

Boehmer, Edward, Spanish reformers of two centuries from 1520. (Bibliotheca Wiffiniana,) Vol. I. Strassburg-London 1874.

---

*) Ich muss hiebei bemerken, dass die Prager Universitäts-Bibliothek mir ausser Ferrer, Sandoval und der Antwerpener Ausgabe des Guevara von spanischen Werken nichts bot und ich, was ich bedurfte, theils von Wien theils aus München bezog, wofür ich Hrn. Director von Halm und Hrn. Oberbibliothekar Föringer zu besonderem Danke verpflichtet bin.

Bradford William, Correspondence of the Emperer Charles V and his ambassadors at the courts of England an France. London 1850. 5.

Brewer J. S. letters and papers foreign and domestic of the reign of Henry VII. Vol. II, P. II. Vol. III, P. I, II, III. London 4.

Brown, Rawdon, calendar of state papers and manuscripts existing in the archives and collections of Venice and in other libraries of northern Staly. Vol. III, London 1869. 4.

Buchholtz, Geschichte K. Ferdinands I. Wien 1831. I.

Burigozzo Cronaca di Milano 1500—1544 (v. Archivio T. II).

Burmannus, Casparus, Hadrianus VI. Traject ad Rhenum. 1727. 4.

Carramolino, Juan Martin, Historia de Avila, su provincia y obispado. Madrid 1872. 1878. T. III.

Cartas del Cardinal Don Fray Francisco Jimenez de Cisneros dirigidas à D. Diego Lopez de Ayala. Publicadas de real orden por los catedraticos de la universitad central D. Pascual Gayangos y D. Vincente de la Fuente. Madrid 1867.

Carvajal, Lorenzo Galindez, Anales breves del reinado de los reyes catolicos D. Fernando y D* Isabel. (v. Documentos T. LVIII.)

Cavendish the history of the life and times of Card. Wolsey. 3 vol. 1744.

Chaves v. Arcayos.

Clemencin, D. Diego, elogio de Donna Isabel (v. Memorias).

Coleccion de documentos ineditos para la historia de España. 58. Bd. 8.

Commentaria rerum diurnalium conclavis in quo creatus fuit Adrianus VI. K. k. Haus-, Hof- und Staatsarchiv. Handschrift n. 971.

Conclave (v. Burmannus). Bibl. Regia Paris. n. 5288 u. n. 5157.

Daniel hist. de France, T. III f. 1713.

Despachos del Almirante de Castilla Don Enrique sobre el succeso de las Comunidades y otros de los años 1520—1521. Extractos de un Ms. de la biblioteca nacionale de Madrid. Ms.

Domingo, Daniel Fernandez y, Anales o historia de Tortosa desde su fondacion hasta nuestros dias. Barcelona 1867.

Ebert, Dr. Adolf, Quellenforschungen aus der Geschichte Spaniens. Kassel 1849.

Erasmi Rotterd. Opera omnia. Lugd. 1700. T. V. f.

Gayangos, Don Pascual (v. Cartas).

Ferrer del Rio, Decadencia de España. Primera parte. Historia del levantamiento de las comunidades de Castilla. Madrid 1850 4.

Flechier histoire du Cardinal Ximenes. Amsterdam 1700. I. II.

Gachard correspondance de Charles-Quint et d'Adrian VI. Bruxelles 1859.

Gamero, D. Martin, Apendice zu Pedro de Alcocer.

Giovio, Paulo, delle historie, prima e seconda parte. In Venetia 1564. 4. Vita Hadriani VI (v. Burmannus).

Gomez Alvarus, de rebus gestis Francisci Ximenii. Francof. 1603 f.

Gonsalvus, Ludovic., Acta antiquissima (v. Acta sanctorum, 31. Aug.).

Guerra de Navarra. Extractos de Simancas. Ms.

Guevara Don Antonio de, epistolas familiares. 1544 f.

Guicciardini Francesco, del' historia di Messer. Ed. princeps.

Havemann, Darstellungen aus der inneren Geschichte Spaniens im XV, XVI, XVII Jahrhunderte. Leipzig 1850.

Hefele, Der Cardinal Ximenes. Tübingen 1844.

Henne, Alex., hist. du règne de Charles-Quint en Belgique. T. 1. 2. 1858.

Höfler, Analecten zur Geschichte Deutschlands und Italiens.

— K. Karls V erstes Auftreten in Spanien. Wien 1873.

— Karls I (V), Königs von Aragon und Castillien, Wahl zum römischen Könige. Wien 1873.

— Wahl und Thronbesteigung des letzten deutschen Papstes, Adrians VI. Wien 1872.

Gradenigo, Luigi, sommario (v. Alberi. Serie II vol. III).

Hortiz, Diego Hernan, Memoria de las comunidades. Ms. (v. Ortiz).

Indice y entratos de los papeles relativos a las comunidades de Castilla que se conservan en la real Academia de la historia de Madrid y son copia de los originales en el archivio de Simancas. T. I, 1520. T. II, 1520. Citirt als papeles oder Registr.

Jörg, Deutschland und die Revolutionsperiode. Freiburg 1851.

La Fuente Don Modesto, hist. general de España. Madrid 1853. T. XI, XII.

Vincente (v. Cartas).

Lang, Correspondenz des Kaisers Karl V. Leipzig 1841. 3 Bd.

Actenstücke und Briefe zur Geschichte K. Karls V. Wien 1857.

Le Glay, Negociations diplomatiques entre la France et l'Autriche. 2 T. Paris 1845.

Lettere de' principi libro I. Venetia. 1562. 1581. libro III 1581.

Leodii Huberti Thomae annales Palatini. Francof. 1624. 4.

Leva, Giuseppe de, Storia documentata di Carlo V in correlazione d'Italia. Venezia 1864. 1, 2.

Llorente, Joh. Anton, Kritische Geschichte der spanischen Inquisition. Uebersetzt von Hock. 4 Bde. 1819.

Maldonado, Don Juan, el movimiento de España traducida al castillan e illustrada con algunas notas y documentos por el presbytero D. Jose Quevedo. Madrid 1840. 4.

Maurenbrecher, Studien und Skizzen der Reformationszeit. Leipzig 1874.

Mejia, Pero, relacion de las comunidades de Castilla (v. Biblioteca).

Memorias de la Real Academia de la historia en Madrid. IV. VI. VIII.

Mignet, rivalité de Charles V et François I (v. Revue de deux mondes. 1854).

Moringus, vita Adriani VI. (Ap. Burmannum).

Navareta, D. Enrique Fernandez de, vida del celebre poeta Garcilaso de la Vega (v. Coleccion P. XVI).

Nippold, Die Reformbestrebungen P. Hadrians VI und die Ursachen ihres Scheiterns (Raumer hist. Taschenbuch, V. 5.)

Orosii, Hieronymi historia de rebus Emanuelis Lusitaniae regis gestis libri XII. Col. Agrippa 1681.

Ortiz v. Hortiz.

Ortisii Blasii itinerarium Adriani P. VI (v. Burmannus).

Petrucelli della Gattina histoire diplomatique des Conclaves. Paris 1864—4866. 4. Vol.

Pièces historiques. 3 Bd. Ms. Im k. k. Haus-, Hof- und Staatsarchiv.

Padilla, Lorenzo di, cronica di Felipe I llamado el hermoso, escrita por Don (v. Coleccion T. VIII).

Panvinio della vita de' sommi Pontefici. In Venezia 1643. 4.

Picot, hist. des états genéraux. T. I. Paris 1872.

Pinius, Joh., Commentarii de S. Ignatio (v. Acta Sanctorum).

Prescott, W. H., Geschichte der Regierung Ferdinands und Isabellens der Katholischen von Spanien. Deutsch. Leipzig 1842. 2 Bde.

Pulgar, Fernando de, los claros varones de España. Las letras. (v. Opus epistolarum. Amstelod. 1670 f.)

Quevedo, Don José (v. Maldonado).

Ranke, Zur Kritik neuerer Geschichtschreiber. Leipzig 1824.
— Fürsten und Völker von Südeuropa. Berlin 1834.

Raynaldi, Annales ecclesiastici. Col. Agripp, T. XX.

Relacion de las comunidades. Ms.

Relacion de las comunidades de Vizcaya. Ms.

Reumont, Alfred v., Geschichte der Stadt Rom. Bd. 3.

Robertson, William, The history of the reign of the Empereur Charles V. Basil. 4 vol. 1788.

Rochae Thomae, historia eorum quae gesta fuere in Hispania ulteriori tempore quo vulgus communitatem obtabat (optabat). Ms.

Roesler, Johanna die Wahnsinnige. Wien 1870.

Roscoe, Leben und Regierung Leo's X. Deutsch von Henke. 3 Thle.

Sabez, Fr. Liciniano, tratado de las monedas (v. Memorias).

Sandoval, Don Fray Prudencio de, historia della vida y hechos del Emperador Carlos V. En Pamplona 1634 f.

Schäfer, Geschichte von Portugal, Bd. III, 1850.

Sepulveda, Joannes Genesius, de rebus gestis Caroli Imperatoris libri XV, Madrid 1783. 4. (Opera T. L)

Severolus Africanus v. Commentaria.

Sleidanus Joh., de statu religionis et republicae Carolo V regnante Francof. 1785.

Solis, Antonio de, hist. de la conquista de Mejico. T. 1, 2, 3.

Tratado de la venida del Emperador Carlos V en España. Ms.

Ulloa Alfonso vita dell' invittissimo Imp. Carlo V. In Venezia 1662. 4.

Winning, Johanna die Wahnsinnige von Castillien. (Raumer, hist. Taschenbuch, V. 4.)

Die Ungleichheit in der Schreibart spanischer Namen stammt von den spanischen Quellen selbst her.

In Betreff kleiner Druckfehler bitte ich Nachsicht üben zu wollen.